CE QUE LE MONDE DOIT AUX LGBTQ+

Vincy Thomas, né quelques jours après la première Marche des fiertés à New York, est un journaliste, consultant et auteur franco-canadien. Pionnier du web – il crée ses premiers sites Internet en 1994 dans le domaine du voyage et de la culture (Écran Noir, en ligne depuis 1996), il a collaboré à la stratégie numérique de nombreuses entreprises dans divers secteurs et travaillé pour différents médias (*Livres Hebdo*, TCM, RTL, France Inter, TV5, Rivages du monde…). Ces fonctions l'ont amené à s'intéresser à la politique, l'économie, l'écologie, les sciences, l'histoire, la géographie et toutes les formes d'art. Il est membre du Syndicat français de la critique de cinéma.

« Mes remerciements vont à mon mari, ma mère, mon éditeur.
À toutes celles et tous ceux qui se sont intéressés à la petite histoire, celle qui change la grande Histoire et notre regard. Ils ont été d'une aide précieuse.
À tous les LGBTQ+ et alliés qui, par leurs créations, leurs actions, leurs combats, luttent pour l'égalité et la dignité de tous et toutes, contre l'ignorance et l'obscurantisme de certains et certaines.
Résistons, prouvons que nous existons. »

Vincy Thomas

59, quai Alphonse-Le-Gallo
92100 Boulogne-Billancourt
www.hugopublishing.fr

Imprimé en France par Corlet en mai 2025
sur papier provenant de forêts gérées de manière durable.

Vincy Thomas

CE QUE LE MONDE DOIT AUX LGBTQ+

Hugo Doc

NOTE D'INTENTION

Ceci n'est pas un livre « wokiste ». Il ne s'agit ni d'un plaidoyer pour la justice sociale, ni d'un manuel pour l'égalité, ni d'une apologie des luttes contre les discriminations.

Quoique. Au fil de ces trente portraits, vous pourriez devenir woke à votre insu. Entendons-nous bien : le wokisme n'est pas l'idéologie radicale qui sert de prétexte fourre-tout à ses détracteurs. À l'origine, ce n'est rien d'autre que la prise de conscience de diverses injustices. En février 2025, l'actrice et productrice Jane Fonda a rafraîchi les mémoires : « *"Woke" signifie simplement que vous vous souciez des autres. Ne vous méprenez pas, l'empathie n'est ni faible ni woke.*[1] »

Ainsi, le discours « anti-woke » ambiant n'est rien d'autre qu'une manipulation sémantique pour polariser les opinions, un retournement propagandiste visant l'exclusion de minorités, soi-disant dominatrices. Scoop : le « lobby LGBTQ+ » est un fantasme. Cette vision idéologique d'un monde dans lequel la majorité est menacée par une minorité veut empêcher toute argumentation permettant d'éclairer (au sens donné par les Lumières) et d'éveiller (la traduction littérale de *woke*) notre esprit critique et notre libre arbitre.

---

1. Extrait de discours prononcé lors de la cérémonie des Screen Actors Guild Awards.

On oublie au passage les souffrances des minorités : harcèlement, agression, racisme, sexisme, mépris, insultes. Gardons toujours à l'esprit que la haine et la discrimination mènent tragiquement à des viols et des meurtres. Toutes ces offenses marquent durablement la manière d'exister des LGBTQ+ dans la société. Non considérées et non défendues, les victimes se sentent, à juste titre, exclues du champ républicain. Quant à ceux qui relativisent, attaquent ou accusent les lesbiennes, gays et trans, ils se placent *de facto* en dehors d'une société humaniste et juste.

Et, malheureusement, ça ne s'arrange pas. L'acronyme LGBTQ+[2] est devenu ces dernières années un péril pour certains, un réceptacle de toutes les haines pour d'autres. En Russie, en Hongrie et en Bulgarie, on interdit la propagande LGBTQ+ au nom de la protection des enfants, et aux États-Unis, Donald Trump vient de censurer l'usage des termes « genre », « transgenre », « LGBT », « non-binaire », « assigné·e homme/femme à la naissance »... Hannah Arendt avait une fois de plus raison : « *Le langage est parfois utilisé pour dissimuler des faits, parfois pour les manipuler, mais aussi pour les rendre absurdes*[3]. »

Nier l'existence des LGBTQ+ c'est « *canceller* » – annuler, invisibiliser –, une réalité. Effacer le passé, c'est affaiblir les sociétés et aveugler les peuples. L'ouvrage que vous tenez entre vos mains vise à stimuler nos mémoires contre l'oubli et à sortir de l'ignorance, à remettre en lumière des destins sous un autre angle. Comme l'a écrit le dramaturge québécois Michel Tremblay : « *C'est drôle comme les choses peuvent changer d'aspect, parfois, lorsqu'on les regarde d'un point de vue différent de celui sous lequel on les a toujours connues*[4]. »

---

2. L'acronyme complet, LGBTQIAAP+, désigne les personnes Lesbiennes, Gays, Bisexuelles, Transgenres, Queer, Intersexes, Asexuelles, Alliées et Pansexuelles, ainsi que d'autres identités incluses dans le "+" qui représentent la diversité des orientations sexuelles et des identités de genre.

3. Hannah Arendt, *La Crise de la culture*, Gallimard, 1972.

4. Michel Tremblay, *Les Belles-Sœurs*, Holt, Rinehart et Winston, 1968.

Ce que le monde doit aux LGBTQ+ n'est pas un livre d'histoire (et encore moins celui d'un historien). Il veut – humblement – changer quelques perspectives comme on redonne récemment de la visibilité aux femmes, aux étrangers, et à tous les évincés de l'Histoire. À travers d'autres visages, récits, civilisations et cultures, on peut ainsi revoir nos modèles. Notre passé ne tourne pas uniquement autour d'hommes hétérosexuels caucasiens ancrés dans leur territoire. N'en déplaise aux pourfendeurs d'un monde pluriculturel !

Ces trente destins rassemblés invitent à un voyage à explorer le temps (sans machine) et les continents (sans émettre de CO_2).

Des artistes, des savants et des décideurs LGBTQ+ ont eu un impact majeur dans leur domaine et dans leur pays. Le livre n'étant pas exhaustif, rien qu'en France, j'aurais pu raconter Arthur Rimbaud, Bertrand Delanoë, Yves Saint Laurent, Jean-Paul Gaultier, Violette Morris, Colette, Michel Foucault, Daniel Cordier, Bambi, Agnès Varda, Jacques Demy et d'autres encore. Hors de nos frontières, Frida Kahlo, Oscar Wilde, Tim Cook, patron d'Apple, l'espionne Yoshiko Kawashima, Pedro Almodóvar, la résistante Sophie Scholl, la militante Marsha P. Johnson, les stars cathodiques Ellen DeGeneres et RuPaul, les sœurs Wachowski, l'astronaute Sally Ride ou l'écrivain James Baldwin sont tout aussi inspirants. Le monde leur doit de nous avoir ouvert les yeux ou de l'avoir observé autrement. Mais comprenons-nous bien : ce n'est pas leur orientation sexuelle qui leur confère un rôle « historique ».

D'autant que cette sexualité, parce qu'elle n'est pas dans la norme, a parfois été cachée de leur vivant ou gommée par les historiens. Ce n'est pas la seule limite de cet exercice. De nombreuses civilisations ne disposent pas d'archives écrites. Et selon les cultures et les époques, certains ne se sont pas définis en fonction de leur sexualité.

Il y a aussi ceux qui ne l'ont pas affirmé ou assumé (Hedy Lamarr, Cary Grant, Malcolm X ou Yukio Mishima). On manque souvent de traces et de sources, notamment jusqu'à l'ère moderne. Et avant le xxe siècle, on doit aussi redéfinir le vécu de ces personnes sous le prisme d'un regard plus contextuel qu'actuel.

Autrement dit, les LGBTQ+ d'hier ne sont pas ceux d'aujourd'hui. De même, être LGBTQ+ n'a pas la même signification selon les époques ou la géographie. Une chose est sûre : les LGBTQ+ ont toujours existé, et partout. Les mythologies de tous les peuples montrent que les sexualités ont été, depuis la nuit des temps, diverses et variées. Les dieux Loki, Seth, Vishnu, Xochipilli, Kāne ou Ishtar ont incarné une fluidité sexuelle naturelle ou une ambivalence du masculin/féminin.

De plus, ces orientations sexuelles n'ont pas toujours été marginales. Cependant, dans un monde de plus en plus hétéronormé au fil des siècles, les LGBTQ+ ont fait figure de boucs émissaires expiatoires, de victimes des différents pouvoirs, de souffre-douleurs d'une homophobie dogmatique et obscurantiste.

C'est sans doute là que se trouve une clé pour expliquer la singularité de nos trente personnalités. Leur sexualité n'est pas ce qui les a rendus uniques. Que vous soyez homo ou hétéro, vos dons, vos talents ou vos vocations restent similaires et les LGBTQ+ sont des citoyens comme les autres. Mais, parce que leur sexualité est différente, subie ou réfrénée, leurs choix ont évidemment été dissemblables.

Ce qui explique aussi qu'aucune des personnes citées dans l'ouvrage n'ait eu un parcours idéal ou un comportement exemplaire. Mais au moins ont-ils mené le monde dans la bonne direction, contrairement à certains que je n'ai pas retenus et qui se sont complètement fourvoyés : Roy Cohn (traqueur de communistes au temps du maccarthysme et mentor de Donald Trump), Peter Thiel (mécène de J.D. Vance et ami d'Elon Musk), Ernst Röhm (chef des SA sous les nazis), John Edgar Hoover (patron inquisiteur du FBI), Pim Fortuyn (élu néerlandais xénophobe), Caligula et Héliogabale (empereurs romains destructeurs), Catalina de Erauso (colonisatrice brutale), etc.

J'ai préféré choisir des destinées plus éclairantes. Être LGBTQ+ dans une société qui condamne les « altersexualités » impose souvent aux intéressés de se battre plus que les autres pour être reconnus ou pour contribuer à changer le monde. Ils mènent ainsi un double combat afin d'être respectés dans un système hostile. L'homophobie prégnante les oblige à lutter de l'intérieur contre les entraves imposées ou à contourner les règles du moment – quelques fois avec malice. Ne pas être hétérosexuel, que vous soyez puissant ou incontournable, reste un handicap. De tout temps, sortir du placard n'est pas sans conséquences.

Devoir prouver sa valeur tout en voulant vivre librement s'avère un défi insurmontable. C'est la leçon que nous donnent ces trente individualités au fil des siècles. C'est pourquoi il me paraît essentiel de raconter des trajectoires qui ne soient pas uniquement modernes, occidentales ou notoires. Un lien invisible se dessine entre elles. Toutes ces personnes se sont opposées à une fatalité annoncée. Aucune n'a suivi une forme de déterminisme. Chacune s'est imposée malgré les obstacles parentaux ou sociétaux, les carcans idéologiques ou historiques, et ce, aussi bien au milieu du Pacifique qu'au Mexique, à Bagdad qu'à Johannesburg, au sein d'une famille pauvre noire-américaine ou d'un environnement aristocrate russe.

Il faut toute la force du sentiment amoureux pour transgresser les normes. Tomber amoureux, comme le dit si bien Patricia Highsmith, est une « *folie* [...] *nullement fondée dans son essence sur la beauté ou les charmes de la personne qui la provoquait, ce pouvoir mystérieux...*[5] ». Et en effet, comme vous le lirez, parce qu'il est aussi intense que vulnérable, l'amour peut conduire à des actes insensés, mener à une condamnation ou contraindre à se cacher.

Malgré cela, ces trente LGBTQ+ ont indéniablement servi leur métier ou leur pays. Ils n'ont peut-être pas sauvé le monde, mais ils l'ont bel et bien transformé, à leur échelle.

Sans ces personnes lesbiennes, gays, bis, trans et queer, l'Histoire aurait été sans doute différente. Non pas que personne n'aurait inventé ou créé des choses similaires par la suite. On le voit avec Léonard de Vinci, dont certaines découvertes seront finalement menées à bien par d'autres plus tard. Mais à l'évidence, parce que leur sexualité n'était pas dans la norme, ces figures ont vécu, créé, imaginé, dirigé ou milité différemment, avec une sensibilité distincte et un goût de la liberté instinctif. Toutes et tous donnent raison, à leur manière, à cette phrase de Jean Genet : « *C'est dans la différence que réside toute la beauté du monde*[6]. »

---

5. Patricia Highsmith, *Small g : une idylle d'été*, Calmann-Lévy, 1995.
6. Jean Genet, *Journal du voleur*, Gallimard, 1949.

SOMMAIRE

SOMMAIRE

Scène de *L'Iliade* d'Homère représentant Patrocle pansé par Achille, peinte à la surface d'une kylix (500 av. J.-C.).

L'ANTIQUITÉ

OÙ LES SEXUALITÉS SONT RELATIVEMENT LIBRES TANT QUE L'ON SE CONFORME À QUELQUES RÈGLES

Si l'on se réfère aux travaux du philosophe Michel Foucault, et plus antérieurement à ceux de l'historien britannique Kenneth Dover, la distinction hétéro/homo n'a pas lieu d'être dans l'Antiquité. « *Si on veut dire par là qu'un Grec pouvait simultanément ou tour à tour aimer un garçon ou une fille, qu'un homme marié pouvait avoir ses* paidika[1], *qu'il était courant qu'après des inclinations de jeunesse volontiers "garçonnières", on penche plutôt pour les femmes, on peut bien dire qu'ils étaient "bisexuels". Mais si on veut prêter attention à la manière dont ils réfléchissaient cette double pratique, il convient de remarquer qu'ils n'y reconnaissaient pas deux sortes de "désir", "deux pulsions" différentes ou concurrentes se partageant le cœur des hommes ou leur appétit. On peut parler de leur "bisexualité" en pensant au libre choix qu'ils se donnaient entre les deux sexes,*

1. Partenaire sexuel plus jeune.

mais cette possibilité n'était pas pour eux référée à une structure double, ambivalente et "bisexuelle" du désir. À leurs yeux, ce qui faisait qu'on pouvait désirer un homme ou une femme, c'était tout uniment l'appétit que la nature avait implanté dans le cœur de l'homme pour ceux qui sont "beaux", quel que soit leur sexe.[2] » Cette théorie foucaldienne, qui considère que la sexualité est en partie définie par des structures de pouvoir et des discours, est contestée.

Car, finalement, notre sexualité est-elle une part fondamentale et immuable de nous-mêmes, ou est-elle le produit de notre époque et de notre culture ? Dans tous les cas, des traces archéologiques, artistiques ou littéraires, prouvent que l'amour entre deux personnes du même sexe est aussi vieux que l'humanité.

2400 av. J.-C. Une fresque représentant deux hauts fonctionnaires égyptiens, Khnoumhotep et Niânkhkhnoum, considérée comme la première illustration d'un couple masculin, est découverte en 1964 dans la nécropole de Saqqarah, dans l'ancienne Memphis, au sud du Caire. Deux hommes, assistés de serviteurs royaux, sans leurs épouses éventuelles. « *Khnoumhotep et Niânkhkhnoum ont vécu ensemble et se sont aimés avec passion* », peut-on lire sur l'épitaphe. Pourquoi s'en étonner ? Dans la mythologie égyptienne, Seth, dieu des déserts et du chaos, a charmé son neveu Horus, dieu du Soleil, soupçonné d'avoir eu du plaisir en étant pénétré. Seth l'a amené sur sa couche pour lui rappeler qu'un dieu devait être dominant et pénétrant. En théorie car, dans l'antichambre de la pyramide de Pépi Ier, on retrouve cette transcription : « *Si Horus a amené sa semence dans le postérieur de Seth, c'est que Seth avait amené sa semence dans le postérieur de Horus !* » De la civilisation du Nil nous sont parvenus des philtres facilitant l'amour entre femmes ainsi que des

2. Michel Foucault, *Histoire de la sexualité II – L'Usage des plaisirs*, Gallimard, 1984.

textes précisant les amours masculins (souvent issus de l'armée) de certains pharaons.

De facto, la liberté sexuelle n'est guère entravée par les contraintes imposées ultérieurement par les religions monothéistes. La prostitution ne s'embarrasse pas des questions de sexe dans l'actuel Proche-Orient. Par exemple, chez les Perses, les eunuques sont soumis aux désirs des hommes. L'épopée de Gilgamesh (vers 2000 av. J.-C.) rapporte la liaison du héros sumérien avec son ami Enkidu. « *Gilgamesh tombe amoureux d'Enkidu, le caressant comme une femme. Mais quand Enkidu essaie de l'empêcher de violer des jeunes mariées, ils se battent. Ils s'avèrent être de force égale, alors ils s'embrassent, se réconcilient et partent ensemble pour des aventures héroïques.* » Une amitié amoureuse qui ouvre la voie à diverses interprétations.

Dans la civilisation maya, la tolérance est tout aussi grande, même si la sodomie fait l'objet de condamnations. Les nobles procurent des esclaves sexuels masculins à leurs fils, en attendant leur mariage. Et des peintures homoérotiques ornent les grottes de Naj Tunich, au Guatemala (2000 av. J.-C.).

En Chine, sous la dynastie Shang (XIVe s.-XIe s. av. J.-C.), l'homosexualité ne constitue pas un tabou. Elle est même assez commune. Des dessins pornographiques circulent. Le poète Qu Yuan (vers 300 av. J-C.) écrit des poèmes à son amant. Plus tard, sous la dynastie Han, la plupart des empereurs entretiennent des concubins.

Durant l'Antiquité grecque, les relations homosexuelles sont légion : Plutarque, Achille et Patrocle, Socrate, Alexandre le Grand et son général chéri Héphæston… Mais l'amour entre deux personnes de même sexe obéit à des codes précis : la pédérastie consiste en une initiation encadrée entre des hommes adultes et des plus jeunes. On retrouve cette institution éducative dans diverses civilisations (Océanie, Chine, Japon, Celtes...). Parmi les règles établies, la pénétration doit être l'apanage des partenaires les plus âgés (eux-mêmes époux et pères) et les hommes trop efféminés sont méprisés. Autre exemple, les relations intimes entre deux adultes de même sexe ne sont pas acceptées socialement. Ce qui n'empêche pas les artistes de sublimer sans pudeur les corps, dessinés sur les parois de vases ou sculptés dans le marbre.

Les Étrusques, croisés dans *L'Enéide* de Virgile, composent une société plus mixte. La sexualité est davantage définie en fonction des rôles sociaux et des normes de virilité. Les hommes sont valorisés pour leur dominance, tandis que les femmes, bien que respectées socialement, restent dans une position réceptive. La sexualité sert ainsi à renforcer les hiérarchies sans les tabous rigides d'autres civilisations antiques, même si on remarque l'application de règles similaires. Ainsi, dans *Les Bucoliques*, une série de poèmes pastoraux, Virgile inclut des scènes dans lesquelles des bergers expriment leur amour pour de jeunes hommes.

Le mot « homosexualité » n'existe pas en latin. À l'instar des Grecs, les Romains ne définissent pas les pratiques sexuelles de la même manière qu'aujourd'hui. Un corpus de lois encadrent les « désirs ». Les hommes peuvent entretenir des relations sexuelles en tant que « pénétrants » uniquement avec des partenaires de statut « inférieur » (prostitués, esclaves, affranchis, adolescents, etc.). Considéré comme servile et faible, l'individu qui se livre au sexe « passif », y perd sa masculinité dans le déshonneur. « *S'il est normal pour un jeune homme d'être passif dans la relation, la passivité sexuelle chez un homme libre est un crime, chez un esclave, une obligation, chez l'affranchi, un service* », écrit dans ses *Controverses* le philosophe Sénèque. Inconsciemment, cette « image » de l'homme pénétré a traversé le temps et continue de susciter moqueries et insultes.

Les exemples fameux de relations homosexuelles ont ponctué l'histoire de Rome : Cicéron et son jeune secrétaire Marcus Tullius Tiro, l'empereur Héliogabale (aka Domina), portant des vêtements de femme et se faisant désigner par des pronoms féminins, Jules César surnommé « la reine de Bithynie » après avoir obtenu les faveurs de Nicomède IV, Tibère et ses jeunes amants, Néron et son mariage avec un esclave, Pythagoras, puis avec un jeune castré, Sporus, traité comme son épouse…

Bien plus loin, en Inde, le *Kamasutra*, ouvrage en sanskrit écrit entre les VIe et VIIe siècles, ne fait guère dans la retenue, narrant des ébats lesbiens, bisexuels et gays (« *un homme qui n'agit pas comme un homme* »). L'ouvrage utilise le terme « tritiya-prakrti » (« troisième nature ») pour définir les personnes qui ne se conforment pas aux rôles de genre et aux pratiques sexuelles habituelles. Ce sont encore les prostitués masculins (« Saundhika »), des domestiques le plus souvent, qui assouvissent les désirs des mâles. La fellation entre hommes y est explicitement détaillée, donnant un rôle féminin à celui qui la pratique. Les relations sexuelles entre femmes sont également mentionnées. La recherche du plaisir lesbien n'est d'ailleurs pas condamnée et d'autres formes de pénétration (digitale…) font l'objet de descriptions. Le *Kamasutra* prône une sexualité fluide, animée de désirs variables, au travers de laquelle s'exprime la nature, en quelque sorte, que ce soit en Europe ou en Asie.

Sappho

Fin du VIIe s. – Début du VIe s. av. J.-C.

Axée sur l'amour et l'exaltation, sur la complexité du monde et des sentiments, sa poésie conjuguée à la première personne en fait la première grande icône de la littérature.

La Grèce, berceau de l'Humanité. Homère a déjà raconté la guerre de Troie, les amours intimes d'Achille et Patrocle, l'errance méditerranéenne d'Ulysse. Les dieux n'en font qu'à leur tête, et sont « *gender fluid* » bien avant que le terme n'existe.

Le maître d'entre eux, Zeus, n'a pas résisté au jeune prince troyen Ganymède, « *qui fut le plus beau des hommes mortels, et que les Dieux enlevèrent à cause de sa beauté, afin qu'il fût l'échanson de Zeus et qu'il habitât parmi les Immortels* », selon les propres mots du « Poète » dans *L'Iliade*. Zeus s'est métamorphosé en aigle pour parvenir à ses fins. Dans son *Dialogue des Dieux*, Lucien de Samosate imagine un échange très équivoque entre Zeus et son protégé. « *Embrasse-moi, pour t'assurer que je n'ai plus ni bec crochu, ni serres aiguës, ni ailes, enfin, que je ne suis plus un oiseau comme je le paraissais* », lui demande-t-il dès son arrivée sur l'Olympe. « *Je t'ai enlevé pour que nous dormions ensemble* », affirme le Tout-Puissant. « *Je ne cesserai de te donner des baisers et de te serrer dans mes bras* », lui promet-il.

Zeus n'est pas seul à fricoter avec des garçons. Son frère Poséidon succombe à la beauté de Pélops, qu'il enlève également pour que celui-ci le serve sur l'Olympe. De son côté, Apollon tombe amoureux de Hyacinthe puis de Cyparisse, qui meurent tragiquement. Le premier donne son nom à une fleur et le second à un arbre, le cyprès. Dionysos, divinité de la fête, aime les plaisirs de la chair et son jeune satyre Ampélos, dont le décès fait naître la vigne – ce dont l'humanité ne pourrait plus se passer. N'oublions pas Héraclès, héros et demi-dieu, qui, entre douze travaux, trouve le temps de conquérir le cœur de compagnons de combats. Et après la perte irrémédiable d'Eurydice, Orphée, selon certaines versions, aurait renoncé aux femmes et préféré la compagnie des jeunes mâles, pour devenir le fondateur de l'amour entre hommes dans la culture grecque.

Moins documentées, les relations homosexuelles des déesses ont quand même leur place dans cette « fantasy » antique. L'intimité qu'Artémis entretient avec ses nymphes est sujette à interprétation, tout comme l'histoire d'Hécate, autre vierge associée à des communautés féminines, et déesse des sorcières, dont le terme même évoque aujourd'hui les valeurs féministes. Les Amazones symbolisent évidemment ce matriarcat puissant – les hommes ne leur servant que de géniteurs. La PMA pour toutes avant l'heure. Leur mode de vie, exclusivement féminin, et leur rejet des conventions sociales grecques ont souvent été décrits dans un espace homoérotique. De même, les relations d'Athéna suggèrent des attirances homosexuelles latentes et préfigurent les premiers récits de sororité.

En se créant des dieux aux comportements humains, avec leurs vices et leurs vertus, les Grecs ont rappelé que le désir, l'amour et les sentiments sont naturellement pluriels. Logiquement, la déesse de l'amour, Aphrodite, incarne cette diversité romantique et charnelle. Canon de beauté immortalisé en 1485 par Sandro Botticelli, lui-même inquiété pour avoir été surpris avec des jeunes garçons, elle est sublimée par les poètes de l'Antiquité, et notamment la plus célèbre d'entre elles, Sappho. Cette dernière invoque la protection et la sagesse de la déesse pour résoudre ses problèmes amoureux avec d'autres femmes.

Sappho voit le jour un peu plus d'un siècle après le légendaire Homère, vers 630 av. J.-C., sur l'île montagneuse de Lesbos, à quelques kilomètres des côtes turques. À l'époque, l'ile émeraude est réputée pour son vin et son marbre clair. Constamment envahie, il ne reste rien de cette période sur cette île où est né, bien plus tard, l'ouzo, la boisson nationale grecque. Seuls quelques extraits, citations ou phrases de l'œuvre populaire de Sappho nous sont parvenus aujourd'hui. Un peu plus de 260 à date. Aussi, les sources sont rares et sa personnalité elle-même a été modelée au fil du temps, à travers des créations et des représentations déformant la réalité.

Son nom, qui signifie étymologiquement « la poétesse », a été décliné en saphisme, soit la définition de l'« homosexualité féminine », officialisée dans le dictionnaire d'Émile Littré en 1864. Appelée « la Lesbienne », soit « *la personne célèbre de Lesbos* », elle ne se doutait certainement pas que ce terme définirait les relations sexuelles entre femmes à partir du XIXe siècle. Deux mots notoires qui donneront deux expressions courantes de notre langage contemporain.

Assurément, elle est célèbre dans tout le monde grec. Son influence et son identité ont réussi à surmonter les siècles et les obstacles. « *Platon, qui a vécu seulement deux siècles plus tard et connaissait probablement presque entièrement son œuvre, la proclama la Dixième Muse, et, heureusement, la grande qualité de sa poésie incita les écrivains classiques à la citer abondamment*[3] », rappelle la chercheuse Jeannette Howard Foster. Par bribes, on apprend ainsi qu'elle était « *petite et noire* », pas forcément belle, mais non dépourvue de charme et de grâce. On sait aussi qu'elle a dû un temps s'exiler en Sicile et qu'elle a donné naissance à une fille, Kleis.

Malgré son statut de poétesse et de cheffe de chœur, l'obligeant à une responsabilité sociale, Sappho devient l'emblème, maltraité, d'une femme aux mœurs dépravées dans la comédie grecque. Une caricature pour des auteurs sexistes. Déjà, on la rabaisse. La poétesse et musicienne se métamorphose, au gré des fantasmes et des interprétations. Courtisane ou éducatrice, elle revêt tous les visages de la femme telle qu'on l'imagine dans un contexte socratique ou patriarcal. Dans une de ses *Épîtres*, Horace la nomme « *masculine Sappho* », et ce n'est pas très flatteur. Réduite à n'être qu'une femme aux agissements immoraux, Sappho aurait pu être oubliée…

D'ailleurs, certains ont été jusqu'à s'interroger sur son existence. N'a-t-elle été qu'une légende ? La synthèse de plusieurs femmes ? Une allégorie chimérique et symbolique ? S'est-elle vraiment jetée dans la mer, par dépit amoureux, depuis l'île de Leucade, tel que l'a raconté Méandre dans sa pièce *Leukadia* ? Les peintres Antoine-Jean Gros, Gustave Moreau ou encore Pierre-Narcisse Guérin se sont d'ailleurs inspirés de ce geste pour de fameux tableaux. Pour eux, Sappho incarne une héroïne romantique et tragique… La réalité est plus simple : elle serait morte à un âge avancé.

Sappho reste un mystère. Pourtant, son visage orne quelques pièces. Des vases athéniens représentent bien une certaine Sappho.

3. Jeannette Howard Foster, *Sex Variant Women in Literature : A Historical and Quantitative Survey*, Vantage press, 1956.

Un vase à trois anses, aujourd'hui conservé à Varsovie, atteste de son existence, alors qu'elle y joue de la lyre. On la revoit également sur un vase servant de corbeille, en compagnie de son ami Alcée, poète lyrique de Mytilène. Il y a aussi un autre vase, conservé à Athènes, où assise, elle déclame un poème à un groupe de jeunes filles. On peut lire sur son rouleau : « *J'écris mes vers avec de l'air…* »

Sa poésie s'est évaporée avec les siècles. Quelques « fragments », puisqu'ils sont intitulés ainsi, subsistent. Le premier est découvert en 1879. Souvent des reproductions sur des parchemins. La plupart des papyrus originaux ont disparu. Son dialecte éolien s'est éteint avec le surgissement du grec classique. Reste un legs inestimable : la strophe saphique (trois vers de onze syllabes et un vers de cinq syllabes), qui privilégie la mélopée au sens des mots. Par la suite, Horace, Ovide, Boileau, Ronsard, Musset, Goethe et Baudelaire usent de cette scansion singulière.

Au milieu de ces quelques centaines de vers, un seul poème complet a survécu : *L'Hymne à Aphrodite*, confession des tourments de l'autrice qui se plaint de ne pas être aimée par celle qu'elle convoite. « *Quelle faveur j'implorais, et ce que je désirais le plus dans mon âme insensée. "Quelle Persuasion veux-tu donc attirer vers ton amour ? Qui te traite injustement, Psappha*[4] *? Car celle qui te fuit promptement te poursuivra, celle qui refuse tes présents t'en offrira, celle qui ne t'aime pas t'aimera promptement et même malgré elle." Viens vers moi encore maintenant, et délivre-moi des cruels soucis, et tout ce que mon cœur veut accomplir, accomplis-le, et sois Toi-Même mon alliée* », tel que le traduit Renée Vivien en 1903, « la Sappho 1900 » comme la surnomme le critique André Billy.

Si l'œuvre de Sappho évoque les deux sexes, rien n'est comparable au feu intérieur et au désir brûlant qu'elle ressent auprès des femmes.

---

4. Sappho en éolien.

« *Il me semble être l'égal des dieux, l'homme qui en face de toi est assis et tout près écoute ta voix suave et ton rire charmant qui, je le jure, a frappé mon cœur de passion dans ma poitrine ; car dès que je t'aperçois un instant, alors il ne m'est plus possible d'articuler une parole, mais ma langue se brise, et subtil aussitôt sous ma peau court un feu ; dans mes yeux, aucun regard ; mes oreilles bourdonnent ; la sueur coule sur moi, un tremblement me saisit toute ; je suis plus verte que l'herbe ; et il me semble que pour un peu je suis morte*[5]. »

La question de son orientation sexuelle continue de tourmenter les historiens. Dans *Les Chœurs de jeunes filles en Grèce archaïque*, l'helléniste Claude Calame assure que les relations sont homoérotiques entre Sappho et certaines des jeunes filles qu'elle forme à travers un rituel d'initiation sexuelle. Ce serait la source d'une souffrance réelle de l'autrice, qui ne supporte pas cette relation temporaire à sens unique. Selon l'historienne Marie-Jo Bonnet, Sappho ne se résigne pas à voir ces femmes devenir de simples épouses – sans consentement, courtisanes ou concubines, dénuées de droits citoyens. Pour elle, l'enseignement de Sappho vise à rompre avec la domination masculine, en privilégiant le savoir, les arts, la nature et les dieux (Aphrodite en premier lieu). Le poète Stéphane Bousquet estime de son côté que la vision homosexuelle de Sappho est une invention contemporaine, qui nous fascinerait. « *On ne peut pas le savoir à partir de ses poèmes* », assure-t-il.

Des recherches plus récentes font de Sappho le membre d'une hétairie, soit une association politique au sein de l'élite de la cité. Cantonnée à des poèmes d'amour, on en oublie qu'elle a écrit des vers plus engagés contre l'aristocratie, dont elle était issue, face aux tyrans pro-grecs qui règnent alors. Factuellement, dès le XIXe siècle, Sappho

5. Poème 31.

est à la fois un sujet de débats, un objet de fantasme, de querelle permanente entre universitaires, historiens et intellectuels. Prostituée, bisexuelle, enseignante, débauchée, vierge, mariée... toutes ces versions de la poétesse sont des visions modernes, loin de la réalité de l'époque.

L'identité sexuelle dans cette Grèce archaïque, ou pré-antique, ne répond pas à nos codes contemporains. Michel Foucault, dans son *Histoire de la sexualité*[6], a clairement rappelé qu'on ne se définissait pas par son orientation sexuelle. On pouvait avoir des relations hétérosexuelles dans le cadre du mariage, et des pratiques homosexuelles considérées comme normales au sein de l'élite. Sappho a pu être mariée tout en étant ouvertement homosexuelle. Ses écrits ne cachent rien de son désir pour les jeunes filles. Son statut d'icône n'est pas usurpé. En exprimant publiquement ses attirances, au risque que son homosexualité soit moquée, bafouée ou critiquée par les générations ultérieures, elle s'avère précurseur. Selon Judith Hallett, professeure et enseignante émérite de lettres classiques, « *la réaction négative que l'homosexualité féminine a suscitée depuis la période hellénistique a, semble-t-il, conduit Sappho à recevoir un traitement différent (et de plus en plus inéquitable) de celui réservé aux poètes lyriques masculins*[7] ».

Archaïque en son temps, Sappho est devenue, en tant que doyenne de la littérature occidentale, une référence pour les hellénistes et les littéraires. De plus, on continue de découvrir des extraits de son œuvre, parmi lesquels le *Poème de Tithon* (en 2004), qui mentionne le prince troyen, et le *Poème des frères* (en 2014). De quoi réactualiser le mythe.

---

6. Michel Foucault, *Histoire de la sexualité*, Gallimard, 1976.

7. Judith Hallett, *Sappho and her Social Context : Sense and Sensuality*, The University of Chicago Press, 1979.

Si elle a survécu aux siècles, c'est bien grâce aux musiciens (Camille Saint-Saëns s'est inspiré du mythe pour son *Chant saphique,* Charles Gounod lui consacre son premier opéra, *Sappho,* tout comme Iannis Xenakis pour *Psaphha*) et aux dizaines d'auteurs qui l'ont citée, imitée ou même adaptée : Socrate, Lucrèce, Virgile, Racine, Lamartine, Rilke, Yourcenar… Il suffit de relire *Lesbos* de Charles Baudelaire, pour comprendre que « *la mâle Sapho, l'amante et le poète* » est l'objet de son admiration dans cette complainte mélancolique. Les temps changent.

Les travaux de recherche d'auteurs et d'historiens, dès le Moyen Âge, l'ont lentement réhabilitée. Dès la Renaissance, son *Hymne à Aphrodite* et quelques-unes de ses citations sont publiés. L'imprimeur français Robert Estienne édite ainsi en 1566 une compilation de poètes grecs, où l'on retrouve environ 40 fragments attribués à Sappho. Les membres de La Pléiade ont revendiqué l'influence des strophes saphiques. Un siècle plus tard, une édition française d'Anne Le Fèvre élargit le cercle des connaisseurs.

Progressivement, on lui redonne sa place parmi les auteurs majeurs de l'Histoire. Axée sur l'amour et l'exaltation, sur la complexité du monde et des sentiments, sa poésie conjuguée à la première personne en fait la première grande voix féminine de la littérature. Dès lors, la poétesse devient une influence assumée et un mentor pour les autrices. Il faut attendre le début du XXe siècle, pour que Sappho soit intronisée « Sainte patronne des Lesbiennes » grâce à des écrivaines homosexuelles comme Colette, Natalie Clifford Barney, Gertrude Stein ou Djuna Barnes. Et qu'au gré des mouvements d'émancipation depuis soixante-dix ans, elle se mue en figure féministe, activiste et queer.

WENDI

203-157 AV. J.-C.

Souverain éclairé, il a marqué l'apogée de la dynastie Han, âge d'or de la civilisation chinoise.

Dix empereurs de la dynastie Han étaient ouvertement homosexuels, bisexuels ou pansexuels, parmi lesquels Chengdi, l'empereur accompli, Lingdi, Huandi et Aidi.

Et puis il y a l'empereur Wendi. Il a régné relativement longtemps, de 180 à 157 av. J.-C. Souverain sage et bienveillant, il a marqué l'apogée de la dynastie Han. Sa gouvernance éclairée a instauré une certaine prospérité et une relative paix, malgré les agressions répétées des Xiongnu, peuples nomades venus des steppes de la Mongolie. Il compte parmi l'un des rares empereurs à n'avoir provoqué aucun conflit.

Wendi est un dirigeant « frugal », dans la plus pure tradition confucéenne. Un modèle de tempérance, voire d'ascèse. Affichant la piété comme vertu cardinale, il donne l'exemple en appliquant au palais l'austérité qu'il fait sienne et préfère consacrer les ressources de l'État à la redistribution plutôt qu'au faste impérial. Il n'y a rien de bling-bling chez lui. Sa grande réforme fiscale contribue à alléger les taxes, et la population profite de cette prospérité nouvelle. Grâce à sa prudence économique et à la diminution des dépenses dédiées à l'armée, l'empereur consolide tranquillement le trésor impérial, profitant des dividendes de la paix. Par ailleurs, il initie un modèle de gouvernance qui valorise la compétence et la loyauté des fonctionnaires, plaçant la justice et l'éthique au cœur de son administration, et luttant contre la corruption.

S'il ne proclame pas encore le confucianisme comme doctrine officielle, il en plante néanmoins les premières graines, offrant à la Chine une vision morale qui imprégnera son histoire pendant des siècles. L'héritage de Wendi prépare l'empire à de futures grandeurs, et notamment son expansion en Asie. La démographie et l'agriculture connaissent une forte croissance.

Xi'an, la capitale, est aussi peuplée que Rome et Alexandrie à la même époque. La Chine compte 50 millions d'habitants environ. Loin du monde méditerranéen, elle se dote déjà de systèmes d'irrigation pour améliorer l'agriculture, de routes et de ponts. Sous son ère, Wendi modernise le réseau de relais postaux pour optimiser la communication entre la cour impériale et les régions lointaines de son territoire. Ce maillage permet de renforcer l'unité du vaste empire, en assurant que les édits de la cour et autres documents officiels soient bien transmis avec rapidité et efficacité. Ses successeurs peuvent l'en remercier.

Dans le même registre, les techniques primitives de fabrication de papier à base de fibres de plantes (bambou, soie) font l'objet de recherches afin de conserver et transmettre les lois et les connaissances. À commencer par la médecine et la pharmacologie – sciences émergentes sous l'influence des taoïstes (philosophie qui prône l'harmonie avec la nature) –, à travers des premiers textes qui nourriront quelques décennies plus tard le *Classique interne de l'empereur Jaune*, l'ouvrage fondamental de la médecine traditionnelle chinoise. Toujours côté sciences, les études astronomiques et l'amélioration des calendriers prennent également leur essor sous le règne de Wendi. Les savants ont pour mission de perfectionner les mesures (le temps, les saisons) indispensables aux activités agricoles et aux rites sacrés. Les progrès techniques, notamment la fonte du fer, font un bond en avant.

Plusieurs formes artistiques ont fleuri durant cette période et posé les bases de traditions qui s'intensifieront sous l'égide des futurs empereurs. L'écriture des scribes popularise la calligraphie à travers les textes officiels. Certaines œuvres, comme les fresques, influenceront l'art mural chinois, appelé à s'épanouir dans les siècles suivants. Musique, laques, céramique, sculptures en terre cuite (comme la célèbre armée d'argile ensevelie dans le mausolée de l'empereur Qin), objets en bronze ou en jade : cette production artistique, dédiée principalement à des fonctions rituelles, funéraires et administratives, fixera les règles stylistiques et techniques développées au cours des siècles suivants et constitueront des éléments fondamentaux de l'art chinois. Jusqu'à séduire les amateurs contemporains : un vase en bronze s'est vendu aux enchères à 4 000 euros et une figurine de cavalier en terre cuite de cette période a culminé à 350 000 euros !

Mais « le règne de Wen et Jing » (Jingdi, fils et successeur de Wendi) ne se résume pas seulement à une histoire de prospérité, de paix et de progrès technologiques et scientifiques. Il faut s'imaginer notre empereur, vêtu de simples vêtements de soie noire épaisse, très dévoué à sa mère et reconnu pour sa piété filiale, entouré de plusieurs épouses et concubines, parmi lesquelles l'impératrice Bo, sa première épouse, destituée au profit de l'impératrice Tou, très influente, et qui partage avec l'empereur sa vision politique.

La règle d'or confucéenne du *shu* (« réciprocité » ou « empathie ») laisse place à l'homosexualité dans la société chinoise. La bisexualité y est presque la norme selon certains historiens. Dans l'Empire du Milieu, nulle divinité surnaturelle ne condamne l'homosexualité ou impose une conduite morale. « *Il n'y a pas que les femmes qui peuvent user de leur apparence pour attirer le regard du souverain ; courtisans et eunuques peuvent jouer ce jeu également. Nombreux furent les hommes de l'Antiquité qui obtinrent les faveurs de cette manière* », explique Sima Qian, auteur du mythique *Shiji (Mémoires historiques)*, rédigé autour de 100 av. J.-C., ajoutant : « *Ceux qui servaient le souverain et réussissaient à ravir ses oreilles et ses yeux, ceux qui attiraient l'attention de leur maître et gagnaient ses faveurs et son intimité, n'y parvenaient pas seulement par le pouvoir du désir et de l'amour ; chacun possédait des talents particuliers dans lesquels il excellait*[8]. » Il n'est donc guère surprenant que Wendi ait également compté des favoris masculins, parmi lesquels Zhao Tong, Beigong Bozi et Deng Tong.

Les deux premiers compagnons masculins sont des eunuques. Zhao Tong est doué pour l'astrologie et la divination. Beigong Bozi se distingue par sa simplicité, son altruisme et sa nature affectueuse. Tous deux ont été les conducteurs et les secrétaires de l'empereur.

Mais Deng Tong occupe une place à part auprès de Wendi. Selon la légende, celui-ci l'aurait vu apparaître dans un rêve, pour l'aider à atteindre le ciel. Il l'aurait alors cherché dans tout l'Empire. Issu d'une famille modeste, ce passeur aux vêtements déchirés est élevé

8. Sima Qian, *The Records of the Grand Historian (Shiji)*, Columbia University Press, 1993.

au rang de favori et d'ami intime, vite appelé à gravir les échelons du pouvoir. Il passe du statut de Gentilhomme à celui de Grand Maître supérieur, tout en étant célébré pour sa belle apparence. Lorsque l'empereur développe un abcès douloureux sur le dos, Deng Tong en aspire lui-même le pus sans montrer de dégoût – ce que même le prince héritier, Liu Qi, ne peut se résoudre à faire. L'amour filial a ses limites.

« *Un seul mot nous libère de tout le poids et de toute la douleur de la vie : ce mot est amour* », a écrit Sophocle dans *Œdipe à Colone*. Wendi comble son favori de richesses en échange de sa loyauté. Parmi ces cadeaux précieux, un domaine de très haute valeur et les revenus d'une mine de cuivre dans le Sichuan. Le favori obtient même l'autorisation de frapper sa propre monnaie, les pièces de Deng Tong. Elles circulent dans tout l'empire et font de lui l'un des hommes les plus riches de cette période. Malheureusement, sous le règne de l'empereur Jing, le fils de Wendi, il est accusé de contrebande, perd les faveurs de la cour, et voit tous ses biens et revenus confisqués par l'État. À l'instar de nombreux compagnons masculins de divers empereurs chinois, il mourra dans la pauvreté, échappant à l'empoisonnement ou à l'exil, sort subi par la plupart de ses congénères.

L'histoire bégaie. Lointain successeur de Wendi, l'empereur Aidi, qui n'aura régné que six ans, juste avant le début de notre ère, tombe amoureux de Dong Xian, un jeune homme marié, âgé de 19 ans.

Aidi en fait rapidement son favori et le couvre d'honneurs (c'est une manie). Malgré la réprobation du Premier ministre, il le nomme marquis puis commandant des forces armées. Dong Xian et sa femme sont invités à s'installer au palais et reçoivent bientôt une résidence aussi luxueuse qu'un palais impérial. De quoi inquiéter la cour, même si, par nature, la famille chinoise est patrilinéaire et peut être élargie au-delà des liens du sang. Tous ceux qui s'opposent à ces honneurs sont sévèrement punis. Cependant, le Premier ministre ose rédiger un rapport pour que l'empereur limite les privilèges accordés à l'objet de son affection. Une manière de le protéger, selon certains, pour qu'il ne subisse pas le même sort que Deng Tong, l'amant de Wendi, ou d'Han Yan, favori d'un autre empereur, Wudi. Ce rapport est aussi prémonitoire qu'avisé. Car tout se gâte quand l'empereur tombe malade et désigne son amoureux comme son successeur. La cour se rebelle et rejette ce qu'elle considère comme un abus de pouvoir, préférant placer sur le trône un cousin, Wang Mang, pourtant issu d'une famille rivale.

Victime de cette tragédie chinoise, Dong Xiang est démis de ses fonctions et exécuté peu après la mort de son maître alors âgé de 26 ans. Les histoires d'amour finissent mal en général, quelle que soit leur beauté. Malgré sa furtive apparition dans l'Histoire, Aidi forgera le mythe de « *la passion de la manche coupée* » (断袖之癖 : *duàn xiù zhī pǐ*), une expression désignant l'homosexualité dans la culture chinoise. La légende raconte qu'un jour, le favori s'était endormi sur la manche de l'empereur. Plutôt que de réveiller son compagnon, celui-ci aurait préféré découper son vêtement pour se lever. En référence à cet épisode, les hommes de la cour adoptèrent cette mode et contribuèrent à immortaliser ce geste d'amour simple.

Dix-huit siècles plus tard, Yian Mei les immortalise dans un poème, *La Passion de la manche coupée* : « *Ne te moque pas de la passion de la manche coupée, le vent du printemps ne te connaît pas. L'amour profond ne distingue pas le sexe, partageons simplement ce beau moment.* »

Hadrien

76-138

Resté célèbre pour avoir consolidé et sécurisé les frontières de l'Empire romain, le héros de Marguerite Yourcenar privilégie la diplomatie à la guerre, étendant l'influence artistique et politique de Rome.

« *Le jeune homme s'était formé lentement, avec cette gravité propre à la jeunesse. Il possédait cette beauté parfaite que les Grecs recherchaient, sans plus se soucier de la nature particulière des traits qu'un sculpteur ou un amant pouvait trouver beaux.* [...] *Je me plaisais à la regarder comme on contemple une statue vivante.* » Ainsi, Marguerite Yourcenar traduit-elle les pensées de l'empereur Hadrien évoquant sa rencontre avec Antinoüs.

Dans les *Mémoires d'Hadrien*, l'autrice fait dire au héros à propos de son amant : « *Il était ma joie, ma consolation, et même, en certains moments, mon orgueil. Il acceptait avec simplicité les soins que je lui prodiguais, les présents que je lui faisais, les gestes qui, entre nous, devenaient une seconde nature.* » Marguerite Yourcenar imagine une relation sentimentale tout à fait banale entre les deux amants : « *Je retrouve une tête inclinée sous une chevelure nocturne, des yeux que l'allongement des paupières faisait paraître obliques, un jeune visage large et comme couché. Ce tendre corps s'est modifié sans cesse, à la façon d'une plante, et quelques-unes de ces altérations sont imputables au temps. L'enfant a changé ; il a grandi. Il suffisait pour l'amollir d'une semaine d'indolence ; une après-midi de chasse lui rendait sa fermeté, sa vitesse athlétique. Une heure de soleil le faisait passer de la couleur du jasmin à celle du miel. Les jambes un peu lourdes du poulain se sont allongées ; la joue a perdu sa délicate rondeur d'enfance, s'est légèrement creusée sous la pommette saillante ; le thorax gonflé d'air du jeune coureur au long stade a pris les courbes lisses et polies d'une gorge de Bacchante. La moue boudeuse des lèvres s'est chargée d'une amertume ardente, d'une satiété triste. En vérité, ce visage changeait comme si nuit et jour je l'avais sculpté.* »

Hadrien, empereur philosophe, marqué par la fragilité de l'existence humaine, cultivé et humaniste, pragmatique et visionnaire, privilégie la paix à la conquête. Sauf quand la nécessité fait loi. « *Un esprit envieux, mélancolique, hédoniste et excessif par rapport à sa propre ostentation ; il simulait la retenue, l'affabilité, la clémence et, inversement, dissimulait l'ardeur pour la gloire avec laquelle il brûlait* », comme l'a écrit Aurélius Victor dans son *Épitomé de Caesaribus*. Sensible et passionné, il incarne un homme à la fois puissant et vulnérable, profondément introspectif et lucide face à la vie et à la mort. Il reste une exception dans la généalogie impériale romaine.

Homme robuste, le visage rond, quoique imparfait, les cheveux bruns et frisottants, la barbe imposante en hommage à l'éthique hellénique, il se voit en digne héritier de la culture grecque dont il loue la sagesse et le goût de l'héroïsme. Sa fascination pour l'hellénisme lui vaut le surnom de « Græculus » (« petit Grec »). Sans doute a-t-il aimé les poèmes de Sappho, très étudiés à l'époque, qui ont dû faire écho à sa sensibilité, comme il a apprécié *L'Iliade* d'Homère. « *Achille me semble parfois le plus grand des hommes par le courage, la force d'âme, les connaissances de l'esprit unies à l'agilité du corps, et de son ardent amour pour son jeune compagnon. Et rien en lui ne me paraît plus grand que le désespoir qui lui fit mépriser la vie et désirer la mort quand il eut perdu le bien-aimé* », lit-on au fil du roman de Yourcenar.

Son amant, Antinoüs, a tout du jeune homme séduisant. Son visage est sculptural, ses cheveux bouclés, son corps élancé et harmonieux. Tout juste pubère, il symbolise la grâce apollinienne et la perfection esthétique, avec une aura mélancolique qui n'est pas pour déplaire à l'empereur. « *Ce beau lévrier avide de caresses et d'ordres se coucha sur ma vie* », écrit Yourcenar. Même Victor Hugo en fait un idéal dans *Les Misérables* en le comparant à l'un de ses personnages : « *Enjolras était un jeune homme charmant, capable d'être terrible. Il était angéliquement beau. C'était Antinoüs farouche.* »

Une histoire d'amour entre deux personnes de même sexe à ce point mythique, il y en a peu. Nombreux sont les artistes qui s'en sont inspirés. Notamment, le Portugais Fernando Pessoa qui a dédié un poème à leur passion tragique : « *Le garçon gisait, mort, Sur la basse couche, dont l'ensemble dénudé, Aux yeux d'Hadrien, saignant de leur vision, Recevait l'ombreux éclat de l'éclipse de la Mort. Le garçon gisait mort, et le jour ressemblait à la nuit. Dehors, la pluie tombait comme un frisson maladif, Un effroi de la Nature face à son propre acte de le tuer. À travers les galeries mentales de leurs plaisirs passés, Même la lumière du souvenir s'éteignait.* »

Un « daddy bear »[9] et son « twink »[10], de trente ans son cadet. Leur union, vécue au grand jour, dure sept ans. Les opposants à l'empereur sauront s'en servir pour salir sa réputation. Mais l'intéressé n'est pas dupe.

Hadrien a 42 ans quand il arrive au pouvoir. Il succède à son oncle, Trajan, qui l'a officiellement adopté. Durant ses vingt et un ans de règne, soit la cinquième plus longue suprématie de l'histoire romaine, l'empereur voyageur consolide les frontières de l'Empire et préfère la diplomatie à la guerre, tout en laissant une empreinte durable grâce à ses « grands travaux » : le mur d'Hadrien séparant l'Écosse de l'Angleterre, la somptueuse Villa d'Hadrien à Tivoli, le Panthéon et les thermes d'Hadrien à Rome, l'arc d'Hadrien qui s'élance dans le ciel d'Athènes, ville à laquelle il offre une renaissance culturelle et architecturale. Il bâtit des sanctuaires dédiés à Antinoüs en Égypte, il reconstruit Antioche en Syrie après un séisme, il restaure la bibliothèque d'Alexandrie, sans savoir qu'elle disparaîtra quelques siècles plus tard. N'oublions pas le mausolée d'Hadrien à Rome, qu'il a commandé deux ans avant son décès, et qui, par sa forme circulaire et sa taille gigantesque, reste l'un des emblèmes de la Ville éternelle. Relié au Vatican, le bâtiment s'est transformé au fil des siècles en forteresse, résidence papale, prison et musée, attirant dans la capitale italienne environ 1,5 million de visiteurs par an.

La mort de son amant, en 130, le plonge dans un profond désespoir. Marguerite Yourcenar visualise la douleur de l'empereur : « *Antinoüs s'était noyé dans le Nil.* [...] *Sa mort fut un déchirement ; je n'ai pas honte de dire que je pleurai comme une femme.* » « *J'aimais en lui quelque chose qui dépasse l'amour ; et en le perdant, j'ai perdu*

9. Homme viril mature.

10. Jeune homme aux traits juvéniles.

plus qu'un être aimé, j'ai perdu une part de moi-même », ajoute-t-elle. En hommage, Hadrien fonde la ville d'Antinoé en Égypte, près du lieu où s'est noyé le jeune homme. Il ordonne la construction de temples et de monuments dans cette région, la création de médailles et l'érection de statues à son effigie, la mise en place d'un culte officiel et de festivals dédiés. Antinoüs accède *post mortem* au statut de divinité impériale, sous la forme d'Osiris. Les touristes peuvent encore admirer sa beauté dans les plus grands musées du monde.

Sa noyade coïncide avec le début du déclin d'Hadrien, qui reste dans l'Histoire parmi les « Cinq bons empereurs », selon l'expression inventée en 1503 par Machiavel et reprise par Edward Gibbon.

Orphelin de père à l'âge de dix ans, Hadrien est confié à deux tuteurs : son cousin Trajan, futur empereur, et le chevalier romain Publius Acilius Attianus. Trajan, qui n'a pas d'enfant, le considère déjà comme un fils.

Entre sa passion pour la chasse et ses études de rhétorique, il commence sa carrière publique en rejoignant les *decemvirs*, les responsables de litiges mineurs, un poste d'initiation à la vie politique. Puis il entreprend son service militaire avant de progresser dans la hiérarchie romaine. Entre-temps, Trajan est adopté par l'empereur Nerva, lui-même sans descendance. Dès lors, Trajan et son épouse Plotine choisissent Hadrien comme successeur. Toutes les voies le mènent à Rome : questeur, tribun, préteur, consul, souvent avant l'âge requis. Son ascension n'a jamais cessé. Il accompagne l'empereur belliqueux dans ses campagnes militaires. Bardé de décorations, il est ensuite nommé gouverneur de la Pannonie inférieure (région aujourd'hui partagée entre la Croatie, la Serbie et la Hongrie) où il maintient la discipline militaire tout en stabilisant cette région frontalière de l'Empire.

Parallèlement, Hadrien approfondit ses études du latin et du grec, assiste à des conférences de sophistes et séjourne en Grèce, où il est honoré par la citoyenneté athénienne. Trajan lui confie le commandement en Syrie. Grâce au soutien de l'impératrice Plotine, il est nommé consul ordinaire, ce qui le positionne comme héritier potentiel. Mais ses ennemis font alors circuler des rumeurs. Il profiterait de sa position à la cour pour séduire les jeunes favoris de l'empereur.

En 117, Trajan meurt. Personne ne vérifie si Hadrien a bien été adopté. Seule Plotine l'affirme. Aimé par les troupes et sûr de son destin, le nouvel empereur s'installe sur le trône. Il rompt avec la politique de conquête, abandonnant l'extension vers l'est, soit la Mésopotamie, l'Arménie et l'Abyssinie. L'Empire est, de toute façon, à son apogée territorial. Le Sénat se résout à reconnaître son avènement. Pour éliminer les possibles menaces, Hadrien fait exécuter quatre généraux accusés d'un complot douteux, et renforce l'armée. Afin de s'attirer la faveur populaire, il efface les dettes fiscales des citoyens et détruit les registres des impôts. Une politique qui manie la rose et le glaive.

Comme Wendi en Chine, il mise sur la paix et une stabilité économique durable. Il préfère fortifier les frontières de ce qui est aujourd'hui l'Angleterre, l'Allemagne et les Balkans, et recruter des citoyens locaux, fussent-ils des « barbares », afin de faciliter leur intégration dans les provinces et consolider sa politique défensive.

Son grand œuvre est d'ordre administratif. Il réorganise les provinces de l'Empire, qu'il divise en districts judiciaires, et confie leur gestion à des gouverneurs choisis pour leurs compétences ; il renforce les élites locales dans les institutions romaines en leur accordant la citoyenneté ; il privilégie la création de villes provinciales semi-autonomes, respectant leurs coutumes et leurs lois locales, plutôt que d'imposer des colonies romaines régies par des constitutions uniformes ; il codifie le droit romain, harmonisant les lois et clarifiant les règles pour les juges et fonctionnaires, première étape vers une législation universelle ; il améliore l'exploitation des terres, en encourageant la mise en culture des sols incultes pour stimuler l'agriculture et augmenter les revenus impériaux. Enfin, il investit dans les infrastructures essentielles comme les aqueducs et réforme le système judiciaire et fiscal. Pour parachever son œuvre, il crée le Panhellénion, ligue réunissant les cités grecques pour renforcer leur unité culturelle et politique.

Voyageur, Hadrien passe plus de la moitié de son règne hors d'Italie, préférant inspecter lui-même les provinces plutôt que de se fier uniquement aux rapports de ses représentants. Il parcourt l'Afrique du Nord, l'Asie Mineure, l'Égypte, la Grèce. Thessalonique, Tyr, Byzance et Lyon prospèrent. Athènes renaît.

Cette politique de déplacements lui permet de centraliser les pouvoirs, contrant l'opposition du Sénat. Parallèlement, il réprime violemment chaque révolte. Les Astérix et autres « irréductibles » n'ont pas voix au chapitre. Ainsi, vers la fin de son règne, il écrase la révolte de Bar-Kokhba, près de Jérusalem, avec une victoire « à la Pyrrhus ». Bilan d'un empereur pourtant peu belliqueux : 580 000 morts juifs, 50 villes fortifiées et 985 villages rasés. Ce « triomphe » signe l'échec de son idéal panhellénique. Dès lors, les Juifs n'ont plus le droit de résider à Jérusalem et l'empereur fusionne la Judée avec la Syrie pour former la province de Syrie-Palestine, scellant le destin d'une nation juive pour des siècles. La diaspora juive commence vers la Galilée et Babylone. Privé d'autonomie politique, le judaïsme mue en une religion centrée sur les textes et les traditions pour assurer sa survie.

Ce virage sanglant de la part d'Hadrien – il exécute aussi quelques sénateurs hostiles – s'explique par son aversion pour la contestation et son appétence pour la stabilité. Mais pas seulement. Veuf inconsolable d'Antinoüs, souffrant d'hémorragies et d'hydropisie, il devient dans les dernières années de sa vie hypocondriaque et cruel. Marié mais sans enfants, il adopte en 136 Lucius Aurelius Verus comme successeur, qui meurt prématurément en janvier 138. Il a tout juste le temps d'adopter Antonin le Pieux, exigeant qu'il adopte à son tour Marc Aurèle et Lucius Verus, préparant ainsi deux générations d'empereurs. Une succession bien anticipée. Hadrien meurt en juillet.

Innovateur et mécène, érudit et grand orateur, Hadrien a écrit des poèmes et sa propre épitaphe, qui figure dans *L'Histoire Auguste* : « *Âmelette vaguelette, calinette, Hôtesse et compagne de mon corps, Vers quels lieux maintenant vas-tu aller, Livides, glacés et dénudés, Tu ne lanceras plus tes habituelles plaisanteries.* »

Ces vers existentialistes traduisent bien sa philosophie issue du stoïcisme et de l'épicurisme, teintés de mélancolie et d'incertitude. Un être contradictoire à l'intérieur duquel s'entremêlent curiosité et cruauté, ambition et bienveillance.

Dans *Les Mémoires d'Hadrien*, Marguerite Yourcenar s'épanche sur cette psychologie énigmatique. « *Notre grande erreur est d'essayer d'obtenir de chacun des vertus qu'il n'a pas, et de négliger de cultiver celles qu'il possède* ». « *J'ai utilisé de mon mieux mes vertus ; j'ai tiré parti de mes vices ; mais je ne tiens pas spécialement à me léguer à quelqu'un. Ce n'est point par le sang que s'établit d'ailleurs la véritable continuité humaine : César est l'héritier direct d'Alexandre.* » Deux empereurs bisexuels qui ont durablement marqué l'Histoire. Comme lui. Si Hadrien se distingue d'eux, c'est sans doute grâce à son histoire amoureuse avec Antinoüs, splendide et atemporelle.

Miniature extraite de la Bible moralisée de Vienne (*Codex Vindobonensis* 2554) dénonçant les mœurs sexuelles du clergé (v. XIIe s.).

LE MOYEN ÂGE

OÙ L'EUROPE, SOUS EMPRISE RELIGIEUSE, CONDAMNE DES ACTES CONTRE-NATURE, TOUJOURS TOLÉRÉS DANS LE RESTE DU MONDE

Dès le IIIe siècle, l'acceptation de l'homosexualité est bouleversée par l'ascension de deux religions monothéistes, le christianisme puis l'islam. Les religions du Livre se doivent de marquer une rupture avec les traditions et les rites des différentes civilisations antiques, de la Mésopotamie à Rome. Progressivement, les mondes méditerranéens et orientaux basculent en l'espace de quelques siècles vers une société moins permissive et plus répressive.

Le tournant a lieu au VIe siècle. Les homosexuels deviennent les boucs émissaires d'une conjonction de catastrophes – pandémie de peste, éruptions volcaniques, tremblements de terre, refroidissement climatique, famine… – qui entraîne ce qu'on nommerait aujourd'hui une politique de désinformation.

C'est le théologien et sociologue Michael Brinkschröder qui en livre l'explication. Selon lui, l'empereur byzantin Justinien (482-565) « *attendait de toute personne ayant commis un acte contraire à la nature qu'elle confesse ses transgressions à l'évêque et qu'elle fasse pénitence. Toute personne qui ne respectait pas ces instructions ou qui commettait ces actes plus d'une fois devait être condamnée à mort afin d'épargner la ville de la colère de Dieu par l'élimination des coupables. Justinien utilise le mythe de la destruction de Sodome à la fois pour interpréter les catastrophes passées comme un châtiment divin et pour éviter de pires catastrophes futures causées par la colère de Dieu*[1] ».

Sodome, récit biblique de la Genèse, prend ainsi la forme d'un mythe où tout s'amalgame : l'arrogance, le viol, l'infidélité, l'homosexualité, la luxure, l'opulence, l'égoïsme… Sa destruction symbolise désormais un châtiment divin qui s'abat sur tous les pécheurs pour condamner leurs actes « contre-nature », dont la pénétration anale, désignée sous le terme de « sodomie », sera la parfaite traduction.

Aux racines du mal, se trouve le très puritain *Lévitique*, dans lequel est écrit « *tu ne coucheras point avec un homme comme on couche avec une femme. C'est une abomination* », ou encore « *si un homme couche avec un homme comme on couche avec une femme, ils ont fait tous deux une chose abominable ; ils seront punis de mort : leur sang retombera sur eux* ». Le Coran en présente sa propre version comparant les homosexuels à « *des gens transgresseurs* ».

Et ce n'est pas l'amitié entre David et Jonathan (narrée dans les Livres de Samuel) qui peut plaider contre ce rejet, même si elle confirme que l'amour entre personnes de même sexe existe bel et

1. Michael Brinkschröder, *Sodom Als Symptom: Gleichgeschlechtliche Sexualitat Im Christlichen Imaginaren – Eine Religionsgeschichtliche Anamnese*, De Gruyter, 2006.

bien. « *Jonathan fit alliance avec David, parce qu'il l'aimait comme son âme* », lit-on au moment de leur rencontre. D'ailleurs, leur relation s'achève ainsi : « *Je suis dans la douleur à cause de toi, Jonathan, mon frère ! Tu faisais tout mon plaisir, Ton amour pour moi était admirable, Au-dessus de l'amour des femmes.* »

Côté femmes, Le Livre de Ruth (Ancien Testament de la Bible chrétienne et Tanakh juive) expose l'amour infini que l'épouse d'un riche propriétaire terrien, Booz, porte à sa belle-mère Naomi : « *Ne me presse pas de te laisser, de retourner loin de toi ! Où tu iras j'irai, où tu demeureras je demeurerai ; ton peuple sera mon peuple, et ton Dieu sera mon Dieu ; où tu mourras, je mourrai, et j'y serai enterrée. Que l'Éternel me traite dans toute sa rigueur, si autre chose que la mort vient à me séparer de toi !* »

Difficile de nier l'évidence des faits et des désirs. Pourtant, une vague conservatrice s'abat sur le monde. En Chine, à l'époque de la dynastie Ming, le néo-confucianisme fait preuve d'intolérance vis-à-vis de l'homosexualité en valorisant le mariage, la procréation et la continuité familiale. En Inde, les punitions sont sévères à l'égard des femmes dépucelant leurs semblables. La virginité y est chose sacrée.

La domestication de la sexualité va être le grand combat de religions qui gagnent en puissance. L'homophobie officielle s'impose, excluant les homosexuels de la société, même si, sous le secret du confessionnal, l'Église accueillera bien des vocations et que certains monarques « en seront ».

Vers le XIe siècle, c'est dans le *Livre de Gomorrhe* signé du moine Pierre Damien, inspiré par les écrits de Grégoire Le Grand, que le mot « sodomie » apparaît. Est qualifiée de « sodomite » toute personne pratiquant la masturbation, la masturbation réciproque, le cunnilingus, le coït entre les cuisses ou le coït anal. Rappelons qu'il n'existe, selon l'Église, qu'un « bon réceptacle » pour la semence masculine. Pas besoin d'un dessin, il s'agit du vagin. C'est l'approche du sexe procréatif qui prévaut.

L'ambition de ceux qui rédigent les livres sacrés au fil des siècles est prosaïque : il est primordial pour ces religions naissantes de renverser le monde païen en attirant toujours plus d'adeptes à fidéliser. La seule reproduction est fortement encouragée et toute autre pratique sexuelle uniquement dédiée au plaisir ou volontairement stérile est vue comme un blasphème.

La plupart des codes de droit civil de l'époque prévoient des sanctions pour punir les « *actes contre-nature* ». L'homosexualité n'était guère traitée différemment des autres formes de péché – les pénitences variant selon le sexe du contrevenant et la nature de l'acte.

Avec la réforme papale du XIe siècle, les attitudes se durcissent. Au XIIIe siècle, en France, l'homosexualité, masculine comme féminine, est punie au moyen de mutilations progressives et de brûlures en cas de récidive. Au XIVe siècle, de nombreuses villes italiennes mettent en place des lois civiles permettant de confisquer les biens des individus reconnus coupables de sodomie. Castration, démembrement, mort par le feu : plus on avance dans le temps, plus les châtiments sont barbares.

En Germanie, le Wisigoth Alaric introduit le bûcher pour que s'y consument les coupables, lançant la mode jusqu'à Byzance. Les « visions » de la bénédictine Hildegarde de Bingen au XIIe siècle n'ont rien arrangé puisqu'elle assure que Dieu voit dans l'homosexualité une pratique diabolique. Le chevalier de Hohenbourg et son valet sont brûlés vifs en 1492. Katherina Hetzeldorfer est atrocement noyée pour avoir osé vivre maritalement avec une autre femme. En Angleterre, les sanctions obéissent à un barème. Des jeûnes de dix ans punissent la fornication avec un homme efféminé, un autre homme ou un animal (l'homosexualité est forcément bestiale selon les accusateurs), une pénitence de dix ans condamne l'accouplement entre deux hommes efféminés, peine renforcée d'un jeûne plus ou moins long (jusqu'à 15 ans quand même) si l'acte est ou non prémédité. Le pire des maux va vous surprendre : l'éjaculation dans la bouche d'un partenaire impose une repentance jusqu'à la mort. Les lesbiennes, femmes et filles non mariées, sont jugées moins sévèrement. Le théologien Thomas d'Aquin en rajoute une couche dans sa *Somme théologique* : « *Parmi les péchés de luxure, le péché contre-nature est le plus grave, car il se commet contre l'ordre naturel.* » Il ignore évidemment que 1 500 espèces animales pratiquent l'homosexualité.

Autant de justifications qui autorisent l'Église à se faire inquisitrice et combattre de façon impitoyable les homosexuels dorénavant considérés comme hérétiques. Cette idéologie se propagera lorsque les Européens s'en iront coloniser le monde…

Pendant ce temps, loin de là, les cultures précolombiennes semblent faire preuve de tolérance à l'égard de l'homosexualité si on en croit la pléthore d'objets érotiques très explicites retrouvés par les archéologues. Au Mexique, les Toltèques ne condamnent pas les homosexuels. Dans l'empire aztèque, des lois punitives sont rarement appliquées. Les chroniques des colons espagnols mentionnent une homosexualité prégnante dans la société, sous le haut patronage de la déesse Xochiquetzal, qui protégeait aussi les travailleuses du sexe et les femmes enceintes.

Certains peuples, du Siam aux Andes (civilisation moche), se dotent d'un vocabulaire spécifique pour définir cette diversité sexuelle, bien avant que l'Occident ne le fasse. C'est aussi le cas du monde arabe médiéval. Les femmes peuvent vivre en communauté, à l'écart des hommes. Les lesbiennes sont d'ailleurs dénommées sous le terme de

« *sahḥāqāt* », littéralement « *celles qui frottent* ». De nombreux textes, y compris *Les Mille et Une Nuits*, font référence à des couples de femmes. Au Japon, à l'époque pré-Edo, les relations amoureuses entre hommes font partie des coutumes, particulièrement au sein d'environnements exclusivement masculins (temples bouddhistes, sociétés de samouraïs, théâtre kabuki). Elles ne font l'objet d'aucune condamnation ou de répression.

L'Europe peine à refouler ses désirs. Des rites comme l'Adelphopoiia – une cérémonie de tradition chrétienne visant à l'union entre deux personnes de même sexe – existent toujours dans l'empire byzantin et dans certaines régions chrétiennes d'Europe orientale et des Balkans. Le témoignage d'amitiés masculines fortes, et plus que fraternelles, comme celle évoquée dans la *Chanson d'Ami et Amile*, chanson de geste française entre deux chevaliers, nous est parvenu. L'évêque de Rennes et poète Marbode (XIe s.) écrit une ode à la tentation agitant les jeunes hommes vis-à-vis de leurs congénères : « *Un beau visage exige un bon esprit, et un esprit docile… Cette chair est maintenant si douce, si laiteuse, sans défaut, Si bonne, si belle, si glissante, si tendre. Mais le temps viendra où elle deviendra laide et rugueuse, Quand cette chair, chère chair juvénile, deviendra sans valeur. Ainsi, tant que tu fleuris… ne sois pas lent à te donner à un amant ardent.* » Au XIIIe siècle, Béatrice de Romans compose un poème d'amour, *Na Maria, pretz e fina valors* dédié à une autre femme, Maria.

Avant la Renaissance, l'homoérotisme apparaît dans les œuvres d'art inspirées par les représentations grecques et latines. Il transpire dans des illustrations équivoques de bibles « moralisées ». Il peut aussi susciter l'émotion à la vue des tombes des croisés John Clanvowe et William Neville, le premier, tué au combat, et le second, inconsolable et se laissant mourir. Enterrés côte à côte, on peut lire cette douce épitaphe : « *Un couple anglais* ».

Abû Nuwâs

747 ou 762-815

Le plus grand poète arabe a révolutionné son art en s'inspirant de la vie quotidienne et des plaisirs des hommes.

Au monastère, « *le vin nous est servi, dans de très larges coupes, par un enfant de cœur à ronde et ferme croupe, svelte échanson, vêtu de sa robe de lin, qu'il porte par-dessus son cilice de crin* ».

Dans ce poème, il y a tous les plaisirs défendus d'Abû Nuwâs, le plus célèbre poète arabe du haut Moyen Âge. À sa manière, il a révolutionné la poésie, cassant les codes antiques, délaissant le thème du désert pour mieux s'inspirer de la culture bédouine et de la vie citadine. Donnant ainsi naissance à des poèmes d'amour, et même érotiques, tout autant que bachiques. Son œuvre prolifique comprend aussi d'autres formes de poésie : ascétique, panégyrique, et surtout cynégétique. « *La nature autour de nous était une mer de silence,*

Troublée seulement par les cris de la chasse victorieuse. Et le soleil se levait, éclatant de gloire, Éclairant nos exploits comme un récit éternel. »

Né dans le sud-ouest de l'actuel Iran, d'un père arabe et d'une mère persane, Abû Nuwâs est un homme charismatique, doté d'un regard perçant et vif, et d'une personnalité espiègle et audacieuse. Il a le goût des habits raffinés, du luxe et des plaisirs. Sa chevelure abondante, longue et bouclée, lui a valu son surnom, « Père des boucles ».

« *Je n'ai jamais vu personne qui connut mieux le lexique arabe et s'exprimât avec plus de pureté et de douceur, en évitant tout propos désagréable* », écrit Al-Jahiz, polymathe[2] et figure majeure de la littérature et de la pensée de l'âge d'or de l'islam.

Pourtant, les écrits d'Abû Nuwâs sont aujourd'hui censurés dans certains pays comme l'Arabie saoudite, où ses poèmes célébrant l'alcool, la sexualité et critiquant la religion sont jugés incompatibles avec les normes sociales et religieuses actuellement en vigueur. En désaccord avec tel système éducatif ou telles publications modernes, ses œuvres sont souvent édulcorées ou présentées de manière sélective. Heureusement, grâce à sa maîtrise du langage, à son usage de la métaphore, à son sens de l'humour, et à sa contribution au lexique poétique arabe, des générations de poètes assumeront son influence.

Dès l'adolescence, il est attiré par les hommes. « *L'homme est un continent, la femme est la mer. Moi j'aime mieux la terre ferme.* » Il ne tarde pas à découvrir l'amour au contact d'hommes mûrs, avant de succomber à son tour au charme des éphèbes. « *J'ai quitté les filles*

2. Personne qui possède des connaissances approfondies dans de nombreux domaines, souvent à un niveau d'expertise très élevé.

pour les garçons et, pour le vin vieux, j'ai laissé l'eau claire. Loin du droit chemin, j'ai pris sans façon celui du péché, car je le préfère. »

Grand connaisseur de littérature et de poésie arabe, il s'installe à Bagdad, tout juste fondé en 762 par le calife Al-Mansur. Érudits, scientifiques et commerçants du monde entier migrent vers cette métropole prospère. Entourée de remparts, elle est le symbole de l'apogée du pouvoir islamique. Grâce à sa réputation et ses connaissances, Abû Nuwâs devient courtisan et poète de la cour du grand calife Haroun Al-Rachid. Le souverain l'a souvent protégé contre ses rivaux et autres médisants qui n'apprécient ni son homosexualité ni ses mots crus. Parfois ses mœurs, libertines, et son impiété conduisent l'hérétique en prison. Mais que peut-il y faire ? « *Proclame haut le nom de celui que tu aimes, car il n'est rien de bon dans les plaisirs cachés* », a-t-il écrit.

Finalement, de sa vie, on sait peu de choses. Sa date de naissance est sujette à débat (vingt années d'écart opposent certaines sources entre elles) et les conditions de sa mort restent floues – même si la date en est un peu plus précise. Il n'a rien écrit sur sa propre personne et les historiens ont dû se contenter des témoignages de ses contemporains et successeurs. Abû Nuwâs ne s'est pas plus soucié de rassembler ses créations au sein de recueils. D'où les suspicions quant à la paternité de certains textes qui lui sont attribués. À moins qu'elles ne soient la conséquence du choc éprouvé au contact de la verdeur des mots, de la rudesse des vers, de la férocité des allégories et de la gaité des sujets. Il faut reconnaître que l'artiste innove par de tels propos. Il est en cela l'instigateur d'une poésie truculente, licencieuse et même grivoise. « *De bon matin, un faon gracieux me sert à boire. Sa voix est douce, propre à combler tous les vœux. Ses deux accroche-cœurs sur ses tempes se cabrent. Toutes les séductions me guettent dans ses yeux. C'est un Persan chrétien, moulé dans sa tunique, qui laisse à découvert son cou plein de fraîcheur. Il est si élégant, d'une beauté unique qu'on changerait de foi – sinon de Créateur – pour ses beaux yeux.* »

Al-Ma'arri, François Villon, François Rabelais, Pierre de Ronsard, John Wilmot, Charles Baudelaire, Arthur Rimbaud, Guillaume Apollinaire, Allen Ginsberg et Charles Bukowski en sont ses dignes (et masculins) héritiers.

Plus que l'envie de transgresser, l'anticonformiste Abû Nuwâs aime provoquer une société trop courtoise, trop conventionnelle, pour ne pas dire coincée par ses traditions. À l'époque, les religions font preuve de plus de tolérance. L'Islam n'a pas encore deux siècles d'existence. En écrivant uniquement en arabe, en y intégrant un lexique bédouin, Nuwâs se fait comprendre de tous. Assurant également, sans le savoir, l'immortalité de ses poèmes.

Le poète navigue entre le palais du calife et les bas-fonds de Bagdad, fréquente la mosquée tout autant que les tavernes. C'est une célébrité. Il apparaît d'ailleurs dans certaines versions des *Mille et Une Nuits*, en personnage secondaire, lié à la cour. Il y est présenté comme un poète drôle et friand de plaisirs, impliqué dans des situations humoristiques ou des escapades nocturnes avec le calife. Ces récits, non présents dans toutes les éditions, mêlent légendes et réalité historique pour enrichir l'univers vibrant de la capitale du califat abbasside, immense empire islamique qui s'étendait du Maghreb à l'Asie centrale.

Tout n'est pourtant pas merveilleux en Orient. Haroun Al-Rachid n'a pas toujours supporté certaines de ses fréquentations et ses frasques sulfureuses. Il a massacré une partie de ses amis et l'a contraint à l'exil, en Égypte, d'où il ne reviendra qu'après la mort du calife en 809. Le fils aîné du souverain, Al-Amin, lui succède. Disciple du poète – et certainement son amant tant leur intimité a fait jaser –, celui-ci ne manquera pourtant pas de sévérité avec Abû Nuwâs. Jusqu'à le jeter en prison. Mais la guerre civile menée contre son frère, Al-Ma'mun, voit la chute (et l'exécution) d'Al-Amin, remplacé par son cadet en 813.

Abû Nuwâs disparaît en 814 ou 815 dans des circonstances troubles, en prison, dans un cabaret ou ailleurs. Victime d'une disgrâce, aussi brutale que fatale. La cabale homophobe qui le vise se déchaîne dès son trépas. Abû Nuwâs qui ne s'est jamais caché de ses nombreux amours masculins, est accusé de s'être livré au « *vice oriental* », selon les mots de l'historien Ibn Khaldûn, six siècles plus tard.

Aurait-il été trop loin avec ses rimes au point de fâcher son protecteur ? A-t-il eu la charge trop lourde contre un membre de la cour ? Réputé pour savoir, avec talent, provoquer les puissants, le poète ne manque guère de clairvoyance sur les intrigues du pouvoir : « *Le califat se perd. C'est la faute au calife, à son vizir ignare, au conseiller naïf. Fadl et Bakr ont voulu la perte du Pontife, Ils ont trompé leur maître et tous deux sont fautifs. Le scandaleux Calife est pédéraste actif, Fadl son vizir est passif. L'un est acteur : la belle affaire ! L'autre se laisse faire. Pour changer de conduite, il faudrait qu'ils le puissent… Le mignon d'Al-Amîn est… eunuque ! Un tel vice Ne disparaîtra pas, rien qu'en s'assouvissant. L'inconduite de ces deux-là, en attendant, A tout éclaboussé, comme un chameau qui pisse.* »

Tous ceux qui ont nourri l'ambition d'« être calife à la place du calife » en prennent pour leur grade. La référence à l'œuvre de René Goscinny et Jean Tabary ne doit rien au hasard : les pères d'*Iznogoud* se sont en effet inspirés de cette époque des Abbassides.

Haroun El Poussah, le calife débonnaire, n'est autre qu'une parodie de Haroun Al-Rachid. Cependant, Abû Nuwâs n'apparaît pas dans la bande dessinée. Mais ses poèmes ont été adaptés en chansons par Fairouz et Sabah Fakhri. Et dans son roman *Villes de sel* (1984), Abdul Rahman Mounif décrit, à travers la personnalité du poète, la tension entre tradition et modernité au sein du monde arabe.

C'est sans doute ce qu'il faut retenir de son héritage : l'atemporalité de ses textes. De manière sublime, il y évoque le désir sous toutes ses formes.

Il dépeint l'attirance sensorielle : « *Et sa robe de soie était ouverte, et ample. Il est comme un diamant, qui réveille les cœurs, excite le désir. Si un jour il t'invite, n'hésite pas, tout est facile pour lui et son esprit habite le beau corps lumineux qui luit, comme nuage au vent. Imaginerait-on que, quelque part, existe un autre être vivant dont la beauté puisse être sa réplique ?* » Il illustre également l'envie charnelle et la frustration : « *Ce que les pantalons ont caché se révèle. Tout est visible. Rince-toi l'œil à loisir. Tu vois une croupe, un dos mince et svelte et rien ne pourrait gâcher ton plaisir On se chuchote des formules pieuses… Dieu, que le bain est chose délicieuse ! Même quand, venant avec leurs serviettes Les garçons de bain ont troublé la fête.* »

Dans la lignée de Sappho, Abû Nuwâs se plaint aussi d'amours unilatéraux. « *Je souffre d'un amour qui n'est pas réciproque. Et j'ai dû m'endurcir. Contre une passion dont certes tu te moques. Mais qui me fait souffrir. Tu m'as abandonné et je ne puis t'atteindre. Dans ma grande douleur. Je n'ai aucun moyen d'arriver à te joindre. Loin des yeux, loin du cœur.* »

Chez lui, les plaisirs de la chair et le bon mot semblent toujours plus importants que les dogmes dictés par les puissants ou même la religion. Ainsi, il critique le mariage, « *une éternelle prison pour nos mésaventures. Restez-donc loin des femmes, et masturbez-vous ! Il n'est rien de meilleur ici-bas, après tout* ». Et lui préfère la luxure : « *Susciter l'amour et la volupté. Jouir des plaisirs délectables. De la vie est plus hardi et plus respectable qu'être un intolérant et un lapideur patenté.* »

Il n'hésite pas à blasphémer, ni même à se moquer de ses confrères. Ibrâhim An-Nazzâm, théologien, philosophe et poète arabe d'origine persane, « *nous tient de vrais propos blasphématoires. Il me surpasse en athéisme et son hérésie est notoire. Lui dit-on : "Où bois-tu ?" Il répond : "Dans mon verre !" Lui dit-on : "Aimes-tu ?", il répond : "Par-derrière !" – "Et que répudies-tu ?" Réponse : "La prière !" On lui dit : "Que crains-tu ?" Il dit : "Rien, que la mer !" On lui dit : "Que professes-tu ?" Il dit : "Tout le mal !" Puisse Dieu le brûler dans le feu infernal !* »

Sa lucidité sur les affaires politiques l'amène aussi à protester contre les forces d'anéantissement qui minent la société, préludes de guerres tribales sans fin dans le monde arabe. Il déteste ce bellicisme ancré chez les dominants et leur oppose poésie, amour et ivresse en guise d'armes pacifiques.

Jouir de la vie, de ses passions et de la beauté, tel est son principal credo. Boire, rire, baiser, sa sainte trinité. Pourtant c'est bien son art de la satire, pourfendeur de l'hypocrisie sociale et religieuse, qui nous le rend si précieux. Ces poèmes, véritables appels à la liberté individuelle et à l'honnêteté, constituent sans aucun doute, son plus grand legs, et (im)posent Abû Nuwâs comme symbole pour tous les chantres de la liberté artistique et de la transgression des normes.

Lisez un jour ses recueils. Sa poésie foudroie les cœurs et les esprits. Même au crépuscule d'une vie, l'amour semble plus fort que la mort. « *Voici le poème d'un mort, écrit de la main d'un vivant, qui, entre la vie et la mort, a tant souffert des coups du sort qu'il ne lui reste plus qu'un corps presque invisible, mais présent. Si tu voulais me reconnaître, pas une lettre de ma lettre ne t'aiderait à me trouver. Mais il suffirait que tu fasses battre tes cils, pour me sauver et que mon mal enfin s'efface.* »

Il est essentiel que personne n'efface Abû Nuwâs.

Richard Ier Cœur de Lion

1157-1199

Roi légendaire et croisé mythique, Richard Ier est devenu un héros de l'histoire européenne.

En 1192, Richard rentre de sa troisième croisade. Le retour s'avère bien plus compliqué que prévu puisque le duc Léopold V d'Autriche le capture à Vienne. C'est que ce dernier nourrit quelque rancœur à l'encontre de l'aristocrate « grand-breton ». Après la victoire des croisés à Acre, dans le royaume de Jérusalem, en 1191, Richard, Philippe Auguste, roi de France, et Léopold V se disputent pour savoir à qui vont revenir les lauriers. Richard, fort de son rôle décisif dans la bataille, a fait retirer le drapeau de Léopold des remparts. Une façon bien humiliante de rappeler qu'il n'apprécie guère le soutien que le duc apporte au « Frenchy » dans sa volonté de mainmise sur les territoires que le « King » possède en territoire français (Normandie, Aquitaine, Anjou et Maine).

Richard est transféré chez l'empereur du Saint Empire romain germanique, Henri VI, en attendant qu'une rançon de 34 tonnes d'argent pur soit versée. Selon la légende, le troubadour Blondel de Nesle aurait, pour identifier la prison du roi, fredonné sous les fenêtres de sa cellule une chanson connue des deux gaillards. L'écrivain américain Gore Vidal a romancé cette histoire dans *A Search for the King*.

La rançon est finalement rassemblée grâce à un effort collectif de tout le royaume et Richard retrouve sa liberté en 1194. Dans la foulée, le pape excommunie Léopold – *serves him right !* De quoi construire un peu plus le mythe du Cœur de Lion. Par cette mésaventure, le roi médiéval atteint le statut de héros moderne. Au cours des siècles, des romans, des poèmes, des livres historiques, des films et même des jeux vidéo le dépeindront en combattant courageux et en dirigeant prestigieux. Certains auteurs détournent les faits historiques pour en faire un personnage de fiction romanesque. L'histoire de Richard subit un bon coup de ripolinage depuis le XIIe siècle grâce aux récits folkloriques autour de Robin des Bois ou au roman exaltant *Ivanhoé* de Sir Walter Scott (1819). Le cinéma lui donne les traits de Douglas Fairbanks, Errol Flynn, Anthony Hopkins et Sean Connery.

« *Quand la légende dépasse la réalité, on imprime la légende.* » dit-on dans *L'homme qui tua Liberty Valance :* aussi, revenons-en aux faits. Richard Ier, roi d'Angleterre, duc de Normandie, d'Aquitaine et de Gascogne, seigneur de Chypre, suzerain de Bretagne… doit son trône à un caprice du destin dynastique : ses deux frères aînés meurent avant leur père. Il ne profite guère de son règne, qui ne dure pas plus d'une décennie.

Mais place à son histoire. Ses faits d'armes sont principalement guerriers. Dès l'âge de 16 ans, il mate une rébellion dans le Poitou.

Puis remporte plusieurs victoires contre le sultan musulman Saladin, son meilleur ennemi. La troisième croisade se conclut avec le traité de Ramla, signé en 1192 entre les deux hommes, qui se portent une admiration mutuelle. Richard Ier permet à Saladin de conserver Jérusalem tout en garantissant aux pèlerins chrétiens un accès libre à la ville. Le pacte établit également une trêve, sécurisant une bande côtière pour les croisés.

Roi nomade, Richard passe une grande partie de son règne en croisade en Méditerranée et au Proche-Orient, et, comme on l'a vu, en captivité. D'abord au château de Dürnstein, sur les rives du Danube, à 80 kilomètres de Vienne, puis au château de Trifels, à 100 kilomètres au nord de Strasbourg. L'homme a également longtemps vécu entre la Loire et la Garonne.

Arrière-arrière-petit-fils de Guillaume le Conquérant, il bénéficie d'une bonne éducation, écrit en langue d'Oc et en français. Il a tout pour séduire : selon les témoignages, il jouit d'une haute taille, ses cheveux oscillent entre le blond vénitien et le roux doré, ses yeux clairs et son teint pâle adoucissent sa réputation de combattant dont les chroniqueurs louent de façon flatteuse la grande force et l'endurance exceptionnelle.

Tout cela pourrait faciliter un mariage « politique ». Quelques candidates, dont la fille d'un comte de Barcelone, l'une des filles de Louis VII, se positionnent aux avant-postes. Mais Richard Ier ne convole en justes noces qu'en 1191 avec Bérengère de Navarre, ce qui consolide les positions anglaises au sud de l'Aquitaine. La guerre plutôt que l'amour. Les terres plutôt que le cœur. Toute la fortune qu'il amasse ne sert qu'à ses ambitions. Il participe à plusieurs conflits majeurs, notamment aux révoltes contre son père Henri II et aux guerres en Aquitaine, où il assoit son autorité sur des barons récalcitrants.

Sa vie n'est qu'une histoire de forteresses : celles à prendre (comme Saint-Jean-d'Acre), celles qu'il renforce pour protéger ses territoires des révoltes locales et celle où il périt. Il fortifie des châteaux hérités de sa mère, notamment à Angoulême et Poitiers. Sa plus belle œuvre reste la construction de Château-Gaillard, dans le Vexin, sur les hauteurs d'un coude de la Seine. Destiné à protéger la Normandie contre les attaques du roi de France, il innove en faisant le choix d'une architecture conçue pour résister aux sièges grâce à des défenses concentriques. L'historien militaire Sir Charles Oman décrit cet édifice coûteux comme « *le chef-d'œuvre de son temps. La réputation de son constructeur, Cœur de Lion, en tant que grand ingénieur militaire pourrait bien tenir à cette seule structure. Il n'était pas un simple copiste des modèles qu'il avait vus en Orient, mais il a introduit de nombreux détails originaux de sa propre invention dans la forteresse*[3] ». Avec ses tours arrondies et son adaptabilité au terrain, le château influence de nombreux bastions en Europe et en terres saintes aux XIIe et XIIIe siècles (Dover, Coucy, pays de Galles, royaume de Jérusalem).

« *Hic Leo Noster* ». « Notre Lion », tel est son premier surnom, attribué aux alentours de 1187. Quatre ans plus tard, lors de la campagne d'Adon, le roi devient « *Le Quor de Lion* », Cœur de Lion. Noble et inspirant, impulsif mais raisonné, Richard traîne aussi une réputation de cruauté. Il n'hésite pas à détruire, piller, punir tout ce qui lui résiste. Il ne réprime pas plus les émeutes et violences antijuives de Londres survenues après son couronnement en 1189. Mais devant le déchaînement de forces menaçant l'ordre du pays,

---

3. *Sir Charles Oman's A History of the Art of War in the Middle Ages*, I & II, Naval & Military Press Ltd, 2017.

le nouveau souverain ordonne tardivement l'exécution des meurtriers et des persécuteurs antisémites.

À 30 ans, habile politique, il s'allie au fils de Louis VII, Philippe Auguste, tout juste âgé de 22 ans. L'historien John Gillingham explique que, pour symboliser l'unité entre les deux pays, les deux hommes ont opportunément dormi toute une nuit dans le même lit. *Le Lion en hiver*, la pièce de James Goldman, qui s'attache à la jeunesse de Richard Cœur de Lion et à la guerre de succession autour de son père, Henri II, introduit, au milieu d'un jeu de pouvoir familial intense, ce dialogue ambigu entre le futur roi d'Angleterre et le roi de France : « *Richard : "C'était plus que politique. Toi et moi, nous avons partagé quelque chose." Philippe : "Partagé ? Quoi exactement ?" Richard : "Tu sais très bien ce que je veux dire." Philippe : "Et tu penses que c'est un secret ?"* » Quand Jérusalem est prise par Saladin, les deux hommes s'unissent pour aller combattre en Terre sainte, s'assurant que leurs territoires respectifs soient préservés en leur absence.

Pour financer son périple, Richard augmente ses revenus en vendant des postes officiels, des terres et des privilèges – les Anglais fortunés devant « cracher au bassinet » pour acquérir leur titre. Il libère le roi Guillaume d'Écosse de son serment d'allégeance en échange de 10 000 marks (environ 11,5 millions d'euros actuels). « *J'aurais vendu Londres si j'avais pu trouver un acheteur* », aurait déclaré Richard.

Lors de sa première étape en Sicile, à Messine, en 1190, ville qu'il pille et fait incendier, le roi se livre à une confession publique dans le but de se repentir. Benoît de Peterborough, moine bénédictin et chroniqueur de son époque, rapporte que le croisé s'est « *souvenu de l'abomination de sa vie* », comme de ses actes homosexuels, ces « *péchés de sodomie* ». Ce bougre de Richard fait donc face au scandale provoqué par ses mœurs dissolues, comme le précise la biographe Régine Pernoud[4]. Pendant cette croisade, Richard exprimera encore des remords pour ne pas avoir réussi à reprendre Jérusalem. Il s'inflige un nouveau rituel de pénitence publique, qui comprend la flagellation, pratique courante à l'époque qui n'a rien de sadomasochiste.

Deux ans plus tard, à Nottingham, à son retour de captivité, Richard refait pénitence à l'occasion d'un grand conseil. Il déplore les conflits internes et les charges fiscales lourdes imposées à son royaume pour financer sa rançon. Il cherche surtout à restaurer la confiance de ses sujets et de son clergé.

Ainsi naît la figure du souverain chrétien modèle. Sa vie privée est d'ailleurs remodelée au fil des siècles par les historiens victoriens ou édouardiens. Une « *conspiration du silence* » selon l'historien John Harvey, cité dans *Sodomy, Masculinity and Law in Medieval Literature* de William Burgwinkle. Il faut en effet attendre le XXe siècle pour que sa vie soit réinterprétée sous l'aspect de sa vie privée.

Il faut dire que ses conquêtes territoriales ont imprégné le récit national. Mécène et protecteur des troubadours, lui-même poète, guerrier brutal, homme bisexuel, souverain protégé par le pape, la personnalité du « lion » est complexe. Si la réputation de Richard évolue au cours de l'histoire, son courage et son leadership sont restés des constantes. Dirigeant remarquable, de l'aveu même de ses ennemis, son image a bénéficié des faveurs d'historiens qui ont forgé l'image d'un roi exemplaire et romancé son destin sans se soucier de sa face cachée. À partir du XVIIe siècle, un regard critique émerge

4. Régine Pernoud, *Richard Cœur de Lion*, Fayard, 1998.

sur sa politique dispendieuse et belliqueuse. Sir Steven Runciman, dans son *Histoire des croisades,* tente même de déboulonner sa statue : « *Il était un mauvais fils, un mauvais mari et un mauvais roi, mais un soldat galant et splendide.* »

Certes, il a façonné l'identité anglaise et renforcé le prestige de son pays. À la bataille de Gisors, en 1198, il prend comme devise « *Dieu et mon Droit* », toujours en usage dans la monarchie britannique sur les sceaux et les documents officiels. De même, il introduit le blason des « Trois lions passant-gardiens », encore visible parmi les armes royales du Royaume-Uni et symbole des équipes nationales de football et de cricket.

Ses dons de stratège et son talent pour le commandement l'ont érigé au statut de parangon militaire. Parallèlement, on lui reproche l'affaiblissement de la gouvernance du pays et la montée d'un mécontentement populaire. En Europe, il aura joué les empêcheurs de régner en rond, créant des scissions dans l'Empire germanique et, involontairement, dans les fondations du royaume de France.

Peut-être faut-il envisager le souverain anglais sous un autre angle. Le théologien et historien William Stubbs le décrit dans *Chronicles and Memorials of the Reign of Richard I* comme un roi sans royaume, sans « *aucune considération, pour son peuple* » : « *Il n'était pas un Anglais* », « *Son ambition était celle d'un simple guerrier* ». Richard n'aura passé que six mois en Angleterre durant son règne. Ce à quoi Aliénor d'Aquitaine réplique : « *Mon fils est fait pour la guerre et non pour le trône, mais nul autre que lui ne mérite de porter la couronne.* » Toujours selon Stubbs, Richard Ier est un chef charismatique et, en même temps, un roi négligent, davantage préoccupé par ses croisades et sa gloire personnelle. Il aura fragilisé son royaume vulnérable en raison de son absence prolongée et d'une économie exsangue, toute dédiée à ses conquêtes.

En cela, Richard, icône romantique et héroïque dans l'imaginaire populaire, doit davantage être perçu comme un dirigeant plus européen que simplement anglais. Il est l'un des rares souverains de l'époque toujours connu. Lorsque les troupes britanniques du général Edmund Allenby s'emparent de Jérusalem le 9 décembre 1917, le journal satirique *Punch* illustre la victoire en montrant un Richard surplombant la Ville sainte, déclarant : « *Enfin, mon rêve est devenu réalité.* » Signe que son souvenir a traversé les siècles.

Lors du siège du château de Châlus-Chabrol, le roi est blessé par une arbalète. La gangrène s'étend et le condamne. Miséricordieux, Richard pardonne au coupable de lèse-majesté. Il meurt en dix jours dans les bras de sa chère mère. Son cadavre sera dispersé façon puzzle : le cœur enterré à Rouen, les entrailles ensevelies à Châlus dans le Limousin, et le reste à l'abbaye de Fontevraud, en Anjou, aux côtés de ses parents, Henri et Aliénor.

S'il a été ouvertement et dangereusement en conflit avec son père, Richard a toujours adoré sa mère, Aliénor d'Aquitaine. La reine-mère aura joué un rôle majeur dans sa vie, soutenant activement les ambitions de son fiston, l'aidant à consolider son pouvoir et à réaliser de profitables alliances politiques. Leur affection mutuelle n'a jamais été démentie. Après le couronnement de Richard, elle prendra en main le royaume en son absence, faisant preuve de loyauté et usant de son influence. La lionne d'Aquitaine, lors de la rébellion filiale contre son propre mari Henri II, n'a guère caché ses préférences : « *Richard est mon fils le plus cher, et je le soutiendrai dans sa quête de justice.* » De quoi assurer la longévité des Plantagenêt pour encore deux cents ans…

John/Eleanor Rykener

XIVe s.

Cette figure notable du XIVe siècle constitue l'un des premiers exemples documentés de travestissement et de question de genre dans l'Angleterre médiévale. Son arrestation et son procès ouvrent des discussions sur l'identité et la sexualité à une époque où de telles thématiques sont rarement abordées.

1394. Les Juifs n'ont plus le droit de résider à Venise et sont expulsés de France, en pleine guerre de Cent Ans. Séoul devient la capitale de la Corée. Les Ottomans entreprennent le siège de Constantinople. Henri le Navigateur naît à Porto. Richard II règne sur l'Angleterre et tente de soumettre le maire de Londres, John Fresshe. Or celui-ci a un autre problème, *a priori* plus trivial, à traiter.

Faites entrer l'accusé ! « *Le 11 décembre, en la 18e année du règne de Richard II, furent présentés en présence de John Fresshe, maire, et* *des échevins de la ville de Londres, John Britby du comté d'York et John Rykener, se faisant appeler Eleanor, après avoir été découvert vêtu de vêtements féminins. Ils avaient été trouvés, le dimanche précédent entre 8 et 9 heures du soir, par certains fonctionnaires de la ville, allongés près d'un étal à Soper's Lane, commettant ce vice ignominieux, indicible et détestable* », peut-on lire dans le compte rendu de l'interrogatoire.

Brodeur de profession, John/Eleanor couche avec d'autres hommes, contre rémunération, parfois sans se travestir. Mais c'est bien avec les vêtements d'une femme, en compagnie d'un ancien aumônier, John Britby, qu'il est pris en flagrant délit de prostitution et de sodomie.

De cette affaire, il reste les archives d'un interrogatoire datant probablement de janvier 1395 conduit par le maire de Londres. Obtenus face à un système judiciaire inquisiteur, les aveux des accusés sont sujets à interprétation dans ce jeu de questions/réponses en anglais, mais rédigé en latin. La retranscription est volontairement orientée en fonction des conclusions que souhaite le tribunal, même si celui-ci outrepasse ses compétences en traitant d'informations qui ne sont pas du ressort de sa juridiction puisque fornication et sodomie relèvent des tribunaux ecclésiastiques à l'époque. Le maire a sans doute ses raisons (politiques et morales) pour mettre en scène une telle enquête. Contesté par de nombreux opposants, il doit faire bonne figure auprès de Richard II, qui trouve la capitale mal gouvernée. La loi et l'ordre étant une priorité politique, ce fait divers tombe à point nommé pour lancer une opération de « nettoyage ». Toute ressemblance avec des faits contemporains serait purement fortuite…

« *John Britby a avoué qu'il traversait la grande rue de Cheapside ce dimanche à l'heure mentionnée et qu'il avait abordé John Rykener, déguisé en femme, croyant qu'il s'agissait d'une femme, et lui avait demandé, comme il l'aurait fait avec une femme, s'il pouvait accomplir un acte lubrique avec elle. Rykener, demandant de l'argent pour son "travail", accepta, et ils allèrent ensemble à l'étal mentionné pour accomplir l'acte, où ils furent surpris en pleine action détestable par les fonctionnaires et emmenés en prison.* » L'homme d'Église ne sera plus inquiété par la suite…

John/Eleanor Rykener ne nie pas la pratique d'actes sexuels avec d'autres hommes, ni même avec d'autres femmes. Parmi ses clients, des notables, qu'il détrousse, des étudiants, des religieux. « *Rykener a* […] *déclaré qu'il avait souvent eu des relations sexuelles en tant qu'homme avec de nombreuses nonnes, ainsi qu'avec de nombreuses femmes, mariées ou non, sans savoir combien exactement. Il a également confessé que de nombreux prêtres avaient commis ce vice avec lui en tant que femme, sans savoir combien, et a affirmé qu'il accommodait plus volontiers les prêtres car ils lui donnaient plus d'argent que les autres.* » Tout cela dans des lieux publics, tavernes ou maisons privées.

« *Rykener a également été interrogé sur la personne qui lui avait appris à pratiquer ce vice, depuis combien de temps, dans quels lieux et avec quelles personnes, hommes ou femmes, il avait commis cet acte lubrique et indicible. Il a juré sur son âme qu'une certaine Anna, la prostituée d'un ancien serviteur de Sir Thomas Blount, lui avait d'abord appris à pratiquer ce vice détestable en se faisant passer pour une femme. Il a également ajouté qu'une certaine Elizabeth Bronderer l'avait la première habillé en femme, et qu'elle amenait aussi sa fille Alice à divers hommes pour des raisons lubriques, la plaçant dans les lits de ces hommes la nuit, sans lumière, et la faisant partir tôt le matin en leur montrant John Rykener déguisé en femme, le faisant passer pour Eleanor et leur disant qu'ils avaient eu des comportements répréhensibles avec elle.* » « *Il est évident que, lorsqu'il portait des vêtements féminins, il pouvait se faire passer pour une femme* », souligne la retranscription de l'interrogatoire.

Le cas relève finalement d'une zone floue du droit. La prostitution est une infraction civile, mais elle est réservée aux femmes selon la définition de l'époque. Or John/Eleanor Rykener n'est ni une jeune femme pauvre, contrainte au péché, ni une victime de proxénète et, en outre, il ne peut pas proposer de relations vaginales. Un travailleur du sexe, ça ne peut donc pas exister. C'est sans doute pour cela qu'on ne trouve aucune trace de procès, de condamnation ou de verdict. Après cet interrogatoire, l'Histoire perd la trace de John/Eleanor Rykener. Emprisonné ? Libéré ? Condamné à mort ? On ignore même si l'Église s'en est mêlée…

L'enjeu est ailleurs. Plusieurs théories ont foisonné ces vingt dernières années autour de cet interrogatoire. Du côté de la religion tout d'abord. Un travesti ayant eu des relations sexuelles avec des clercs apporte de l'eau au moulin aux luttes du lollardisme, mouvement considéré comme hérétique, alors très en vogue. Précurseurs du protestantisme, ses partisans prêchent la pauvreté des prêtres, le pacifisme, le devoir de désobéissance, le refus des offrandes faites aux images et surtout l'abandon du célibat et de la chasteté des prêtres. Un prêtre qui n'a pas de relations charnelles est soumis aux plus vicieuses pulsions sexuelles. Autrement dit, le coupable, c'est le catholicisme, et non pas l'aumônier ou le prostitué.

Autre piste. Le médiéviste britannique Jeremy Goldberg pointe dans le jugement un aspect qui dérange les accusateurs : Rykener est « *un artisan qui prétend être brodeuse et serveuse, mais qui vend en réalité du sexe. […] Même en tant que prostitué, il est un commerçant malhonnête : il se fait passer pour une femme vendant du sexe hétérosexuel à des clients masculins, alors qu'il est en fait un homme se déguisant en femme*[5] ». Professeure à l'université de Saint-Louis, Ruth Evans rappelle que « *pendant l'interrogatoire, l'acte sexuel de Rykener avec Britby a été qualifié au moins une fois de travail* ». Goldberg ajoute : « *Si le maire et les échevins se préoccupent de l'honnêteté (ou non) de Rykener,* », cela révèle « *une préoccupation spécifiquement bourgeoise qui découle des besoins du commerce*[6] ».

Paradoxalement, le cas Rykener intéresse moins pour son aspect sulfureux que pour les questions qu'il soulève. Les documents n'ont été retrouvés qu'au cours des années 1990, dans les Archives métropolitaines de Londres, classés avec les affaires courantes, au milieu de délits de dettes et de litiges de propriétés. Ce n'est pas tant la prostitution qui interpelle les magistrats londoniens que le changement de genre assumé par Rykener. Un cas de jurisprudence qui explique la conservation des manuscrits, puisqu'il s'agit bel et bien du seul document juridique concernant l'homosexualité et le travestissement dans l'Angleterre du bas Moyen Âge. Le témoignage de Rykener, qui a fourni les noms de plusieurs de ses clients et renseigné les lieux de leurs rencontres, éclaire à la fois la sexualité et la société d'une époque méconnue.

Mais, « *parce qu'elle repose sur des archives judiciaires, la recherche sur ces affaires s'est beaucoup plus concentrée sur les actes que sur les sentiments* », souligne Ruth Karras, historienne américaine, spécialisée dans les sexualités médiévales, et co-découvreuse des documents. Selon elle, Rykener pourrait être considéré comme un travesti bisexuel en accord avec notre vision moderne. Mais cela nierait d'une part la manière dont on définissait les genres et les orientations sexuelles

---

5. Jeremy Goldberg, *John Rykener, Richard II and the Governance of London,* Leeds Studies in English, 2014.

6. *Ibid.*

il y a sept siècles, et d'autre part, comment l'intéressé lui-même se percevait. Rykener incarne le parfait exemple d'une personne non binaire, dont le pronom référent serait « iel ». L'historienne a d'ailleurs évolué dans sa réflexion. En 2013, dix-sept ans après la parution de son premier article, elle affirme « *que nous pourrions comprendre Rykener comme une personne transgenre plutôt que comme un "travesti"* ». Spécialiste des questions de genre, Kadin Henningsen confirme ce propos : « *Les archives historiques indiquent qu'elle vivait et travaillait en tant que femme, et par conséquent, je pense qu'il est logique de la considérer comme une femme transgenre*[7]. »

Goldberg ouvre encore davantage le spectre de notre réflexion : « *Le récit exceptionnellement détaillé contenu dans le* Calendar of Select Plea and Memoranda Rolls, London, 1381-1412 *d'Arthur Hermann Thomas (1932) concernant l'apparition de John Rykener devant le tribunal du maire est à la fois vivant et dramatique. Son récit de travestissement, de prostitution masculine, de relations homosexuelles, de promiscuité cléricale et autres semble offrir une fenêtre rare sur la sexualité et les mœurs sexuelles médiévales*[8]. »

L'affaire Rykener est ainsi devenue l'un des piliers de la recherche sur cette période. Le monde marginal et transgressif de la sexualité médiévale s'ouvre devant nos yeux. Les études sur le genre peuvent s'appuyer sur ce cas connu, relativement documenté et singulier. Dans son compte rendu, le conseil municipal semble désemparé : « *Il est remarquable que les hommes aient eu des relations sexuelles avec lui, alors que lui en avait avec les femmes.* » L'historienne Judith Bennett rappelle que « *le genre n'était pas plus ordonné au Moyen Âge*

---

7. Kadin Henningsen « "Calling [herself] Eleanor" : Gender Labor and Becoming a Woman in the Rykener Case »
https://scholarworks.wmich.edu/cgi/viewcontent.cgi?article=2189&context=mff
8. Jeremy Goldberg, *op. cit.*

qu'il ne l'est au XXIe siècle. » Reste qu'on ignore comment Rykener s'identifiait.

L'histoire de John/Eleanor est révélatrice d'un contexte plus tolérant qu'il n'y paraît. Il ne cache rien de ses actes, et aucun de ses accusateurs ne semble vraiment surpris par la situation. Ce qui suggère que de nombreuses personnes non binaires avaient trouvé leur place dans ce Londres « *Queer as Folk* ». Rykener ne renie ni l'aspect collectif de sa démarche, avec la complicité de deux femmes, ni ce choix individuel délibéré qu'il/elle assume pleinement (en n'effectuant que des métiers féminins, notamment). Affaire de circonstances, à l'instar de ces femmes qui vivaient comme des hommes, ou véritable aspiration à ne pas être défini comme un homme cisgenre ?

On ne le saura jamais. La fluidité des genres existe déjà, même si elle manque de mots pour traduire toutes les variations possibles. Le scribe enregistrant l'affaire, lui-même, n'est pas très au clair sur la façon de genrer Rykener. Trente-cinq pronoms sont utilisés : treize masculins, deux féminins et vingt indéterminés ou manquants. De quoi en perdre son latin.

Louis-Léopold Boilly, *Deux jeunes femmes s'embrassant* (huile sur toile, 1790-1794).

ÈRE MODERNE

OÙ L'INFLUENCE RELIGIEUSE MONOTHÉISTE ET LA DOMINATION DE L'EUROPE FRACTURENT LE MONDE SUR LA QUESTION DES MŒURS

Entre 1450 et 1800, le monde est bousculé par les grandes découvertes et des progrès scientifiques significatifs. L'invention de l'imprimerie bouleverse l'accès au savoir. Des textes (religieux, mais pas seulement) sont diffusés à grande échelle et archivés, ce qui induit une meilleure connaissance des faits de cette période. Tandis que les cultures européennes subissent l'influence du christianisme et que l'islam se propage en Asie et en Afrique, d'autres civilisations sortent d'un inconnu jusque-là inexploré, manifestant des attitudes variées envers les sexualités, parfois intégrées à leurs traditions ou à leur structure sociale.

Dans la Russie d'Ivan le Terrible, les visiteurs européens relèvent que l'homosexualité touche toutes les classes de la société. En Chine, les relations entre hommes fleurissent dans les récits littéraires et la culture populaire, un système unique de mariages masculins se déploie dans la province du Fujian. Au Japon, le *shudō*, considéré comme un complément à l'hétérosexualité, fait l'objet d'un large consensus. Le shogun Tokugawa Iemitsu ou le samouraï Kita Shirozaemon sont réputés pour leurs rapports avec des garçons. Les rapprochements entre moines et moinillons se parent de vertus éducatives et romantiques. Prostitués et acteurs du théâtre kabuki cultivent leur androgynie. Dans cette époque Edo (XVIIe-XIXe s.), le troisième genre fait son chemin. Ihara Saikaku, maître du style réaliste, décrit les mœurs sociales, les désirs humains, l'amour entre hommes (*nanshoku*) dans *Le Grand Miroir de l'amour mâle* ou la condition féminine dans *Cinq femmes amoureuses.* L'empire moghol (Inde) abonde de récits révélant une certaine ouverture, surtout au sein des cours royales, même si l'influence croissante des lois islamiques amène des restrictions. Les poètes persans, quant à eux, poursuivent une tradition littéraire homoérotique.

En Afrique, la diversité sexuelle est illustrée par plusieurs exemples. Le roi zoulou Chaka autorise l'homosexualité parmi ses soldats. Chez les Zandé du Congo, des rapports entre hommes sont institutionnalisés. La reine Nzinga d'Angola a maintenu des liaisons avec des femmes de son entourage. Des relations homosexuelles ou des rôles de genre alternatifs sont répertoriés parmi les peuples Igbo (Nigeria) ou certains groupes bantous (Cameroun, Gabon).

Cette sexualité alternative se pratique également dans d'autres parties du monde. Aux Philippines, le travestissement est coutumier. Dans les sociétés polynésiennes, les *fa'afafine* aux Samoa ou les *Oahu* à Tahiti, assument leur rôle spécifique tout en étant respectés. À Hawaï, l'homosexualité masculine (*aikāne*) compte de nombreux adeptes parmi les classes dirigeantes et favorise parfois le tissage de liens sociaux et politiques importants.

Les civilisations amérindiennes reconnaissent les personnes « Deux-esprits », qui transcendent les catégories de genre traditionnelles. L'homosexualité s'invite dans les rituels célébrés au sein des cultures méso-américaines avant que l'invasion espagnole n'en marque la fin par la persécution et les châtiments. Les empires espagnols, portugais, anglais, français et néerlandais exportent leur morale et leurs principes en colonisant les autres continents. Au fil du temps, l'Europe chrétienne criminalise toutes pratiques jugées comme déviantes. L'Andalou Léon l'Africain qualifie même le lesbianisme de « *vice abominable* ».

Pourtant, la Renaissance apparaît comme une parenthèse en Occident. Artistes et penseurs puisent leur inspiration dans la mythologie et l'Antiquité, ce qui se traduit par l'émergence d'un art homoérotique. Protégés par les mécènes, les artistes s'autorisent des « écarts », comme celui réunissant Michel-Ange et le jeune Tommaso Cavalieri. Des rumeurs courent sur Vélazquez et Le Caravage, tandis que Botticelli ou Bazzi, dit « Le Sodoma », ne font point mystère des objets de leurs amours. Ce dernier, peintre de l'école de Sienne, signe des œuvres où transpire en toute impudeur la fascination pour le corps masculin.

Mais parallèlement, à Florence, l'Office de la nuit est institué pour dénoncer le « vice sodomite » et les querelles se multiplient à ce sujet entre partisans de l'ordre moral et élites « éclairées ». Plus au nord, en Suisse et en Allemagne, le calvinisme et le luthéranisme, issus de la Réforme protestante qui surgit au XVIe siècle, renforcent la condamnation de l'homosexualité. Si le premier punit sévèrement les actes homosexuels pour préserver l'ordre social voulu par Dieu, le second contribue à la stigmatisation de ces pratiques. Ces doctrines religieuses ont durablement influencé les lois et les mentalités des sociétés protestantes, en Europe et en Amérique.

Les catholiques ne se montrent pas plus tolérants. Entre 1540 et 1700, l'Inquisition lapide, castre ou brûle 1 600 « hérétiques » rien qu'en Espagne, et des centaines d'hommes sont jugés pour sodomie en Toscane en 1530. Henri VIII promulgue une loi où l'acte de sodomie est passible de mort. Tout l'inverse du moghol Akbar le Grand, qui modifie les lois pour réduire les punitions associées aux « crimes sexuels ».

À Istanbul, nouvelle capitale ottomane, le sultan Murad IV entretient des relations intimes avec son entourage masculin. Tout comme, ultérieurement, le gouverneur des Balkans, Ali Pacha de Janina. Le poète Latifî a écrit la chronique de séduisants prostitués masculins. Des garçons imberbes divertissent des hommes barbus, des danseurs prennent l'allure de femmes. Certains auteurs – Fuzûlî, Nedîm, Bâkî, Çelebi – abordent clairement le sujet en explorant l'amour sous une forme platonicienne ou spirituelle, en célébrant la beauté masculine. Sous l'influence de la culture soufie, l'amour unissant de beaux jeunes hommes permet d'atteindre au transcendantal et au spirituel.

La littérature ourdoue, au nord de l'Inde, est aussi influencée par les Soufis et par les traditions persanes. La beauté du bien-aimé (souvent décrite comme masculine) symbolise la perfection divine. Le plus célèbre des auteurs, Sarmad, évoque sa passion pour un hindou et Abri livre ses conseils à l'objet de son affection. Mir Taqi Mir, « père de la poésie ourdoue », ajoute à ces poèmes lyriques (*ghazals)* et homoérotiques une vision sensible et poignante de l'amour entre hommes, souvent teintée de douleur et de désespoir. Mais n'oublions pas les *rekhti*, récits racontés par une narratrice, qui chroniquent la vie des femmes, entourées de leurs amies et de leurs amantes.

Quel contraste avec un Occident de plus en plus puritain et de moins en moins libertin. Pourtant de nombreux homosexuels se rendront célèbres durant cette période : Francis Bacon (1561-1626), homme d'État et philosophe anglais essentiel à l'histoire du droit, le souverain James Ier d'Angleterre (1566-1625) et son favori George Villiers (1592-1628), duc de Buckingham, Jean-Gaston de Médicis (1671-1737), grand-duc de Toscane, le « roi » Christine de Suède (1626-1689), Alexander Hamilton (1757-1804), père fondateur des États-Unis… On recense également les poètes Théophile de Viau (1590-1626), condamné à l'exil, Thomas Gray (1716-1771) et John Wilmot (1647-1680). Les chroniques de la cour de France signées Brantôme (1540-1614) et le caractère très efféminé du roi Henri III (1551-1589) alimentent les commérages.

Voilà pour le côté cour. Côté scène, c'est encore plus flagrant. En Europe comme en Asie, le théâtre est un art du travestissement. Sur les planches de l'ère élisabéthaine se nouent de fréquentes amitiés intenses entre hommes, dont les frontières avec le désir peuvent être floues. Shakespeare écrit de fameux sonnets adressés à un beau jeune comte et Christopher Marlowe raconte l'histoire du sodomite Édouard II. Les adaptations des récits d'Ovide triomphent, le mythe de Sappho ressuscite. Travestisme et saphisme se croisent dans la pièce *Iphis et Iante* d'Isaac de Benserade. Les vers se font plus crus, les pamphlets se multiplient.

Ironiquement, cette époque ambivalente débute avec Jeanne d'Arc, femme soldat brûlée au bûcher, et s'achève avec le décès du chevalier Charles d'Éon de Beaumont, espion de Louis XV, vêtu, selon l'occasion, en homme comme en femme. Entre les deux, des histoires dramatiques nous ont été rapportées. En Italie, des hommes mariés entre eux sont pendus, la nonne Benedetta Carlini est jugée pour lesbianisme, un moine est brûlé à Venise… Ont été recensés de nombreux cas de « femmes-maris » épousant des femmes et de personnes AFAB (« Assigned Female At Birth » ou Personne assignée femme à la naissance) se faisant passer pour des hommes (Charles Hamilton, Catalina/Antonio de Erauso, Maggiel van Handtwerpen). Lesquelles sont souvent condamnées. Le mariage de James Howard, femme travestie, et de la soprano anglaise Arabella Hunt, vaut aux intéressées un procès retentissant.

Il faut mentionner aussi quelques avancées. Dès le XVIe siècle, les femmes s'affirment et commencent à écrire des odes au désir féminin et à l'amour saphique, à l'instar des érudites et écrivaines Marie Matland, Aphra Behn, Anne Lister, Jane Sharp, Anne de Rohan-Chabot, Laudomia Forteguerri, Katherine Philips, Sor Juana Inés de la Cruz, qui défie les normes de genre et de sexualité au Mexique, colonie espagnole obscurantiste. Cet avènement du féminisme et du lesbianisme épouse les réflexions égalitaristes des Lumières.

En France, en 1750, Jean Diot et Bruno Lenoir sont les deux derniers hommes exécutés pour sodomie. Voltaire, Condorcet et Montesquieu plaident pour la dépénalisation des actes homosexuels, tout en les condamnant moralement. La Révolution française fait évoluer le Code pénal en 1791 et ne mentionne plus l'interdiction de rapports entre personnes de même sexe. Lieux de drague et cabarets, où résonne un vocabulaire spécifique (« mignon », « giton », « bougre », « tribade »...), ouvrent leurs portes. Denis Diderot et Théophile de Bordeu comptent parmi les rares penseurs à lutter contre l'homophobie, soutenant que l'homosexualité est aussi naturelle que l'hétérosexualité. Mirabeau amorce une réflexion sur l'identité sexuelle. Jean-Jacques Rousseau rédige des lettres dans lesquelles se devine une admiration ambiguë pour de jeunes hommes.

L'influence des Lumières ne traverse pas l'océan. Au sein des tout nouveaux États-Unis d'Amérique, c'est la loi anglaise qui prédomine. La sodomie est sanctionnée par la mort. Les évolutions sont lentes. Le philosophe anglais Jeremy Bentham a beau plaider pour la décriminalisation de l'homosexualité dans ses écrits, son influence sur les réformes juridiques ne se fera guère sentir avant deux siècles.

Léonard de Vinci

1452-1519

On croit tout savoir sur le peintre de *La Joconde*. Savant, artiste, visionnaire, le Florentin a laissé un héritage considérable dans tous les domaines – de l'urbanisme à l'anatomie, de l'art à la géographie – quitte à défier les croyances et les dogmes de son époque.

Janvier 1496. Milan. Ludovic Sforza, duc de la cité, assiste à une comédie, *Danae*, de Baldassare Taccone. Mercure descend du ciel, Jupiter se transforme en poussière dorée, le ciel s'illumine de multiples lampes figurant des étoiles, une montagne s'ouvre en deux, libérant douze diables sortis de pots, des oiseaux aux ailes mécaniques qui enlèvent des acteurs dans les airs. Les effets spéciaux impressionnent l'assistance. Léonard de Vinci confirme qu'il est bien le plus grand producteur de spectacles de son époque, grâce à son inspiration artistique et ses talents d'ingénieur, son goût pour l'allégorie et son appétence pour la fantaisie.

Léonard le Florentin aime les fêtes. Prince du divertissement, il écrit et déclame des fables animalières, raconte des histoires drôles, pose des devinettes et même quelques énigmes au public. Musicien, maniant sa lyre en la tenant comme un violon, il invente des accords en contrôlant les vibrations de son instrument, et improvise partitions et chansons. L'homme plaît à son mécène lombard. Amuseur de la cour, amoureux des jeux de mots, il produit des son et lumière extravagants comme *Le Bal des planètes* ou *La Fête du paradis* (qu'il recrée en 1518 dans une version encore plus grandiose pour François Ier). En cette fin de xve siècle, l'artiste est bien plus connu pour ses créations théâtrales que pour ses peintures.

N'allez pas vous imaginer un vieil homme barbu : Léonard de Vinci, avant ses cinquante ans, est un Italien à la beauté saisissante, pourvu d'une carrure imposante, d'un port altier, d'un visage aux sourcils proéminents encadré d'une chevelure foisonnante et bouclée, retombant sur des vêtements raffinés et exotiques. Ce « fashionisto » aime porter ces tuniques roses que Bramante et Raphaël ont si bien dépeintes, taillées à hauteur des genoux quand la mode est aux vêtements longs. La passion de la robe coupée… C'est un homme sociable, à la conversation plaisante, qui aime s'entourer d'amis intellectuels, avec qui il partage travaux ou dîners. Un insatiable curieux, qui flâne avec son carnet à portée de main, où tout est noté en écriture spéculaire. Grand lecteur, Léonard profite de la création de l'imprimerie et de l'édition pour enrichir son savoir, n'ayant pas fait d'études académiques. Sympathique et agréable, Vinci est également un être complexe, sombre et trouble, exalté et perfectionniste, créatif et dépressif, excentrique et concentré, peu fortuné et dépensier. Un bâtard, autodidacte, homosexuel, végétarien, gaucher, distrait, laïc, parfois blasphémateur, et même hérétique.

À quoi le monde aurait-il ressemblé sans ce « marginal » prodigieux ? Difficile de synthétiser tout ce que l'on doit à ce fils de notaire.

Commençons donc par le docteur Léonard, passé maître dans la dissection et la compréhension du corps humain. Parmi ses premières études anatomiques, vers la fin des années 1480, il y a le crâne humain qu'il montre à l'aide d'une technique d'illustration révolutionnaire consistant à scinder en deux le visage : d'un côté, une représentation faciale, externe, pourvue de sa dentition (soit la première image de dentisterie de l'histoire) ; de l'autre, une représentation de l'intérieur, faisant apparaître toutes les cavités internes, dont les sinus. Vingt ans plus tard, il se focalise sur le cerveau, dont il révèle les ventricules cérébraux. L'exactitude des dessins rend bien compte du très haut niveau de ses recherches, permises par la mise au point d'un matériau de moulage – une innovation qui ne sera reproduite que deux siècles plus tard. Rien n'échappe à son œil : ni les muscles, ni les nerfs, ni les os. Et tout l'intéresse, y compris la verge, cet organe qui « *ne suit que son impulsion* » : « *L'homme a tort d'avoir honte de lui donner un nom ou de l'exhiber* », écrit-il dans les *Carnets de Windsor*.

Penché sur le corps d'un homme ou d'un animal, il passe des heures à en comprendre le fonctionnement. Côté cœur, il découvre la valve aortique et les sinus de Valsalva, du nom d'un anatomiste italien qui ne les décrira qu'en 1704. Les flux sanguins le passionnent. Il établit la première description de l'artériosclérose (le durcissement et l'épaississement des parois des artères). Son intérêt pour le fœtus se traduit dans ce qui reste son dessin le plus abouti. Outre la splendeur des traits et son aspect tridimensionnel, il transpose correctement pour la première fois l'artère utérine, le système vasculaire du vagin, le cordon ombilical relié au bébé, l'utérus et son unique cavité.

Léonard observe et expérimente. C'est sa technique. Il se pose une question, qui en amène une autre, et une autre, et ainsi de suite. À chaque fois, il cherche une réponse. Son don pour le dessin se marie parfaitement avec son imagination fertile et sa soif de connaissances. Tous ces cadavres qu'il étudie nourrissent moult préoccupations : ainsi, en observant des chevaux à des fins picturales, il réfléchit à des méthodes visant à améliorer la propreté des écuries, de l'automatisation des mangeoires aux dispositifs de vidange du fumier.

Car Léonard est aussi ingénieur. Un coup de crayon, une note au coin d'une page et voilà son esprit parti vers le monde de l'invention. Même si la plupart de ses idées n'en sont encore qu'au stade de l'expérimentation et donc difficilement opérationnelles, elles propulsent notre imaginaire dans une nouvelle dimension : prémices du char blindé, de l'avion ou de l'hélicoptère, du scaphandre, de l'arbalète géante, etc. Il réfléchit en permanence à la mise au point de machines destinées à divers usages – défense militaire, productivité du travail, magnificence des spectacles. Grâce à lui, les armées seront vite équipées d'un petit système ingénieux, le rouet, permettant la mise à feu de la poudre du mousquet.

Sa formidable créativité est encore mise à contribution pour assécher des marais, construire des canaux, détourner un fleuve, fabriquer des machines à aiguiser les aiguilles, égaliser la puissance d'un ressort, rafraîchir une pièce avec de l'eau, calculer des distances à l'aide d'un odomètre, premier compteur kilométrique basé sur les rotations d'une roue. Vinci se voit hydraulicien. Capable de comprendre les mouvements et les ondes de l'eau, il acquiert une véritable expertise sur le sujet. Dans les deux cités idéales qu'il conçoit (à Milan et à Romorantin), l'eau est omniprésente, tout comme la volonté d'assainir la ville en élargissant les voies, en canalisant les eaux usées au moyen d'égouts souterrains, en évacuant les déchets, en installant des latrines publiques et en maîtrisant les courants d'air.

Il est le premier à étudier la paléoichnologie (les traces fossiles), discipline scientifique qui ne voit le jour que trois siècles après sa mort. Expert en géologie, il en capte toutes les strates jusqu'à nier scientifiquement l'existence du déluge biblique. Dans le domaine de l'astronomie, il affirme que le Soleil est immobile, des décennies avant Copernic et Galilée, que la Lune n'émet pas de lumière, que la Terre n'est pas au centre de l'Univers. Tout cela en se demandant pourquoi le ciel est bleu (et en approfondissant la théorie d'Aristote). Sans omettre d'inventer la carte géographique, innovation « léonardesque » majeure. Il réalise le premier plan de ville en vue aérienne lors d'un séjour à Imola, près de Bologne, aux côtés de César Borgia et de son ami Machiavel : une carte moderne et précise aux distances exactes, montrant les bâtiments en rouge, les cours d'eau en bleu, les aires végétalisées en vert.

Toutes ces réalisations sont recueillies au sein de ses carnets, aujourd'hui éparpillés dans le monde. Le savant ne brevette aucune de ses inventions. La recherche lui importe plus que la publication de traités. Une seule loi porte son nom : contemplant coquillages et fleurs, arbres et corps, spirales et vortex, le Florentin a établi une règle géométrique sur l'harmonie et la symétrie – la « loi de Vinci ».

Cette alliance de l'observation et de l'imagination a fait de lui un inventeur légendaire. Observons son homme de Vitruve. La quadrature du cercle à partir d'un sujet masculin aux proportions idéales. L'anatomiste rejoint le géomètre pour signer un geste artistique iconique. « *Il voyait la beauté dans l'art comme dans la mécanique, et son aptitude à les associer a fait de lui un génie* », a confié Steve Jobs, créateur d'Apple. Et en effet, de ses croquis anatomiques à ses créations mécaniques, en passant par les notes consignées dans ses carnets, tout est conçu dans une optique à la fois scientifique et artistique.

Réjouissons-nous que Léonard de Vinci soit né hors mariage, sinon il aurait repris le métier de son notaire de père. Mais l'homme s'est forgé en libre-penseur à l'esprit critique, ne sachant pas le latin, fâché avec l'arithmétique, remettant en cause les connaissances des Anciens. « *Mes sujets, pour être exposés, requièrent l'expérience plus que les paroles d'autrui* », écrit-il dans le *Codex Atlantique*. Par ailleurs, il est capable de changer de point de vue à la réception de nouvelles informations – ceci expliquant pourquoi il revient sur certains sujets au fil des ans. De cette volonté de questionner tout raisonnement établi, il adopte une approche empirique, une méthode qui transformera la recherche scientifique par la suite. Interdisciplinaire, Léonard est devenu l'un des plus grands polymathes de l'histoire.

Ayant grandi dans la campagne toscane, il conserve l'amour de la nature. Les cours d'eau, les variétés de roche, la flore l'émerveillent. Il appréhende aussi son pouvoir destructeur, décrivant de manière prophétique ce que serait pour lui l'Apocalypse : une Terre où toute la biodiversité s'effondrerait.

Regardons à présent les quelques tableaux de Léonard, procrastinateur chronique et hyperactif désorganisé. Tout y est : ses compétences en matière d'optique rendent le plus naturellement du monde la lumière, les ombres ou les reflets, son sens des perspectives participent au réalisme et au relief, ses connaissances du corps soutiennent les expressions et les gestes des sujets… Ses hachures de gaucher, caractéristiques de sa patte, s'arrondissent pour façonner les volumes et modéliser les surfaces courbes, concourant à donner l'impression d'une troisième dimension avant l'heure. Homme de spectacles, il crée un nouveau style, mettant au centre de l'attention la narration d'un récit et la psychologie des sujets. Rien n'est peint par hasard : à telle roche, érodée en fonction de la présence d'un cours d'eau en contrebas, correspondent tels végétaux. Les émotions sont définies par un sourire précis, des pupilles plus ou moins dilatées, un bras en mouvement ou une position du corps. L'art de Léonard est révolutionnaire. Ses œuvres ne sont jamais figées, elles saisissent un instant qui nous interpelle.

Son *Paysage de la vallée de l'Arno* est l'une des premières œuvres de l'histoire de l'art européen qui met la nature à l'honneur. Perspective aérienne, profondeur de champs, horizon lointain et trouble. Sans oublier le *sfumato*. L'artiste atténue avec ses doigts ou la paume de sa main contours et bordures pour que visages, objets et paysages apparaissent tels qu'à l'œil nu. Les traits ne sont plus tranchés mais adoucis, les formes se fondent les unes aux autres. Tout paraît plus mystérieux, plus subtil. Cette technique est sans doute la plus célèbre de ses avancées picturales.

Perfectionniste, il n'achève pas toujours ses œuvres. Certaines restent à l'état d'esquisses dans ses carnets. D'autres, comme la gigantesque statue équestre de Sforza (dont le bronze est finalement utilisé pour fondre des canons de guerre), ne se concrétisent jamais. Selon la rumeur publique, Léonard de Vinci n'est pas réputé pour sa fiabilité. L'homme est connu pour n'en faire qu'à sa tête, ne pas toujours honorer ses commandes, victime du syndrome de l'objet brillant, c'est-à-dire attiré par de nouveaux projets en délaissant (temporairement) ceux en cours. De Laurent de Médicis au pape Jules II, ses mécènes s'impatientent ou se lassent de cet imprévisible savant, capable de les quitter le premier. C'est sans doute là le prix de la liberté pour celui qui n'aime rien tant qu'à procrastiner et se disperser. Lui seul dicte son agenda. En ce sens, il est l'exact inverse de Michel-Ange, ce jeune concurrent, homosexuel refoulé. Leur rivalité va pourtant changer le regard sur les peintres, alors considérés comme des artisans. Vinci et Michel-Ange signent leurs œuvres et démontrent que chaque artiste possède un style reconnaissable et une personnalité singulière.

Médicis, Sforza, Borgia, Louis XII, François Ier : tous ont convoité le génie de Léonard de Vinci, suffisamment habile pour s'assurer et conserver leur protection sans se soumettre. Une semaine avant ses 24 ans, il est accusé de sodomie avec un prostitué, Jacopo Saltarelli. L'Office de la nuit de Florence persécute les homosexuels en cette fin de xve siècle. L'affaire est classée grâce à l'intervention des Médicis. La Renaissance est tolérante, Florence est prospère, mais l'époque voit naître un mouvement réactionnaire conduit par Girolamo Savonarola. Ce prédicateur dominicain, qui mène un combat moraliste contre la décadence de la société, organise des « Bûchers des Vanités », détruit des objets luxueux, des bijoux, des œuvres érotiques et des livres.

Cependant, Léonard ne cache pas son attirance pour les hommes. Il croque de jeunes et jolis garçons au fil de ses carnets. On lui connaît quelques compagnons : Fioravante di Domenico, Paulo, le musicien Atalante Migliorotti, et surtout Salaï, dit « le diablotin », « *jeune homme gracieux et beau avec cette chevelure fine et bouclée que Léonard apprécie tant* », comme le décrit Giorgio Vasari[1]. Salaï est un filou mais Léonard ne lui résiste en rien. Ses boucles blondes, son sourire malicieux, son visage androgyne lui suffisent pour faire oublier ses frasques à son aîné de vingt ans. En 1490, Salaï, fils de

1. Giorgio Vasari, *Les Vies des meilleurs peintres, sculpteurs et architectes*, I et II, Actes Sud, 2005.

paysan pauvre, est embauché à l'âge de dix ans, pour devenir l'élève de Vinci, avant que le Maître n'en fasse son amant et son assistant. Le garçon lui sert de modèle. Leur relation dure jusqu'en 1516, quand Léonard s'installe au Clos-Lucé, en France, en compagnie de son ultime compagnon, Battista de Villanis. Cependant, De Vinci a choisi son héritier : Francesco Melzi, adopté en 1507 à l'âge de 14 ans, nouvel assistant personnel et secrétaire particulier du maître, plus loyal et plus sage que Salaï.

Au crépuscule de sa vie, Léonard de Vinci laisse une quinzaine de tableaux authentifiés. *La Joconde*, *La Cène*, *La Vierge aux rochers*, *L'Annonciation*, *Le Baptême du Christ*, *La Dame à l'hermine*, le *Portrait de Ginevra de' Benci*, *Saint Jean-Baptiste* et *Le Salvator Mundi*. Une peccadille par rapport à l'œuvre que constituent les 7 200 pages de carnets où se dévoile davantage son génie. « *Le plus incroyable témoignage écrit de la puissance de l'observation et de l'imagination humaines* », comme l'affirme le spécialiste Kenneth Clark[2]. Parce qu'il n'aura rien publié de ses découvertes, il n'a eu guère d'influence après sa mort. Tout devra être de nouveau réalisé, des décennies ou des siècles plus tard, par d'autres. « *Il incarne la quintessence la pensée universelle, un homme qui cherche à comprendre toute la création, y compris la place que nous y occupons* », rappelle William Isaacson dans une autobiographie de référence[3]. Vinci aura laissé au monde une méthode – l'empirisme – qui en fait à la fois le père de la science moderne et celui de l'art occidental.

On conserve de lui l'image d'un homme au regard las, à la calvitie prononcée, à la barbe touffue et tombante, tel que l'a dessiné Melzi. Un visionnaire qui n'a pas percé tous les mystères du monde mais

2. Kenneth Clark, *Leonardo da Vinci: An Account of His Development as an Artist*, Pelican, 1963.

3. William Isaacson, *Leonardo da Vinci*, Simon & Schuster, 2017.

qui se réjouit de vivre dans le présent : un sourire énigmatique ou malicieux, un regard aguicheur ou mélancolique, un doigt pointé, une main suspendue dans son mouvement. Ou une phrase qu'il conclut par un « *et cetera* », annonciateur de questions infinies. Il laisse alors ces derniers mots justifiant l'interruption de sa pensée vagabonde : « *Parce que la soupe refroidit.* »

Jean-Baptiste Lully

1632-1687

Intrigant et courtisan, Lully sut faire briller de son génie le soleil de Versailles. Figure majeure de la musique baroque, il invente l'opéra à la française et influencera d'éminents compositeurs tels Purcell, Händel, Bach ou Rameau.

Dans ce XVIIe siècle flamboyant, un éminent membre du royaume de Louis XIV fait beaucoup parler de lui : Jean-Baptiste Lully.

Côté cour, Lully est marié à Madeleine Lambert, fille de son mentor, le musicien Michel Lambert. Ils ont six enfants. Une façade de respectabilité, qui, par ailleurs, facilite ses liens avec les cercles musicaux influents de l'époque. Côté jardin, il enchaîne les aventures avec les jeunes hommes. En vérité, un secret de polichinelle. Lully n'a pas à aller loin pour leur mettre le grappin dessus : il drague les habitués de la cour – des pages principalement, et ceux qui fréquentent les milieux artistiques – des danseurs employés sur ses productions. Lèvres épaisses, nez prononcé, menton proéminent, teint mat, il ne manque pas de charme malgré la dureté apparente de ses traits.

Deux ans avant sa mort, Lully et ses relations homosexuelles font l'objet d'une dénonciation. Le Roi-Soleil, qui a longtemps fermé les yeux sur ses écarts en raison de ses talents exceptionnels, prend ses distances et le désapprouve publiquement. Cependant, son immense héritage musical n'aura guère souffert de cette « mauvaise réputation », et il reste, encore aujourd'hui, l'un des plus grands musiciens de l'ère moderne pour avoir contribué de manière extraordinaire à l'avènement de la musique baroque et aux fondations de l'opéra français.

Fils de meunier, Giovanni Battista Lulli est né à Florence, à deux pas du fleuve Arno. Dès son enfance, il commence son apprentissage musical, apprend à jouer du violon, de la guitare et du clavier. Il acquiert également des compétences en danse. Des religieux d'un monastère local l'initient à la musique liturgique, pendant qu'il se forme à la composition et au chant. À l'âge de 14 ans, le jeune violoniste est remarqué par Roger de Lorraine, chevalier de Guise, alors qu'il joue en compagnie de musiciens ambulants lors d'un carnaval. L'aristocrate fait étape en Toscane lors d'un périple vers Malte, et se décide à emmener le prodige à Paris où il le présente à sa nièce, la duchesse de Montpensier, qui le prend à son service.

La riche et très indépendante duchesse possède un petit orchestre privé de six violons. Giovanni y poursuit son éducation. Pour sa protectrice, il crée la « Compagnie des violons de Mademoiselle », qui surclasse par sa qualité les musiciens du roi. Séduit et amusé par le jeune homme dont il fait son partenaire de danse sur certains ballets, Louis XIV profite de la disgrâce de sa cousine pour engager

Lulli dans la « Grande Bande des Violons du Roi ». Il a 20 ans. En quelques années, il va gravir les échelons, dirigeant un nouvel ensemble avant de triompher avec le *Ballet d'Alcidiane*. Le monarque le nomme Premier compositeur de la cour en 1659.

Réputé habile et opportuniste, « Lully » donne une consonance française à son patronyme, modifie le métier de ses parents sur les documents officiels. Son but ultime ? Obtenir la protection de son bienfaiteur. Dans ces années 1660, Louis XIV centralise le pouvoir, lance de grandes réformes, pour le meilleur (la diplomatie à la française, la montée en puissance de la marine) et pour le pire (le Code Noir). Le roi réside essentiellement à Versailles. Lully lui compose un ballet allégorique dans lequel le soleil brille au centre de l'univers. Métaphore évidente. Ainsi affirme-t-il : « *Je suis l'ombre du Roi-Soleil, et mes notes suivent son éclat.* » Lulli devient Lully quand il est naturalisé français en 1661.

Sachant très bien gérer sa fortune naissante, le musicien fait construire l'hôtel Lully, à quelques pas du Palais-Royal, où demeure le frère du roi, Philippe d'Orléans, « prince des Arts ». Une salle de théâtre vient d'ouvrir, occupée depuis peu par un certain Molière. À la suite de l'échec de *Don Juan*, Molière doit se réinventer. En s'associant avec Lully pour la musique, Pierre Beauchamp pour la danse et Giacomo Torelli pour la scénographie, le dramaturge crée la comédie-ballet, mélange de comédies, de ballets et de chants. Leur collaboration produit successivement *Les Fâcheux*, *L'Amour médecin*, *George Dandin*, *Monsieur de Pourceaugnac*, *Les Amants magnifiques* et surtout *Le Bourgeois gentilhomme*. « *Molière écrit avec des mots, moi, j'écris avec des notes* », précise le compositeur.

Lully et Molière ne se quittent plus et s'entourent des libertins érudits, parmi lesquels Savinien de Cyrano de Bergerac. Mais cette décennie amicale s'achève dans le conflit. Dominateur et arriviste, Lully préfère les affaires à son amitié avec Molière. En 1672, il rachète les privilèges accordés par le roi à Pierre Perrin, fondateur de l'Académie d'opéra, victime d'une escroquerie qui l'endette au point d'être emprisonné. Lully obtient le droit exclusif des pièces chantées en France et prend la direction de l'Académie royale de musique. Lobbyiste malicieux, il fait signer un décret qui restreint davantage les libertés de représentation en limitant le nombre de musiciens des formations musicales parisiennes. Il jouit de son monopole, au détriment de ses confrères (Marc-Antoine Charpentier devra attendre 1693 pour présenter son *Médée).*

Pour ses livrets d'opéra, Lully se tourne vers Philippe Quinault. Leur première production, *Cadmus et Hermione,* révolutionne le genre en abandonnant les parties déclamées au profit d'une musique entièrement chantée. Conquis, Louis XIV, « *extraordinairement satisfait de ce superbe spectacle* », décide de déloger la troupe de Molière – lequel est mort deux mois plus tôt, du Palais-Royal pour que le spectacle y reçoive un triomphe assuré. Lully fait agrandir la salle pour pouvoir accueillir 3 000 spectateurs.

S'ensuit une décade prodigieuse pour le musicien, qui ne chôme pas, compose une tragédie chaque année, éclipse toute concurrence, et obtient de Louis XIV le poste de Secrétaire du roi, en plus d'être élevé à la noblesse héréditaire. En près de 40 ans de carrière, ce fou amoureux de danse a signé plus d'une trentaine de ballets : selon lui, « *la musique danse dans l'âme avant qu'elle ne se voie dans le corps* ». Il inscrit également à son répertoire une dizaine de comédies-ballets, une tragédie-ballet, *Psyché* (sur des textes de Molière, Corneille et Quinault), et quinze opéras.

La Cérémonie des Turcs du *Bourgeois gentilhomme*, l'ouverture d'*Atys*, l'opéra préféré du roi, la passacaille d'*Armide*, son *Te Deum*, le prologue d'*Alceste ou le Triomphe d'Alcide*, ou encore l'air d'*Isis*, *C'est lui dont les dieux ont fait choix*, ont traversé le temps. Charpentier, Marais, Rameau, mais aussi Bach, Händel et Purcell, ont largement été influencés par son style.

En donnant naissance à la tragédie lyrique, Lully privilégie la clarté du texte et le récit à la virtuosité vocale de l'opéra italien. Cette intégration de paroles à la musique reste encore aujourd'hui le signe distinctif de la chanson française. Il développe également le ballet de cour, en accentuant l'importance de la chorégraphie, qui devient essentiel à la narration. « *Je veux que la musique parle aux cœurs autant qu'elle ravit les esprits* » assène-t-il. L'homme sait aussi la manière d'assouvir ses ambitions et de satisfaire sa vanité : « *Mon art est mon pouvoir, et la cour est ma scène.* » Lui-même se comporte comme un roi en sa cour, n'hésitant pas à briser un violon sur le dos d'un musicien qui lui a désobéi. Manageur toxique.

Mais revenons aux apports positifs du Florentin. Il perfectionne l'organisation des ensembles instrumentaux. L'orchestre qu'il gère, connu sous le nom des « Vingt-quatre violons du Roi », sert de modèle aux orchestres modernes. Pour conduire ses musiciens et donner la mesure, Lully utilise un bâton de direction qu'il frappe sur le sol. Grâce à cette technique, il rend ses œuvres, portées par des chœurs puissants, plus expressives et dramatiques. Ce qui l'amène à populariser la forme de l'ouverture française, dotée d'une structure en deux parties : une section lente et majestueuse, symbolisant la majesté de la monarchie, suivie d'une section rapide et fuguée, plus populaire – un schéma copié dans toute l'Europe. Enfin, il impose une direction artistique unifiée – musique, texte, chorégraphie et mise en scène – pour que chacun des éléments serve l'histoire et participe à l'émotion globale.

Lully asservit la musique pour glorifier Louis XIV. Ses œuvres sont conçues pour refléter la grandeur et la splendeur de la monarchie française, dont le territoire s'est étendu au nord et à l'est, vanter le prestige national auprès des visiteurs étrangers, une sorte de *soft power* culturel dans toute l'Europe. Un calcul politique pour rester le protégé du roi, que l'intéressé assume : « *La grandeur de la France doit résonner dans chaque note que je compose.* » Sa musique est liée à la magnificence de Versailles. Mélodique, dansante, dramatique, élégante, simple, structurée, elle est aussi mémorable et accessible.

Compositeur génial et architecte de la culture musicale française, Lully incarne à la fois l'esprit de son époque et l'image du courtisan acquis à la cause du pouvoir royal qui, à son apogée, glisse dans l'absolutisme. Le génie se croit intouchable. Hélas, Louis XIV tolère de moins en moins les écarts de conduite à la cour. Sans doute à cause de l'influence de l'austère madame de Maintenon, qui a en horreur l'homosexualité, qu'elle qualifie de « vice italien ».

Le musicien n'est pas la seule cible des attaques de cette dévote rigoriste. Le frère cadet du roi, Philippe d'Orléans, dit « Monsieur », ne cache pas ses liaisons, notamment celle avec le chevalier de Lorraine, son favori. De quoi provoquer quelques tensions publiques et autres perfidies. François-Timoléon de Choisy, homme de lettres, aime se travestir et affiche une fluidité sexuelle. Le valet de chambre du roi, Pierre de La Porte, personnage pour le moins ambigu, colporte avec délectations rumeurs et allusions qui ciblent notamment le prince de Condé, les ducs de Vendôme, de Villars et de Gramont, le prince Eugène de Savoie, les maréchaux de Turenne et d'Huxelles… N'oublions pas les danseurs et les comédiens, qui ne couchent pas qu'avec Lully, le comte de Vermandois, fils illégitime du roi, et bien d'autres. Cyrano et Molière font toujours aujourd'hui l'objet de spéculations et d'infinis débats entre experts et historiens, parce qu'ils fréquentent les figures homosexuelles de l'époque et qu'ils assument leur libertinage.

Or le climat ambiant est de plus en plus moraliste. En 1685, Jean-Baptiste Lully est la cible d'un scandale fomenté par des courtisans mécontents ou jaloux, mettant au jour sa relation avec un jeune page de 13 ans nommé Brunet. Dans un Versailles où chacun s'épie et se jauge, ses mœurs douteuses sèment le vent de son discrédit. L'onde de choc se propage dans toute la cour – sus à la « bougrerie » ! – et bientôt, rien ne peut arrêter la cabale. Le roi fait très vite savoir sa désapprobation. Il cesse d'assister aux représentations des spectacles de son musicien, *Roland*, en 1685, ou l'un de ses chefs-d'œuvre, *Armide*, en 1686. Malgré son génie musical, Lully ne peut échapper aux conséquences de cette « affaire Brunet », dans un environnement de plus en plus pieux et intolérant envers l'homosexualité.

L'arrogant Lully tombe en disgrâce pour le plus grand bonheur de ceux qui n'ont jamais supporté ni sa vanité, ni ses origines modestes et étrangères, ni sa proximité avec le Roi-Soleil. Brunet est arrêté alors qu'il cherche à « recruter » d'autres jeunes hommes pour son partenaire. Sans doute le musicien réussira-t-il à étouffer l'affaire en usant d'un reste d'influence.

Lassés de son perfectionnisme et de ses exigences, le roi et sa cour ne lui font plus crédit. Les fautes de ce transfuge de classe, immigré qui plus est, ne lui seront plus pardonnées. Lui-même aurait dû s'en douter, puisqu'il a martelé : « *À la cour, on n'a pas droit à l'erreur. Chaque note doit être parfaite.* » Las, un bémol mal placé a eu raison de la belle harmonie entre Louis et Lully.

À seulement 53 ans, la carrière du génie périclite. Il perd certains privilèges, des commandes royales échoient à d'autres, même s'il continue à composer et à diriger. En mars 1687, il offre un *Te Deum* en l'honneur de Louis XIV, qui vient de se remettre d'une fistule anale (il a été opéré avec succès par Charles-François Félix – une première à l'époque, qui plus est sans anesthésie). Tout à son enthousiasme, Lully frappe la mesure de son bâton. Cependant, au cours de la performance qui rassemble 150 musiciens, il écrase son orteil au lieu de taper sur le sol. La blessure s'infecte, la gangrène gagne sa jambe. Les médecins recommandent l'amputation mais Lully refuse, par crainte de perdre sa capacité à danser. La mort survient rapidement. Lully fut-il victime d'un mauvais coup ou de sa légendaire arrogance ? « *La musique doit toucher l'âme*, déclara-t-il, *et non pas seulement flatter l'oreille.* » Ne pas seulement flatter l'oreille ou frapper l'orteil ?

Une chose est certaine : cet incident aura conduit les chefs d'orchestre à manier la baguette plutôt que le bâton. Et l'histoire exaucera cette supplique qui lui fut attribuée, sans doute à tort, de façon posthume : « *Si la musique me tue, qu'elle me glorifie aussi.* »

FRÉDÉRIC II LE GRAND

1712-1786

Empereur éclairé pour son peuple et pourtant méprisé par son père, le souverain prussien a construit les premiers fondements de l'Allemagne dans une Europe en perpétuel conflit.

Frédéric II de Prusse a toujours aimé les chiens. Dans ses dernières volontés, il exprime le souhait d'être enterré avec ses lévriers italiens sur la terrasse de son palais de Sanssouci. Hélas, un souci, il y eut. Sacrilège posthume, son vœu ne sera pas exaucé. Durant 150 ans, sa dépouille gît dans l'église de la garnison de Potsdam. Premier déménagement à la fin de la Seconde Guerre mondiale. Adolf Hitler, grand admirateur du roi (alors que tout les oppose), demande que son cercueil soit mis à l'abri dans une mine de sel pour éviter une éventuelle destruction. L'armée américaine le fera ensuite transférer en Allemagne de l'Ouest avant de le déplacer encore plus au sud, pas loin de l'Alsace. Pour le 205e anniversaire de sa mort, en 1991, son corps est enfin rapatrié à Sanssouci, conformément à son désir initial. Avec tous les honneurs, il est inhumé dans la crypte qu'il a lui-même fait construire. Quelques nostalgiques viennent lui rendre visite et déposent des pommes de terre…

Le monarque a dû s'armer de patience, ce qui n'est pas sa qualité première. Intelligent, discipliné, doté d'un bel esprit critique, Frédéric est exigeant, intransigeant. Il exprime facilement son mécontentement, ne fait guère preuve d'une grande tolérance envers les incompétents. Il a le ton sec et la pique facile. Le goût de la moquerie adoucit sa personnalité rugueuse. Il sait se montrer minutieux quand il s'agit d'écrire ou de composer. Impulsif et raisonné, comme Richard Ier, c'est un habile diplomate, un maître du temps, sachant attendre le bon moment pour agir.

Sans doute pour toutes ces raisons, et tous ces talents, Frédéric II a-t-il réussi à transfigurer la Prusse en l'espace de quatre décennies de règne – ce territoire morcelé et discontinu, dirigé par son père, Frédéric-Guillaume Ier. Une grande région autour de Berlin s'étendant jusqu'à la mer Baltique, une vaste enclave dans la Pologne-Lituanie, quelques contrées à l'ouest de l'Allemagne. À l'image de ce vaste puzzle, le couple royal est en pièces. Le père, autoritaire et violent, a pris la tête d'un pouvoir centralisé. La mère, fille du roi britannique George Ier, se distingue par sa courtoisie et sa culture. Leur fils hérite de ces deux faces antagonistes.

Avec sa sœur bien-aimée Wilhelmine, Frédéric passe une partie de sa jeunesse dans les jupons de sa mère. Prince héritier depuis sa première année de naissance, il reçoit l'éducation d'une Française, madame de Montbail (Marthe de Roucoulle), une préceptrice huguenote que le futur roi appelle « *chère maman* ». L'enfant affiche un don pour la musique, la littérature et la culture française, la poésie et la philosophie. Des disciplines jugées « *efféminées* » par son père. Lequel aurait préféré qu'on enseigne la religion à son rejeton et qu'on le forme à être un grand soldat. Frédéric-Guillaume Ier frappe et humilie son fils pour tenter de le remettre dans le droit chemin. En vain.

C'est que Frédéric nourrit d'autres aspirations et d'autres désirs. Adolescent, il se lie d'amitié avec un page du roi, Peter Karl Christoph von Keith. Les deux jeunes gens sont inséparables et sans doute intimes. De quoi fâcher le roi qui envoie le page dans un régiment au fin fond du royaume. Le fils se rapproche ensuite d'un officier, Hans Hermann von Katte, avec qui il espère fuir en Grande-Bretagne. Arrêtés, ils sont accusés de trahison. Le roi songe à faire exécuter son fils, puis espère qu'il se suicide ou qu'il renonce à sa succession. Il condamne à mort Katte et force Frédéric à assister à sa décapitation. Avant même que la tête de son amant ne soit tranchée, l'héritier tombe dans les pommes. Par terre.

Gracié, mais contraint de rester loin de Berlin, il commence sa formation politique. Il ne peut revenir dans la capitale, en 1732, qu'à la condition d'épouser Élisabeth Christine de Brunswick-Bevern. Un mariage arrangé, blanc, stérile. Le prince préfère la compagnie de ses favoris, ne masque pas son appétence pour les « *jolis garçons* ». Il affirme ses goûts, comme dans cette lettre de 1734 au comte de Schulenbourg : « *Quant à la fille de trente ans, je ne saurais me résoudre à la prendre à mon service, vous priant, monsieur, de vouloir me choisir un garçon châtré qui ait bonne voix, ayant appris quelque chose de l'art de solfier : et comme je ne désire pas un musicien accompli, vous m'obligerez bien, monsieur, en m'en envoyant un qui n'ait que quatorze ou quinze ans.* »

Au cours de sa longue correspondance avec le diplomate Claude-Étienne Darget, Frédéric conclut une brève missive datée de 1750 par cette phrase : « *Mes hémorroïdes saluent affectueusement votre verge.* » Dans *Matinées,* guide pour l'héritier du trône, il confie que les plaisirs grecs sont peu agréables pour cette raison. Il n'a aucune pudeur à propos de ses problèmes de santé (blennorragie, constipation, impuissance) ou de ses plaisirs (alcool, cuisine et musique).

Loin du discours officiel, Voltaire ose quelques nuances : « *Lorsqu'il était habillé et botté, le Stoïcien consacrait quelques moments à la secte d'Épicure ; il faisait venir deux ou trois favoris, soit lieutenants de son régiment, soit pages, soit haïdouks, soit jeunes cadets. Ils prenaient le café. Celui à qui le mouchoir était jeté restait encore un quart d'heure en particulier.* » Du monarque prussien, Denis Diderot écrit en le comparant à César : « *Je ne vois qu'un point commun, à savoir qu'ils étaient tous deux des sodomites…* »

Les puissances étrangères ne se fatiguent plus à lui envoyer des femmes pour l'influencer. Frédéric, despote éclairé, ne cache pas sa misogynie. Les amants se succèdent : un valet, son écuyer, le général-lieutenant von Rothenburg, dont le nom orne l'une des chambres de Sanssouci. Il rédige des vers érotiques et parfois hérétiques tel ce poème burlesque, *Le Palladion* : « *Je ne suis né pour chanter des héros ; Un flageolet me tient lieu de trompette. Pégase court et par monts et par vaux Quand sur sa croupe il porte un vrai poète ; Quand je le monte, il semble une mazette, Le plus rétif de tous les animaux.* » Notons l'accroche similaire à celle de *La Pucelle d'Orléans* de Voltaire *:* « *Je ne suis né pour célébrer les saints.* »

Voltaire a d'ailleurs tout pour séduire intellectuellement Frédéric II, partisan des Lumières. Le philosophe français enjoint le roi, très à l'écoute, de réformer son pays. Le couple franco-prussien subit une grosse querelle, amenant Frédéric II à faire arrêter son protégé, coupable de vouloir publier ses poèmes les plus compromettants.

Voltaire prend sa revanche dans un pamphlet diffamatoire et des écrits perfides. L'homosexualité du roi y est jetée en pâture et fait scandale. Ainsi en ira de leur complicité, mise à mal par de petites mesquineries indignes de si grands esprits. La réconciliation sera lente et intéressée. Il s'agit avant tout de rétablir le prestige de Frédéric II en France. À la mort de Voltaire, ce dernier s'acquitte du montant nécessaire pour que Jean-Baptiste Pigalle sculpte le philosophe dans toute sa nudité.

Car Frédéric II aime l'art, particulièrement l'homoérotisme antique. Il décore son palais avec une fresque représentant Ganymède (une statue, croyait-il, à l'effigie d'Antinoüs, l'amant d'Hadrien), un tableau montrant Cupidon et Psyché, entourés de nombreux « mignons »... Il fréquente les grands esprits de son époque, comme les scientifiques Maupertuis et Émilie du Châtelet, le pionnier de l'archéologie Johann Joachim Winckelmann ou les philosophes D'Alembert, Condorcet et Francesco Algarotti.

Plutôt que de se pavaner dans la luxure et l'opulence, l'homme, frugal, assume sa délicatesse. Il laisse une œuvre philosophique et musicale monumentale (plus de 20 ouvrages et 140 partitions). Johann Sebastian Bach lui dédie *L'Offrande musicale*, opus magistral de l'histoire de la musique, parfaite transition entre le baroque et le classicisme. La plume acerbe, le prince ne se prive pas non plus de se gausser de ses rivaux ou de critiquer la culture prussienne, « *inférieure* » et la langue germanique, « *illogique* ». Toute cette vie ivre de culture s'interrompt lorsqu'il est couronné à l'âge de 28 ans. Son père lui laisse en héritage la quatrième armée du continent, une puissance moyenne, à peine plus grande que le Danemark.

Stratège militaire de premier plan, il redessine la carte de l'Europe. Il conquiert la Silésie, région située entre la Pologne et la République tchèque, et assure une continuité territoriale entre le Brandebourg et ses territoires proches de la Russie. Il étend les frontières de son pays à la Frise orientale, près des Pays-Bas, lui offrant un accès direct à la mer du Nord. Mirabeau souligne dans *De la monarchie prussienne sous Frédéric le Grand* : « *La guerre est l'industrie nationale de la Prusse.* » Frédéric II améliore la formation de sa cavalerie, fortifie sa nouvelle province et enrôle davantage de soldats. C'est qu'il apprécie l'ambiance des champs de bataille. Il dirige trois guerres en Silésie contre les Habsbourg, dynastie autrichienne empêtrée dans sa propre guerre de succession.

Surnommé « Frédéric le Grand » à partir de 1745, il semble se plaire en chef des armées, mais il se plaint du coût financier astronomique et des lourdes pertes humaines infligées à son peuple (environ 300 000 hommes). Attaqué de toutes parts, il trouve parfois le répit de façon quasi miraculeuse. Ainsi le nouveau tsar, Pierre III, admirateur obsessionnel de Frédéric, renverse son pacte avec l'Autriche pour s'allier avec la Prusse, et le sauve ainsi d'une défaite majeure. Une géopolitique qui se prolonge avec Catherine la Grande, autre despote éclairée et amie de Voltaire. Les deux pays se partagent finalement la Pologne-Lituanie.

À la fin de son règne, son royaume est le seul à pouvoir rivaliser avec l'empire austro-hongrois en Europe centrale. Son armée est l'une des plus respectées du continent. En s'agrandissant, en superficie comme en population, la Prusse s'affirme aussi comme le leader du protestantisme germanique, soutenue par une administration modernisée et un État bureaucratique efficace, fondations essentielles pour l'unification des États allemands en 1871.

Le roi a solidifié l'économie, stabilisé les finances publiques, amélioré la collecte d'impôts, constitué un service postal moderne, uniformisé le système monétaire, développé l'industrie et réformé la gouvernance de son royaume. La liberté d'expression a progressé, la torture judiciaire s'est vue abolie, la peine capitale restreinte, le système judiciaire a subi moult modifications pour davantage d'égalité. « *Au service de son peuple* », comme il l'écrit dans *Anti-Machiavel,* Frédéric II, le franc-maçon, se distingue par son pragmatisme. La Prusse est l'un des premiers États européens à garantir une cohabitation religieuse harmonieuse, à favoriser l'intégration des minorités et à encourager le pluralisme intellectuel. Grâce à lui, en 1794, le pays innove en se dotant d'un Code de lois, qui influe toujours sur le droit allemand actuel.

Frédéric II sait faire preuve d'imagination. Il crée une loterie, l'assurance incendie, une banque de crédit, une société pour promouvoir le commerce avec la Chine (une vieille histoire que ces relations sino-germaniques…). Les importations sont limitées et taxées. Il industrialise son pays en installant des usines lui permettant de ne pas dépendre des voisins concurrents. Il contrôle aussi le prix des céréales et accumule des stocks pour que les civils survivent en cas de mauvaises récoltes. Très doué en affaires, le roi investit même dans la porcelaine et s'arroge le monopole du café. Des marais asséchés laissent place à des terres cultivables. Le roi encourage l'immigration agricole. Il fonde la première école vétérinaire du pays. L'homme est un animaliste : il refuse de porter des éperons quand il monte à cheval pour ne pas blesser sa monture et critique la chasse, qu'il juge cruelle et grossière. Enfin, il impose la culture de la pomme de terre, ingrédient incontournable des tables prussiennes. La patate, symbole de son règne !

Sous son autorité, Berlin et Potsdam connaissent simultanément des mutations, se dotent d'infrastructures, d'édifices religieux (pour les protestants, les catholiques – comme la cathédrale Sainte-Edwige –, et les juifs), d'écoles, d'hôpitaux. Berlin obtient un Opéra, une Bibliothèque royale, son château de Charlottenburg se voit agrandi et son Académie des sciences gagne en surface. L'emblématique Porte de Brandebourg ne sera finalisée qu'après le décès du roi. Le « Versailles prussien » reçoit le très rococo palais de Sanssouci et le prestigieux palais de Potsdam.

Populaire mais solitaire, le roi, devenu « le vieux Fritz », a marqué son pays d'une empreinte durable. Au crépuscule de sa vie, il préfère la compagnie de ses « marquises de Pompadour », ses petits lévriers italiens. Il s'éteint le 17 août 1786. Sans se douter qu'il va habiter l'imaginaire nazi, cent cinquante ans plus tard. De nombreux films kitsch s'inspirent de son destin. Certains, tournés durant la période nazie, glorifient son parcours belliqueux.

Un monarque romantique et glorifié, homosexuel et adoré. Peut-être l'homme aura-t-il inspiré cette ferveur grâce à ses stratégies militaires révolutionnaires – dont la tactique oblique, adoptée par Napoléon à Austerlitz (merci qui ?), consistant, face à des forces supérieures en nombre, à déployer sa puissance de manière flexible et asymétrique pour frapper les points faibles de l'ennemi. Pas mal pour un petit garçon efféminé…

Kamehameha Ier

1736-1819

Sûr de son destin, le « Napoléon du Pacifique » réussit à unifier un archipel soumis à plusieurs clans pour en faire une puissance régionale indépendante des empires...

Hawaï. À 4 200 kilomètres de Los Angeles, 6 200 kilomètres de Tokyo, 8 200 kilomètres de Sydney. Découvertes par des Polynésiens il y a au moins 1 500 ans, les 19 îles et atolls de l'archipel s'étendent isolés au milieu de l'immensité du Pacifique. Les Espagnols ont longtemps caché cette étape entre leurs colonies mexicaines et philippines. En 1743, les Britanniques mettent la main sur une carte de Hawaï et James Cook y débarque en 1778, baptisant le chapelet d'îles du nom d'îles Sandwich. Le navigateur y trouve la mort lors d'affrontements avec les autochtones. À une époque durant laquelle chaque île a son propre chef, l'arrivée des Occidentaux exacerbe les tensions.

Paiea Kamehameha, connu sous le nom de Kamehameha le Grand, va bouleverser le destin de ces territoires. Son nom ne vous dit sans doute rien. C'est pourtant l'une des personnalités les plus importantes des sociétés du Pacifique. Peut-être les fans de *Dragon Ball* en ont-il déjà, sans le savoir, entendu parler, sous l'appellation de l'attaque signature de Son Gokû, la Kame Hame Ha ! Les adeptes de la série *Magnum*, eux, n'ont pas pu passer à côté de ces cocktails servis au King Kamehameha Club, le bar-restaurant côtier du complice de Tom Selleck. Enfin les joueurs de *Civilization V* se souviendront à coup sûr que Kamehameha n'est autre que le dirigeant des Polynésiens.

De lignée royale, Kamehameha est éduqué aux arts de la guerre. L'historien et missionnaire Herbert H. Gowen le surnomme le « *Napoléon du Pacifique* », dans une biographie publiée en 1919. De fait, l'homme réussit en moins de vingt ans à unifier l'archipel, après des siècles de divisions entre les chefferies locales. Au prix de batailles sanglantes livrées entre 1795 et 1810 afin d'annexer plusieurs îles. Porté par une prophétie qui le décrit comme l'élu, le chef guerrier met à profit son habileté stratégique et, surtout, recourt aux armes à feu, aux canons et à des navires européens pour mener à bien sa conquête territoriale.

L'union fait la force et bientôt un nouvel État naît au milieu du Pacifique, bien résolu à résister aux puissances étrangères. Mais le pouvoir n'est pas qu'une question de force. Selon la philosophie étatique à l'œuvre dans la culture polynésienne, servir le peuple est plus important que le dominer. De chef de guerre, Kamehameha passe donc au statut de diplomate et de gouverneur.

En quelques années, pour stabiliser ce royaume émergent, Kamehameha Ier lance plusieurs réformes. Il centralise le pouvoir, unifie les lois, confisque et redistribue des terres pour s'assurer de la loyauté des chefs locaux, tout en interdisant aux non-Hawaïens l'accès à la propriété. Il favorise les échanges internationaux, notamment à travers le commerce du bois de santal, ressource précieuse à l'époque. Les voies commerciales développées sous son règne positionnent Hawaï comme un carrefour stratégique dans le Pacifique Nord, étape des marchands européens, américains, russes et chinois vers d'autres îles lointaines, comme la Polynésie, la Mélanésie et la Micronésie, qui s'ouvrent ainsi au monde.

Kamehameha utilise le surplus des taxes pour acheter des produits étrangers. Conseillé par deux prisonniers britanniques, John Young et Isaac Davis, qui se sont mis à son service, il noue des alliances avec les principales puissances coloniales de la région (France, Russie et Royaume-Uni). Cette armada de mesures militaires, juridiques et économiques permet de contrer les velléités d'annexion des grands empires, préserve ainsi l'indépendance d'Hawaï et lui obtient la reconnaissance des autres nations. Par ailleurs, le souverain développe les transports par la construction de routes et la fabrication de canoës réservés aux usages commerciaux et militaires.

Sur le plan législatif, Kamehameha Ier fait intégrer dans la constitution la Māmalahoe Kānāwai (ou « loi de Splendeur de l'Homme »), qui interdit de tuer des civils non armés et garantit la protection des personnes vulnérables, soit « *chaque personne âgée, femme et enfant* » – une règle sécuritaire inspirée par sa propre expérience lors d'une bataille. Cette loi fait toujours jurisprudence dans l'État d'Hawaï et constitue les prémices de nombreuses normes juridiques relatives au traitement des civils et des non-combattants durant les conflits.

Résilient et puissant, redoutable et autoritaire, l'homme, qui en impose physiquement par sa grande taille et par sa force, est polygame.

Fortement répandue au sein de la noblesse hawaïenne, cette pratique vise à renforcer les alliances politiques. Parmi la vingtaine d'épouses que compte le souverain, Ka'ahumanu assurera la régence après le décès de son époux en 1819, et Keōpūolani, dite « la sacrée », lui donnera ses deux plus proches successeurs. Trente-cinq enfants, pas tous reconnus, compléteront le tableau familial.

Kamehameha Ier entretient également des relations suivies et régulières avec des hommes – l'homosexualité des chefs (*ali'i*) ne compromettant en aucun cas leur position sociale. En hawaïen, ces compagnons intimes sont appelés *aikāne*. Ces liaisons font partie intégrante de la culture hawaïenne traditionnelle et ne sont ni stigmatisées, ni considérées comme incompatibles avec d'autres amours hétérosexuels ou des mariages. Là aussi, il s'agit de renforcer des alliances politiques et sociales entre les clans et les familles. L'historien hawaïen Samuel Kamakau, dans ses écrits au XIXe siècle, mentionne que les *aikāne* de Kamehameha jouent des rôles importants dans sa vie, l'escortant sur les champs de bataille, l'entourant dans ses prises de décisions d'ordre politique et privé. L'un de ses successeurs, Kamehameha III (1813-1854) appréciera lui aussi la compagnie d'*aikāne*.

L'ambitieux et impétueux Kamehameha Ier, passionné d'arts martiaux hawaïens traditionnels et de courses de canoës, passe une grande partie de son règne à la construction et à l'entretien des temples. Alors que les missionnaires chrétiens tentent d'évangéliser les îles, le roi, dévoué au dieu de la guerre, Kū, dont il a été le gardien durant sa jeunesse, reste profondément attaché aux croyances religieuses et aux dieux locaux. Et freine d'autant plus, en tant que chef religieux, les ardeurs de missionnaires, résolus à imposer leurs dogmes.

Progressivement, au cours du XIXe siècle, ces derniers réussissent tout de même à dicter les normes du christianisme, notamment celles visant à éradiquer les pratiques *aikāne* et à condamner les relations homosexuelles. L'histoire hawaïenne est ainsi réécrite au fil des décennies, souvent effacée jusqu'à enfouir de nombreux aspects propres à cette culture insulaire.

D'ailleurs, il ne reste pas grand-chose de cette période. Les vestiges du temple de Pu'ukoholā, construit sur les ordres de Kamehameha en 1790 pour honorer Kū, ont été classés site historique national. Des statues du roi ont été érigées après sa mort, la première près de son lieu de naissance présumé, et des copies de celle-ci devant l'ancien palais royal à Honolulu et au Capitole des États-Unis, à Washington. Plus globalement, de nombreux bâtiments subiront dommages et transformations, sans connaître ensuite de restaurations. La plupart des architectures et des sculptures ne sont que des répliques. Du lieu où Kamehameha Ier a vécu, sur les rives de la baie de Kailua, il ne reste rien – à l'exception d'un sanctuaire qui lui est dédié, reconstitué pour les touristes.

Manteaux ou casques royaux tout en plumes, lances, poignards ou massues, bijoux en or ou incrustés de pierres précieuses, colliers royaux tissés de cheveux humains et ornés d'ivoire sculpté – tous ces riches témoignages de son règne sont aujourd'hui dispersés dans les musées à Hawaï, Londres, Washington ou Paris. Seul le patrimoine immatériel a réellement traversé le temps.

Le royaume de Kamehameha Ier n'aura duré qu'un petit siècle et son premier roi sera invisibilisé par l'Histoire. Hawaï attire rapidement la convoitise des Américains qui chassent la baleine dans ses eaux et en importent le sucre. Les jeunes États-Unis cherchent à constituer un empire et installer des bases militaires pour protéger un territoire désormais ouvert sur le Pacifique. Les Français, eux, viennent d'acquérir Tahiti et l'empire britannique s'impose dans le Pacifique Sud. Dans cette seconde moitié du XIXe siècle, la volonté expansionniste des États-Unis les conduit à acquérir l'Alaska, annexer les îles désertes de Midway, au nord d'Hawaï, à occuper les Philippines, une partie des Samoa et des îles de Micronésie, mais aussi Cuba, Puerto Rico et d'autres îles caribéennes. Tout cela à coups de millions de dollars versés en guise de compensation. Exactement le même système transactionnel que semble vouloir répéter Donald Trump pour son second mandat avec le Groënland, entre autres.

L'emplacement stratégique d'Hawaï au milieu de l'océan amène Washington à négocier, dans un premier temps, un traité de réciprocité avec le royaume qui fournit davantage de sucre en échange d'un vaste terrain militaire, « Pearl Harbor ». Puis les Américains de Hawaï parviennent à renverser la monarchie, contre l'opposition des autochtones, et le territoire devient américain en 1898.

Pourtant, l'héritage de Kamehameha Ier ne disparaît pas. Grâce au prince Jonah Kūhiō Kalaniana'ole (1871-1922), le « Prince du peuple », l'identité culturelle hawaïenne et la défense des droits des autochtones hawaïens survivent après l'annexion des îles par les États-Unis. On fête d'ailleurs le Prince Kūhiō Day le 26 mars dans le 50e État américain. Ce fervent partisan de la monarchie hawaïenne, premier et seul prince de l'île à être élu au Congrès américain, fait voter le *Hawaiian Homes Commission Act* en 1921, loi qui restitue des terres perdues après l'annexion.

En défendant cette culture insulaire, le prince a également contribué au maintien de traditions inclusives souhaitées par Kamehameha, notamment celles relatives à la diversité et la fluidité des identités indigènes. Les catégories de genre n'y sont pas strictement binaires, l'homosexualité est tolérée. Comme dans d'autres sociétés polynésiennes, les *māhū*, ces personnes nées de sexe masculin mais désireuses d'adopter le genre féminin, jouent un rôle culturel et spirituel essentiel, constituant un troisième « genre », fluide et indéfini, libéré de toute étiquette. Présents au sein de nombreuses sociétés océaniennes, les *māhū* occupent des postes dans l'éducation, la médecine, les arts, la cuisine, la sexualité et la maternité.

C'est l'ensemble de cet héritage qui est célébré le 11 juin à Hawaï lors du Kamehameha Day, journée de défilés, parades florales et cérémonie de déposes de guirlandes de fleurs. La population rend hommage à l'unificateur des îles qui, grâce à cet exploit politique et militaire fondamental, a fondé l'identité hawaïenne contemporaine et préservé la culture pluriséculaire insulaire. Un modèle de leadership qui confère à Kamehameha Ier un statut de héros national. Encore aujourd'hui, les cérémonies religieuses, les chants (*mele*) et les récits mythologiques des Hawaïens trouvent leur origine dans les pratiques que le roi, vénéré jusque dans l'hymne national de l'archipel[4], a opposées à la voracité des empires coloniaux.

---

4. Dans cet hymne national intitulé *Hawai'i Pono'ī*, on peut entendre ce refrain : « *Makua lani ē / Kamehameha ē / Na kaua e pale / Me ka ihe.* » (« *Ô Père céleste, Ô Kamehameha, Nous te défendrons, Avec la lance.* »).

Manifestation à Manchester le 20 février 1988 contre la « Section 28 », amendement à l'acte de gouvernement local de 1986 au Royaume-Uni – visant à interdire toute promotion intentionnelle de l'homosexualité.

ÈRE CONTEMPORAINE

OÙ LES LGBTQ+ AFFIRMENT LEUR PLACE DANS LA SOCIÉTÉ ET MILITENT POUR LEURS DROITS

Ces deux derniers siècles, les empires ont muté, la circulation des idées et la création des inventions se sont accélérées, la population a été multipliée par huit et, logiquement, les sociétés en ont été bouleversées.

Le mot « homosexualité » est créé en 1869 par le militant austro-hongrois Karl-Maria Kertbeny, rapidement traduit en anglais, en allemand, en français et en russe. Peu à peu, il se substitue aux autres termes employés en arabe, en hébreu, en japonais, en chinois ou en sanskrit dans le domaine médical et psychiatrique. En 1892, le sexologue autrichien Richard von Krafft-Ebing emploie le terme

« bisexuel » pour désigner les individus ayant une attirance pour les deux sexes, mais dans un cadre pathologisant. En 1923, l'Allemand Magnus Hirschfeld parle de « transsexualité », à la suite des premières opérations chirurgicales de changement de sexe.

« *Nommer, c'est domestiquer* », a dit Roland Barthes dans *Fragments d'un discours amoureux*. Tandis que le combat féministe s'émancipe au XIXe siècle pour réclamer l'égalité des droits, des sous-cultures LGBTQ+, clandestines, émergent en Occident. Des bars, des cabarets, des clubs éclosent dans les grandes villes en pleine révolution industrielle et artistique. La culture queer, avec ses vaudevilles et ses *drag shows*, célébrant une Sarah Bernhardt incarnant des rôles masculins, pose ses jalons. Des auteurs, comme Lord Byron, Honoré de Balzac, Colette ou Oscar Wilde, intègrent des personnages homosexuels dans leurs textes. Des revues spécialisées apparaissent : *Der Eigene* en Allemagne, *Inversions* en France, *Urania* en Angleterre, *Friendship & Freedom* aux États-Unis. La sexualité devient un sujet scientifique et l'identité de genre commence à susciter des études. C'est aussi le temps des premières organisations politiques LGBTQ+ et des premières revendications comme la dépénalisation de l'homosexualité, d'abord en Allemagne, puis, après la Seconde Guerre mondiale, dans tous les pays occidentaux : Mattachine Society à Los Angeles, Daughters of Bilitis à San Francisco, Arcadie à Paris, Homosexual Law Reform Society à Londres, COC Nederland à Amsterdam et l'International Lesbian and Gay Association (ILGA), qui fédère les organisations LGBTQ+ du monde entier et défend les droits LGBTQ+ à l'échelle internationale.

Tout cela survient après une première partie du XXe siècle pas très tendre pour les homosexuels. Le maintien des lois anti-sodomie, qui ont causé l'emprisonnement d'Oscar Wilde, est vécu comme une profonde injustice. Malgré une tolérance apparente et des études médicales plus inclusives, la répression s'est accrue. L'arrivée au pouvoir des bolcheviks en URSS, des fascistes en Italie, des franquistes en Espagne et des nazis en Allemagne remet tout le monde dans le placard. Ou pire. On estime à 15 000 le nombre d'homosexuels déportés vers les camps de concentration, dont les deux tiers ne sont jamais revenus. De nombreuses homosexuelles sont aussi persécutées et envoyées dans les camps, parce que juives, communistes, travailleuses du sexe, résistantes… Parmi les survivants, le résistant Pierre Seel, qui a assisté à l'exécution publique de son amant, dévoré par des chiens sous les yeux des prisonniers, au camp de Schirmeck. Autre victime, l'écrivain néerlandais Willem Arondeus, fusillé en 1943, dont les derniers mots seront : « *Dites au monde que les homosexuels ne sont pas des lâches.* » Prisonnière à Ravensbrück, Henny Schermann est assassinée à Bernbourg et l'artiste Elfriede Lohse-Wächtler euthanasiée en hôpital psychiatrique. Parallèlement, les rangs des LGBTQ+ comptent de nombreux héros : Daniel Cordier, secrétaire de Jean Moulin, Joséphine Baker, Alan Turing, Frieda Belinfante, Albrecht Becker, Yvonne Ziegler et Suzanne Leclézio, Lucy Salani…

Après ce conflit, en Occident, les femmes, les non-caucasiens et les minorités sexuelles se mobilisent pour en finir avec la répression, qu'elles prennent la forme des purges du sénateur McCarthy, orchestrées par Roy Cohn (futur mentor – gay – de Donald Trump), ou du harcèlement policier en France, en Allemagne et au Royaume-Uni. Des premiers affrontements entre la police et la communauté LGBTQ à la fin des années 1950 à Los Angeles jusqu'à son acmé à New York en 1969 (« les émeutes de Stonewall ») aux premières marches des fiertés, en passant par la naissance de collectifs politisés, tout converge vers un militantisme structuré et des transpositions dans le droit. Cette lutte multilatérale s'accompagne d'un mouvement artistique queer dans tous les domaines. En musique, le disco envahit les pistes de danses, et Elton John, Jimmy Sommerville, Boy George, Freddie Mercury, David Bowie, Klaus Nomi, Divine, Sylvester, Marc Almond, George Michael grimpent au sommet des hit-parades.

En France, le 20 décembre 1981, Robert Badinter clame à l'Assemblée nationale : « *Il n'est que temps de prendre conscience de tout ce que la France doit aux homosexuels, comme à tous ses autres citoyens dans tant de domaines.* » La loi abrogeant définitivement le « délit d'homosexualité » est promulguée le 4 août 1982. La fête est rapidement gâchée avec la propagation d'un virus. Aux États-Unis, en septembre de la même année, les Centers for Disease Control and Prevention nomment officiellement la maladie « Acquired Immune Deficiency Syndrome » (AIDS, ou sida en français). Un autre combat s'annonce. Il sera long et tragique. Plus de 42 millions de personnes meurent du sida en une quarantaine d'années dans le monde entier.

Dans le même temps, les LGBTQ+ obtiennent davantage de droits. En 1990, l'Organisation mondiale de la santé retire l'homosexualité de la Classification internationale des maladies. En 1996, l'Afrique du Sud adopte sa nouvelle constitution, qui interdit toute discrimination basée sur l'orientation sexuelle. En 1999, la France adopte le Pacte civil de solidarité, offrant une reconnaissance légale aux couples de même sexe. En 2001, les Pays-Bas deviennent le premier pays au monde à légaliser le mariage entre personnes de même sexe ; 37 pays suivront, dont le dernier en date, la Thaïlande en janvier 2025.

Pourtant, à voir la représentation de l'homosexualité au cinéma, rares sont les histoires qui traduisent ce mouvement positif. *Les Nuits fauves*, *The Crying Game*, *Happy Together*, *Monster*, *Brockeback Mountain*, *Shortbus*, *120 battements par minute*, *Emilia Pérez* prolongent cette « tradition » romanesque d'une forme de malédiction. Ce sont surtout les cinéastes LGBTQ+ (Almodóvar, Sciamma, Haynes…) et les séries qui révolutionnent la diversité sexuelle à l'image (*Sense8*, *Orange Is the New Black*, *Elite*, *The L Word*, *Heartsopper*, *Pose*, etc.).

Tout cela influence fortement les débats sociétaux et les études sociologiques dans un contexte de plus en plus identitaire. Intersectionnalité, inclusion et non-binarité s'invitent dans les lexiques. Les luttes évoluent. Parfois clivantes, parfois crispées. Mais plus que jamais vitales.

Car l'horizon s'assombrit. En France, les crimes et délits anti-LGBTQ+ ont connu une augmentation significative (2 870 en 2023 contre 1 400 en 2016, selon le ministère de l'Intérieur). Les relations homosexuelles sont toujours illégales dans plus de 60 États. Dans 12 pays, elles restent passibles de la peine de mort. Encore une fois, les LGBTQ+ sont la cible des régimes autoritaires ou populistes. Qu'est-ce-qu'on a fait pour mériter ça ?

Des lois répressives criminalisant homosexuels et transsexuels, d'autres interdisant la « propagande gay », sont instaurées en Russie, en Turquie et en Hongrie, des pays africains appellent à l'éradication des homosexuels. Depuis son retour au pouvoir, Donald Trump a intensifié les politiques anti-LGBTQ+ en restreignant les droits des personnes trans, en révoquant des protections fédérales, telles que la reconnaissance des identités de genre sur les passeports et en supprimant des ressources LGBTQ+ sur les sites gouvernementaux. Tous les termes liés à l'orientation sexuelle ont été censurés par un de ses décrets présidentiels.

Dans *No Name in the Street*, James Baldwin alerte : « *Il est certain, en tout cas, que l'ignorance, alliée au pouvoir, est l'ennemi le plus féroce que la justice puisse avoir.* » Plus idéalement, l'auteur afro-américain, émigré en France, a espéré qu'à l'avenir, « *personne n'aura à se dire gay.* [...] *Il répond à un faux argument, à une fausse accusation... que vous n'avez pas le droit d'être ici, que vous devez prouver votre droit d'être ici. Je dis que je n'ai rien à prouver. Le monde m'appartient aussi* ».

James Miranda Barry

1789 ou 1799-1865

Médecin et chirurgien, il marque l'Histoire pour avoir vécu en tant qu'homme tout en étant biologiquement une femme. L'humanité lui doit la réussite de la première césarienne, entre autres interventions chirurgicales innovantes, et une réflexion salutaire sur les pratiques médicales à destination des déshérités.

Le chirurgien James Miranda Stuart Barry met au monde un garçon. Rien de plus banal pour un médecin. Excepté que dans les années 1820, Barry mène à bien la première césarienne en Afrique sans provoquer la mort de la mère et/ou de son bébé. En son honneur, la mère et son entourage décident de baptiser l'enfant James Barry Munnik et lui demande d'en être le parrain. Ignorant que James est né Margaret Ann Bulkley.

Retour en arrière. Selon l'historien Michael du Preez[1], James/Margaret serait, d'après une lettre de sa mère Mary Ann, née en 1789 en Irlande. Ce petit détail a son importance. Car le premier « mensonge » de Margaret concerne bien son âge. Différentes dates de naissance figurent sur divers documents officiels. Un subterfuge pour que l'identité masculine adoptée par l'intéressée colle à son apparence.

Margaret, nièce du grand artiste irlandais James Barry, connaît une enfance tourmentée, entre un père surendetté qui finira en prison et un frère inexistant. Jetées à la rue, mère et fille embarquent pour Londres au début du XIXe siècle en espérant que le célèbre oncle les aide. Las, il ne leur est d'aucun secours de son vivant. Mais le décès de celui-ci va changer le destin de la jeune adolescente. Sans emploi, elle se prépare à être préceptrice. Avec l'aide de sa mère et la complicité d'amis du défunt peintre, Margaret Bulkley change d'identité. Le nouveau James Barry peut ainsi intégrer une école de médecine. « Il » entre alors à l'université d'Édimbourg (Écosse) à presque 20 ans.

Jusqu'à sa mort, pendant 56 ans, James ne changera plus de prénom, ni de pronom. Dès sa « métamorphose », il demande à l'avocat de la famille, Daniel Reardon, connaissant tout du stratagème, que le courrier adressé à Margaret Bulkley soit transmis à sa mère, Mary Ann, qui devient « officiellement » sa tante.

Physiquement, il ressemble alors à un jeune garçon aux yeux bleus et à la voix perchée, aux traits fins et imberbes. Pour hausser son mètre cinquante, il porte des chaussures à talonnettes, et ne se défait pas de son chapeau à plumes, qui cache ses boucles blond vénitien. Cette

---

1. Michael Du Preez et Jeremy Dronfield, *Dr James Barry : A Woman Ahead of her Time*, Oneworld publications, 2016.

apparence d'adolescent prépubère manque de bloquer son inscription à l'université. Seule l'intervention du comte de Buchan, ami de feu son oncle, arrange la situation. Barry obtient son diplôme de docteur en médecine en 1812, avant de réussir l'examen du Royal College of Surgeons d'Angleterre. La première femme médecin britannique et l'une des premières du monde moderne ?

Mais Barry officie en tant qu'homme et l'assume. Dans une lettre à son frère, James écrit : « *Si je n'étais pas une fille, je serais un soldat !* » Enrôlé dans l'armée britannique, où l'examen médical pour un officier n'est pas requis, il est promu assistant médical puis élevé au grade d'assistant chirurgien des forces armées fin 1815.

L'existence du jeune médecin connaît un nouveau tournant. À 27 ans, doté d'une formation militaire, il est affecté au Cap, en Afrique du Sud, « jeune » colonie britannique fondée par l'empire de Sa Gracieuse et Déclinante Majesté, le roi George III. À son arrivée, le gouverneur, le très controversé Lord Charles Somerset, lui demande de guérir sa fille malade. Après un traitement efficace, voilà James Barry dans les petits papiers du notable (qui en fait son médecin personnel) puis promu inspecteur médical colonial – promotion insolite vu son faible grade militaire. Si la gestion coloniale de Somerset fait l'objet de critiques, cette nomination est sans doute à mettre à son crédit. Les dix années de service de Barry ont profondément transformé la région. Il a amélioré le système hydraulique de la ville et les conditions des parias (esclaves, prisonniers, malades mentaux), créé un refuge pour les lépreux. Et comme mentionné plus haut, notre médecin a pratiqué avec succès de nombreuses césariennes.

Zélé, critiquant ouvertement les pratiques médicales des autorités locales, Barry se fait quelques ennemis. Des rumeurs enflent autour de sa relation avec le gouverneur – Somerset aurait ainsi été surpris en train de « *sodomiser le Dr Barry* ». Ce qui provoque une enquête et un procès, puisque l'homosexualité est illégale dans l'empire britannique. Si Somerset a eu connaissance de la véritable identité de son médecin, il ne l'a jamais divulguée.

Le gouverneur quitte son poste et Le Cap en 1826. Barry continue son ascension, nommé chirurgien des forces armées en 1827. Mais Lord Somerset tombe malade. Le climat anglais ne lui réussit pas. Sans permission, et malgré les risques encourus, James retourne outre-Manche, où il reste deux ans, jusqu'au décès de son patient. Après cette parenthèse, il est détaché en Jamaïque puis dans l'île très retirée de Sainte-Hélène, en 1836. Là, un différend avec un autre chirurgien militaire le mène tout droit à la prison et à la cour martiale pour « *conduite indigne d'un officier et d'un gentleman* ». Déclaré non coupable, il est acquitté et transféré aux petites Antilles, où il continue d'appliquer ses nouvelles méthodes de santé publique. Promu officier médical principal, sa carrière ne cesse de progresser quand il attrape la fièvre jaune. Il revient au pays pour s'y soigner, avant d'être affecté à Malte, où il doit faire face à une épidémie de choléra, qu'il parvient à juguler. Puis il débarque à Corfou, en tant qu'inspecteur général adjoint des hôpitaux, et vient renforcer les effectifs médicaux lors de la guerre de Crimée.

En 1857, Barry traverse de nouveau l'Atlantique pour occuper la fonction d'inspecteur général des hôpitaux au Canada. Il y milite pour de meilleures conditions alimentaires, sanitaires et médicales pour les prisonniers, les soldats, les femmes et autres déshérités : l'accès aux soins pour tous afin de traiter tout le monde à égalité. Il change le régime de base prescrit aux plus modestes, qui consiste en un simple ragoût. Il contribue à l'amélioration de systèmes d'évacuation des eaux usées et d'installations sanitaires dans les casernes. Il impose le lavage des mains et proscrit le chauffage au charbon. Les paillasses en paille sont remplacées par des matelas en crin et des oreillers en plumes. Il lutte pour favoriser la condition des soldats mariés, vivant avec leurs épouses dans les mêmes dortoirs que les soldats célibataires, dont ils ne sont séparés que par un mince rideau. Pour le médecin, cette situation déshumanisante et cette promiscuité sont les vecteurs de multiples maux. Malgré une forte opposition à tous les niveaux de l'armée, il institutionnalise le logement des soldats mariés et combat l'alcoolisme chronique des militaires.

Au cours de sa carrière, Barry met également au point un traitement à base de plantes pour soigner la syphilis et la gonorrhée, qu'il enseigne aux médecins locaux. Ce travail médico-social, par lequel prévention et hygiène comptent autant que les soins et les remèdes, constitue son plus grand apport à la science. Quitte à se fâcher avec dirigeants, officiers, membres du corps médical, confortablement installés dans un esprit colonialiste au sein d'une hiérarchie réglementée.

Avant-gardiste, anticonformiste, sans tact et brutal quand il s'agit d'imposer ses idées, Barry est régulièrement critiqué pour son comportement. On le juge impatient, opiniâtre et fougueux. Il affirme que son allure féminine est liée à une naissance prématurée. Et pour tenter de l'amoindrir, il emploie des méthodes un peu brusques et même grossières, qu'on qualifierait aujourd'hui de harcèlement moral et d'agression verbale.

Tous se méfient de cet homme compétent, attentionné, séduisant, végétarien, antiraciste, abstinent, collectionnant les plantes et attaché aux animaux. Accompagné jusqu'à la fin de sa vie de son fidèle serviteur, surnommé « Black John », et de son chien, Psyché (ça ne s'invente pas), James Barry se voit contraint de prendre sa retraite à l'âge avancé (pour l'époque) de 70 ans. Il meurt cinq années plus tard de dysenterie.

Personne ne connaît encore sa véritable identité. Barry a toujours refusé que quiconque entre dans sa chambre pendant qu'il s'habille. Il a aussi donné des instructions strictes pour qu'à son décès son corps ne subisse aucune inspection, demandant à être enterré dans ses draps de lit. Hélas, une domestique, chargée de préparer le corps du défunt pour ses funérailles, révèle la supercherie. Parce qu'elle n'a pas été payée pour ses services, elle divulgue l'histoire à la presse. Évidemment, les journaux se délectent du scandale. Charles Dickens s'empare de cette histoire pour écrire une nouvelle romancée (*A Mystery Still*[2]) dans le périodique *All the Year Round.*

On peut ainsi lire sous la plume de l'écrivain la fin fictive du grand médecin, racontée du point de vue du serviteur : « *Comme beaucoup d'autres, il* [a] *toujours trouvé que le "général" était "différent des autres, d'une manière ou d'une autre". Des rumeurs sur le sexe du docteur circulaient depuis un certain temps, mais John affirma qu'il n'y avait jamais pleinement cru. Il avait vécu avec le "général" pendant trois ans et, quels que soient ses doutes initiaux, il les avait finalement mis de côté. D'après le récit de John, la pauvre défunte – désignée de manière cruelle comme "la vieille fille" par un professionnel insensible à sa tâche – n'avait pas reçu, lors de ses derniers soins mortuaires, le respect qui lui avait toujours été accordé au cours de sa carrière militaire.* [...] *Le rapport indiquait qu'après une autopsie, il avait été établi que le docteur James, membre du service de Sa Majesté, était non seulement une femme, mais qu'elle avait été mère très jeune. Les biens de la défunte furent saisis par des agents accrédités.* [...] *James n'avait laissé aucun testament. Il n'y avait rien à léguer, à part son pauvre chien. Le docteur James fut enterré à Kensal Green à la fin du mois de juillet 1865, et son nom fut enregistré sous celui qu'il portait depuis son entrée dans l'armée en tant qu'assistant médical.* »

2. Traduit en français sous le titre *Le Mystère d'Edwin Drood.*

La décision quant au sexe du défunt est prise entre gentlemen. Le major D. R. McKinnon, médecin de Barry, affirme ainsi auprès du chargé des actes de décès : « *J'ai connu intimement ce gentleman pendant de nombreuses années, tant aux Antilles qu'en Angleterre, et je n'ai jamais eu le moindre soupçon que le Dr Barry était une femme. Je l'ai soigné pendant sa dernière maladie, et pendant plusieurs mois précédemment pour une bronchite.* [...] *Cela ne me concernait pas de savoir si Barry était un homme ou une femme – qu'il était aussi probable qu'il ne soit ni l'un ni l'autre, c'est-à-dire un homme imparfaitement développé.* [...] *Selon moi, Barry était un hermaphrodite. Mais qu'il soit homme, femme ou hermaphrodite, je l'ignore, et je n'avais aucun intérêt à découvrir la vérité, car je pouvais jurer que le corps était celui de la personne que j'avais connue comme inspecteur général des hôpitaux pendant huit ou neuf ans.* »

L'armée étouffe l'affaire et scelle les dossiers pour cent ans. Secret d'État. C'est d'autant plus regrettable que cela empêche de considérer les accomplissements de Barry. Isabelle Bauthian, autrice de la BD *La Vie mystérieuse, insolente et héroïque du Dr James Barry*, constate : « *À partir du moment où les gens ont su que c'était une femme, elle a été moquée dans la fiction, des articles pseudo-scientifiques l'ont fait passer pour une jeune femme énamourée qui avait fait semblant d'être médecin pour rejoindre un amant en Afrique du Sud. Parce que ce n'était pas possible qu'une femme ait fait ça.* »

En cela, la théorie de son intersexualité est une hypocrisie misogyne. La biographe Carlotta Hacker explique dans *The Indomitable Lady Doctors* : « *L'histoire du Dr Barry illustre de manière extrême les efforts auxquels une femme devait se résoudre pour briser les barrières des préjugés et de la morale conventionnelle, qui lui interdisaient l'accès à une profession devenue exclusivement masculine. Aucune des femmes qui ont succédé au Dr Barry n'a dû recourir à la ruse de se déguiser en homme, mais chacune a dû mener de rudes combats pour être admise dans une école de médecine, gagner l'acceptation de ses camarades masculins et collègues, obtenir une licence auprès de l'organisme compétent et mériter le respect de sa clientèle. »*

La première femme médecin du Canada est répertoriée en 1867, dix ans après la prise de poste à Montréal du Dr Barry. Les femmes sont enfin autorisées à étudier la médecine en France en 1868. Deux ans plus tard, la première femme médecin exerce en Grande-Bretagne. Par ailleurs, James Barry ne constitue pas un cas unique à cette époque. Après les guerres napoléoniennes, Enriqueta Favez doit prendre l'apparence d'un homme pour exercer la chirurgie à Cuba. Sarah Emma Edmonds s'habille aussi en homme pour être intégrée en tant qu'infirmier dans l'armée de l'Union durant la guerre de Sécession.

Alors Barry a-t-elle été la première femme ou bien le premier transgenre à avoir pratiqué la médecine ? On ignore quel regard il portait sur son identité. Il a choisi de passer toute sa vie d'adulte en tant qu'homme. Pour la postérité, des historiens ont révisé leur manuel. Selon eux, John « Miranda Stuart » Barry a été la première femme britannique, cinquante ans avant Elizabeth Anderson, ou le premier Anglais transgenre, un siècle avant Michael Dillon, autorisé à pratiquer la médecine.

Et le petit garçon né par césarienne dans les années 1820 ? Son nom, James Barry Munnik, a été transmis à ses descendants. En 1866, l'un d'eux, James Barry Munnik Hertzog, voit le jour près du Cap. Il sera Premier ministre de l'Afrique du Sud entre les deux guerres mondiales.

Honoré de Balzac

1799-1850

La Comédie humaine : une œuvre monstre, miroir d'un pays, qui a, _in fine_, posé les jalons du roman moderne. Un cycle romanesque à la fois scientifique, naturaliste et philosophique. Un alliage inédit où la société est analysée comme on classifie les espèces et expérimente diverses actions pour en scruter les réactions.

De tous les écrivains du XIXe siècle ayant eu des relations homosexuelles avérées – Paul Verlaine, Gustave Flaubert, Jules Barbey d'Aurevilly, Gérard de Nerval, Astolphe de Custine… –, Honoré de Balzac est celui qui a le plus marqué la littérature de l'époque en introduisant l'homosexualité à travers quelques personnages emblématiques.

Le délit de sodomie a été retiré du Code pénal en 1791. Cependant, l'homosexualité et la bisexualité restent des pratiques liées à l'élite, et surtout des symboles d'une perversion dont il faut se débarrasser. La répression s'accentue sous Napoléon. La police, zélée, poursuit et condamne les homosexuels pour incitation à la débauche ou atteinte à la pudeur. Des citoyens les traquent aux Tuileries ou au Palais Royal.

Quand Balzac écrit ses premiers livres à la fin des années 1820, la répression sociale et légale de l'homosexualité en France reste prédominante. Elle conduit la plupart des auteurs à dissimuler leurs orientations sexuelles, en particulier dans leurs écrits publics. Il faut donc décoder leurs désirs à travers leur correspondance, leurs relations personnelles ou les sous-textes présents dans leurs œuvres.

Dans ces différents échanges épistolaires, le Tourangeau ne cache pas ses amitiés intimes et ambiguës avec le dramaturge Jules Sandeau ou le journaliste et romancier Henri de Latouche, à l'origine du premier personnage androgyne de la littérature moderne, à qui il écrit : « *Vous me prenez* [...] *par le sentiment que j'ai pour vous, venez donc vous faire foutre ici ; et au plus vite.* » Et que dire de cette lettre à l'écrivain Eugène Sue, auquel il envoie un fougueux : « *J'admire votre prépuce et je suis le vôtre.* »

Au peintre Laurent-Jan, qui fut son meilleur ami, son secrétaire fondé de pouvoir, son prête-plume littéraire et son amour, Balzac adresse des « *mon chéri* » et lui écrit : « *Je me presse sur ton gros sein.* » Qu'il ait pratiqué le plaisir de la chair avec ces proches, qu'il ait sublimé leur relation plus que fraternelle ou qu'il ait eu quelques aventures de jeunesse, l'auteur des *Illusions perdues* ne cachait pas ses fantasmes homosexuels, même si de nombreuses biographies préfèrent s'épancher sur ses liaisons féminines. Les contemporains de Balzac affirment ainsi les penchants gays de l'écrivain quand, aujourd'hui, on les qualifie « d'hypothèse ».

Il ne faut pas non plus oublier ses fraternités avec des homosexuels notoires : le marquis de Custine, dédicataire de *L'Auberge rouge*, dont la carrière fut brisée par un procès impliquant son homosexualité, ou l'universitaire et député Abel-François Villemain, mentionné dans dix livres de Balzac, et pris en flagrant délit dans les bras d'un jeune homme et cible de maîtres-chanteurs.

Issu d'une famille bourgeoise modeste, entre un père rigide et une mère distante, Honoré de Balzac n'a eu de cesse d'appartenir à l'aristocratie, affirmant un goût pour le luxe (ce qui lui a valu de nombreux soucis financiers). Arrogant, sûr de son talent, menant une vie d'excès, avide d'argent, de gloire et de reconnaissance, il a accumulé déménagements, dettes, faillites, associations douteuses, vivant dans un tourbillon de luxe et d'instabilité entre faste et ruine. Sensible mais possessif, sa vie amoureuse n'a pas été moins intense. Il a aimé de nombreuses femmes mariées, parmi lesquelles la comtesse polonaise Ewelina Hańska, qu'il finira par épouser, et Marie Daminois, qui lui donnera une fille naturelle, et son unique héritière, Marie-Caroline du Fresnay.

Ceci explique l'approche complexe de la sexualité et des désirs dans son œuvre. Ses excès, son mysticisme et son romantisme se mêlent à ses passions physiques. De manière assez crue pour ce début de siècle révolutionnaire et conservateur, il dépeint la sexualité comme une source de désir, de dépendance et de pouvoir. Rarement libératrice, ni même joyeuse, elle est plutôt perçue comme une force destructrice, un outil de manipulation ou une lourde croix à porter.

De même, l'auteur, définitivement queer, remodèle les genres. Les personnages féminins expriment ainsi une indépendance ou une force habituellement attribuée aux hommes, et les hommes montrent une sensibilité ou une dépendance inhabituelles, selon les conventions établies. Balzac brouille donc les frontières entre les rôles traditionnels.

En abordant l'homosexualité de manière voilée dans ses romans, il met un pied dans la porte du placard. À l'écart de l'hypocrisie ambiante et des jugements moraux péremptoires, il dissémine dans ses pages un sous-texte explicite. Les thèmes homoérotiques sont flagrants aux yeux des lecteurs avisés.

Ainsi va la comédie humaine. Dans *La Fille aux yeux d'or*, troisième volet de *L'Histoire des Treize*, Paquita Valdès, née aux Antilles d'une mère géorgienne, entretient une relation ambiguë et clairement passionnelle avec sa maîtresse, la marquise de San-Réal, extrêmement jalouse. Dans *Le Cousin Pons*, on peut aussi noter l'amitié entre Pons et Schmucke, si fusionnelle que ces deux personnages seront « *obscurément* » enterrés côte à côte.

Au risque d'être jugé scabreux (« *improper* » dans le texte), le banquier Godefroid de Beaudenord, dans *La Maison Nucingen*, s'entiche pour un groom, joliment appelé « tigre », « *un petit Irlandais, nommé Paddy, Joby, Toby (à volonté), trois pieds de haut, vingt pouces de large, figure de belette, des nerfs d'acier faits au gin, agile comme un écureuil, menant un landau avec une habileté qui ne s'est jamais trouvée en défaut ni à Londres ni à Paris, un œil de lézard, fin comme le mien, montant à cheval comme le vieux Franconi, les cheveux blonds comme ceux d'une vierge de Rubens, les joues roses, dissimulé comme un prince, instruit comme un avoué retiré, âgé de dix ans, enfin une vraie fleur de perversité, jouant et jurant, aimant les confitures et le punch, insulteur comme un feuilleton, hardi et chippeur comme un gamin de Paris* ». S'il n'était pas si jeune, on le classerait dans la catégorie des « twinks » de nos jours.

Et que dire de Sarrasine ? Prénom aux consonances si féminines attaché à un personnage si masculin dans le roman éponyme. Ce jeune sculpteur tombe amoureux d'une « cantatrice », Zambinella, un castrat. Ne se doutant de rien, Sarrasine persévère à le courtiser, provoquant ainsi de nombreux quiproquos. Même lorsque la vérité éclate, il poursuit son projet de vivre son amour, qui selon l'intéressé n'a rien d'anormal.

Mais c'est avec Vautrin, Jacques Collin de son vrai nom, héros récurrent, colonne vertébrale et point de vue de l'auteur de *La Comédie humaine*, que l'écrivain excelle dans l'ambivalence des sentiments et la défiance à l'égard des mœurs de son temps. Personnage mystérieux et charismatique, l'ancien forçat (en soi un personnage hors-la-loi) couve Eugène de Rastignac au-delà de la simple camaraderie, et le séduit en vain. Ainsi cette tirade déclarative dans *Le Père Goriot* : « *Mais je vous aime, moi. J'ai la passion de me dévouer pour un autre. Je l'ai déjà fait. Voyez-vous, mon petit, je vis dans une sphère plus élevée que celles des autres hommes. Je considère les actions comme des moyens, et ne vois que le but. Un homme est tout ou rien.* [...] *Mais un homme est un dieu quand il vous ressemble : ce n'est plus une machine couverte en peau, mais un théâtre où s'émeuvent les plus beaux sentiments, et je ne vis que par les sentiments.* »

De même, sa relation avec Lucien de Rubempré, « *femme manquée* », n'est pas que platonique. Avec sa silhouette fine et ses hanches conformes à celles d'une femme, le héros des *Illusions perdues* est habité par cette « *dépravation particulière aux diplomates* ». Vautrin agit d'abord en dominant avant de confesser son réel attachement au jeune homme. Lucien finira d'ailleurs comme de nombreux homosexuels : se sentant coupable de ses désirs, il met fin à ses jours dans *Splendeurs et misères des courtisanes*. Une mort littéraire qui, pour l'anecdote, a causé « *le plus grand chagrin* » de sa vie à Oscar Wilde.

En langage savamment crypté, les sous-entendus homosexuels fleurissent, même si tout reste implicite. Quoique… « *Apprenez un secret : il n'aime pas les femmes* », peut-on lire à propos de Vautrin dans *Le Père Goriot*. Incarnant à lui seul la subversion, l'arrivisme, la dissidence et la transgression, le personnage symbolise parfaitement l'idée que l'on se fait alors de l'inverti, rebelle vivant en dehors des normes sociales acceptées, homme aussi fascinant que dangereux.

Balzac, en grand portraitiste de la société, imagine les premiers personnages homosexuels marquants de la littérature, tout en se préservant de la censure. Pour la première fois, un personnage central d'une saga populaire, doté d'une réelle profondeur psychologique et d'un véritable rôle moteur dans la narration, est un homme, aux multiples identités, aimant les hommes, souvent plus jeunes et plus vulnérables.

Tel est aussi Théodore Calvi, jeune homme surnommé Madeleine, criminel travesti, qui fut naguère la « tante » de Vautrin, son ancien compagnon de bagne. Au fil des pages du *Père Goriot*, le romancier décrit également un Paris interlope comme cette « *pension bourgeoise des deux sexes et autres* », la Maison Vauquer, sise rive gauche, ou le « *quartier des tantes* », celui du « *troisième sexe* » dans une prison française.

Après tout, Balzac n'a eu qu'à regarder le monde qui l'entourait. Les archives de la police pullulent de faits divers et d'affaires de mœurs, impliquant notamment des notables de l'époque. Le mot « homosexualité » n'existait pas encore mais la langue française et son argot ne manquaient guère d'imagination pour décrire les relations entre personnes de même sexe.

À travers ses propres appétits, l'écrivain explore une sexualité différente des normes hétérosexuelles. Il essaie d'ailleurs d'en donner une vision normative, ce qui, en soi, est très audacieux pour l'époque. Il donne aux amours entre hommes, fussent-ils bandits ou arrivistes, une image moins négative, même si, souvent, ils s'achèvent en tragédie. À ce titre, l'auteur peut être considéré comme un pionnier, qui anticipe des représentations plus explicites de l'homosexualité dans la littérature future. Dans ce domaine ou d'autres (le cinéma, par exemple), l'image de l'homosexuel a longtemps été celle d'un être maudit, condamné à la souffrance ou à la marginalité.

Tout cela n'est que *Comédie humaine.* Une tranche de vies au fil d'un vaste cycle romanesque (91 romans et nouvelles en dix ans) tout au long duquel Balzac dépeint la société française, au fil de portraits et de lieux, avec la précision d'un historien des mœurs, dressant l'inventaire des vices et des vertus de l'époque. Une œuvre monstre, gargantuesque même, restée inachevée, miroir d'un pays, composée de près de 2 500 personnages, qui a, *in fine,* posé les jalons du roman moderne. Balzac a influencé l'art de l'écriture comme peu d'auteurs. En mêlant observation et complexité, fiction et réalité, romantisme et fantastique, conte et nouvelle, il introduit un nouveau genre, que l'on qualifierait d'hybride aujourd'hui. Hugo, Flaubert, Zola, Dostoïevski, Proust, Faulkner s'en inspireront.

« *Ce que l'on peut remarquer en effet, c'est qu'à dater de ce moment, la conception balzacienne du roman commence à triompher des autres, ou plutôt les absorbe, en quelque manière, et les ramène à soi* », relate en 1906 dans la *Revue des deux mondes*, Ferdinand Brunetière, historien de la littérature. Il reprend l'argument des frères Goncourt, un demi-siècle auparavant : « *Le roman, depuis Balzac, n'a plus rien de commun avec ce que nos pères entendaient par ce roman.* »

Émile Zola approfondit ce décryptage dans *Le Roman expérimental* (1880) : la « *besogne consistait à prendre l'homme, à le disséquer, à l'analyser dans sa chair et dans son cerveau.* [...] *Balzac étudiait plus particulièrement les tempéraments, reconstituait les milieux, amassait les documents humains, en prenant lui-même le titre de docteur ès sciences sociales. Comparez* Le Père Goriot *ou* La Cousine Bette *aux romans précédents, à ceux du dix-septième siècle comme à ceux du dix-huitième* [siècle], *et vous vous rendrez compte de l'évolution naturaliste accomplie.* »

La Comédie humaine s'avère à la fois scientifique, naturaliste et philosophique. Un alliage inédit où la société est analysée comme on classifie les espèces et expérimente diverses actions pour en scruter les réactions. Et souvent, les puissants et les forts, malgré leur immoralité et leur corruption, triomphent... Honoré de Balzac a créé le premier « univers » littéraire. Une franchise pourrait-on même écrire, avec ses suites et ses « spin-off », où s'entremêlent l'ingénierie des amours et des amitiés, parvenant difficilement à résister et exister face à la mécanique d'une société impitoyable.

« *Balzac, c'est le roman fait homme, c'est le roman tendu jusqu'à l'extrême de son possible, de sa vocation, c'est en quelque sorte le roman définitif, le roman absolu* », assénait Roland Barthes dans ses essais critiques en 1964.

Rosa Bonheur

1822-1899

Précurseur dans le domaine de la peinture animalière, femme artiste dans une époque dominée par les hommes, elle a ouvert la voie à d'autres femmes dans le monde de l'art, tout en défiant les normes sociales de son temps.

Des vaches, des béliers, des chats, des chiens, des chevaux… Rosa Bonheur, qui a peint d'innombrables animaux du quotidien de cette France rurale du XIXe siècle avec succès, a accédé de son vivant au statut d'artiste la plus « bankable » de son temps. Les scènes de chasse l'inspirent autant que les pâturages, les paysages (notamment les Pyrénées et l'Auvergne) et les bêtes sauvages. À l'écart de tout mouvement artistique, son naturalisme a séduit ses contemporains européens et américains. Pourtant, son œuvre sera mise au rancart de l'histoire de l'art durant le XXe siècle avant d'être réhabilitée à sa juste mesure ces dernières années.

Rosa Bonheur, bourgeoise bordelaise dont le père a fréquenté Francisco Goya, s'est épanouie très tôt dans les beaux-arts, comme ses frères et sœurs. La migration familiale à Paris s'accompagne d'un déclassement social et pécuniaire. Sa mère meurt dans la misère alors que Rosa n'est âgée que de onze ans seulement. Trois ans plus tard, en 1836, quand Balzac publie *La Vieille Fille*, l'adolescente rencontre Nathalie Micas, de deux ans sa cadette. L'union est consacrée par le père de Nathalie, un ingénieur tourné vers le progrès scientifique et homme de culture. Les deux jouvencelles ne se quitteront plus jusqu'à ce que la mort les sépare, cinq décennies plus tard. Rosa et Nathalie. Deux femmes d'exception dans un siècle en pleine mutation. Comme George Sand ou Marguerite Bellanger, elles obtiendront une permission de travestissement, c'est-à-dire l'autorisation de s'habiller en homme et de porter le pantalon. Renouvelable chaque semestre pour fréquenter les foires aux animaux ou monter à cheval autrement qu'en amazone.

Esprit libre plus que transgressif, Rosa trouve son bonheur dans les pinceaux. Elle est fortement influencée par les écrits du philosophe et théologien Félicité de La Mennais. Le prêtre écrit dans *Paroles d'un croyant* en 1834 : « *Quand les animaux souffrent, quand ils craignent, ou quand ils ont faim, ils poussent des cris plaintifs. Ces cris sont la prière qu'ils adressent à Dieu, et Dieu l'écoute. L'homme serait-il donc dans la création le seul être dont la voix ne dût jamais monter à l'oreille du Créateur ?* » L'âme des animaux et l'harmonie avec la nature, sources de toutes choses, traversent toutes les œuvres de Rosa Bonheur. Deux notions aujourd'hui fondamentales pour réfléchir à l'avenir de la planète et de sa biodiversité, comme aux nouveaux récits des « vivants ».

Les romans champêtres de George Sand (*La Mare au diable*, *François le champi* et *La Petite Fadette*, entre autres), parus à la fin des années 1840, font aussi écho à la France que dépeint Rosa. Le labeur des champs, la coexistence avec le bétail, le lyrisme de la campagne sont autant de traductions picturales d'une pensée qui résiste au progressisme de la révolution industrielle.

Dès ses premiers tableaux, tous d'inspiration animalière, désormais exposés à New York, Indianapolis, Varsovie, Stockholm ou Paris, l'artiste remporte des prix. En 1849, l'État américain lui commande *Labourage nivernais*. Délaissant le ciel, qui, d'un bleu pâle glissé derrière des nuages à l'azur plus prononcé, envahit une bonne partie de la toile, notre regard se concentre d'abord sur ces attelages de bœufs qui labourent les champs du Nivernais, avant de migrer vers les sillons terreux. Bonheur capte non seulement le mouvement des bestiaux, mais saisit aussi leur émotion, leur bien-être ou leur servilité. Elle les place au cœur même de leur environnement, entre terre marron et herbages plus ou moins verts.

L'aspect réaliste de son œuvre naît de l'étude en profondeur des anatomies animales, lors de visites de fermes et d'étables – des lieux où elle adore se rendre, de foires aux bestiaux, du Jardin des plantes ou de séances de dissection. De la même manière que Léonard de Vinci, sa représentation des textures, des mouvements et des expressions sont saisissantes. « *Ses dessins étaient tellement proches de la réalité qu'aujourd'hui ils sont utilisés pour retrouver les caractéristiques d'espèces disparues* », rappelle Marie Borin, la biographe de l'artiste. Un style presque scientifique, qui rompt avec les normes académiques. Avant-gardiste, Rosa Bonheur se concentre sur des sujets jugés « masculins » à l'époque (animaux de ferme, scènes rurales). Sa reconnaissance internationale ouvre la voie à d'autres femmes artistes, empêchées dans leur pratique par moult barrières sociales et financières. Son authenticité et sa virtuosité inspireront de nombreux peintres.

Avant Rosa Bonheur, les animaux apparaissent souvent comme des éléments de second plan dans les peintures historiques ou mythologiques. En leur donnant le rôle principal dans ses compositions et en insistant sur leur regard, leur souffrance et leur puissance, elle contribue à changer cette vision.

1855. Courbet dévoile *L'Atelier du peintre*, Degas révèle un superbe *Autoportrait*, Paul Huet émerveille le public avec *L'Inondation de Saint-Cloud*. Rosa Bonheur, 33 ans, présente à l'Exposition universelle *Le Marché aux chevaux*, d'après une frise du Parthénon, qui lui a demandé trois ans de travail. La critique et le public s'enthousiasment, la comparent à Géricault, maître du genre. Le gouvernement français acquiert la toile (avant que la peintre ne la récupère et ne la vende à un collectionneur étranger). En tant que femme, elle ne peut selon le règlement recevoir une récompense. Mais elle obtient une mention, partagée avec Jeanne-Mathilde Herbelin, précisant que les deux artistes « *jouiront à l'avenir, des prérogatives auxquelles leur talent éminent leur donne droit. Leurs ouvrages seront exposés sans être soumis à l'examen du jury* ».

Dès lors, elle se consacre entièrement à sa production, souvent vendue en amont. Théophile Gautier lui rend un bel hommage, bien que légèrement condescendant, dans *Les Beaux-arts en Europe* : « *Nous avons toujours professé une sincère estime pour le talent de mademoiselle Rosa Bonheur. Avec elle, il n'y a pas besoin de galanterie ; elle fait de l'art sérieusement, et l'on peut la traiter en homme. La peinture n'est pas pour elle une variété de broderie au petit point. Sa* Fenaison en Auvergne, *quoiqu'elle n'ait pas obtenu le succès de son* Marché aux chevaux *du dernier Salon, n'en est pas moins une très belle chose.* »

L'impératrice Eugénie, admiratrice de son œuvre, lui remet les insignes de chevalière de la Légion d'honneur dans son atelier. Rosa Bonheur est la première femme artiste (et neuvième femme toutes catégories confondues) à recevoir cette distinction. « *Enfin, vous voilà chevalier.* [...] *J'ai voulu que le dernier acte de ma régence fût consacré à montrer qu'à mes yeux le génie n'a pas de sexe* », lui déclare l'épouse de Napoléon III. Vingt-deux ans plus tard, la peintre sera la première femme Officière. Elle a aussi le privilège d'être reçue personnellement par la reine Victoria.

Sa carrière étant lancée, consolidée par son sens aigu des affaires et son statut dorénavant incontesté, Rosa Bonheur s'installe à la campagne, à By, près de Fontainebleau (où sa demeure abrite un musée dédié à sa vie). Elle est la première femme à acheter un bien immobilier en son nom propre. Rosa aménage son lieu de travail et de villégiature pour accueillir des animaux. Dans ce véritable parc zoologique, lion, cerf, gazelle, singe, sanglier, perroquet et chevaux se côtoient à deux pas d'une forêt royale menacée, qu'elle parviendra à sauvegarder. L'artiste est une écologiste avant même que le mot ne soit créé – en 1910.

Résolument moderniste (l'électricité l'a très vite intéressée) et américanophile (adulée outre-Atlantique, elle s'est liée d'amitié avec Buffalo Bill qu'elle immortalise dans un splendide portrait), c'est son rapport à la nature qui la définit le mieux. Fascinée par la culture amérindienne, elle lutte ouvertement contre leur massacre.

Si elle ne se définit pas comme féministe, elle en porte tous les combats. Parallèlement à son métier, elle succède à son père pour diriger l'École impériale gratuite de dessin pour les demoiselles. Durant ces onze années passées sur la rive gauche parisienne, elle en est l'unique enseignante. « *Suivez mes conseils et je ferai de vous des Léonard de Vinci en jupons* », dit-elle à ses élèves, qu'elle souhaite élever à la peinture tout en les incitant à s'émanciper. Elle confie d'ailleurs : « *Je n'ai aucune patience avec les femmes qui demandent la permission de penser.* »

Cheveux courts, la pipe ou le cigare à la bouche, garçon manqué qui s'assume, elle refuse de se marier pour ne pas dépendre d'un homme. L'historienne Armelle Féléat précise qu'« *elle a toujours vécu avec des femmes sous le régime du matrimoine, qui existait à l'époque* ». Elle sait s'accommoder des conventions de l'époque, tout en se souciant des convenances pour éviter les scandales.

Ses engagements en faveur des femmes et son choix d'une vie libre en font aujourd'hui une icône LGBTQ+. Pourtant, son amour des femmes reste contesté, voire nié. Les textes des expositions qui lui sont consacrées ne l'évoquent jamais. Nombreux sont ceux qui refusent encore de la considérer comme homosexuelle sous prétexte qu'il n'y a aucun indice sur ses relations intimes, elle-même ne parlant que d'« *amitiés divines* ». Mais depuis quand doit-on avoir des relations entre personnes du même sexe pour être identifié ou s'identifier comme tel ? Et quand bien même, pourquoi refuse-t-on de l'identifier comme homosexuelle ?

Est-ce notre regard moderne qui veut lui coller une étiquette ? Dans le contexte hétéronormé de l'époque, les lesbiennes sont invisibles. L'historienne Marion Cazaux confirme que « *Rosa Bonheur ne s'est jamais déclarée lesbienne. Pour les historiens de l'art plutôt conservateurs, il n'en existe pas de preuve ultime, bien que ce soit très marqué dans la matérialité* ». Cependant, elle ajoute : « *Il existe une correspondance très précise, et son testament en est pour moi une véritable preuve. Elle ne parle que des femmes de sa vie, fait* d'*Anna Klumpke son unique légataire alors qu'elle a des frères.* »

Dans ce document, on peut lire : « *Ne devant rien à personne, et n'ayant pas la moindre dette, libre de ma volonté et de ce que seule j'ai gagné par mon travail, n'ayant jamais eu ni amants, ni enfants.* » Elle décide de léguer la totalité de ses biens à sa « *sœur de la palette* », sa « *compagne artiste* », Anna-Elizabeth Klumpke : le château de By, son parc et son potager, les titres de rente, l'ensemble des œuvres dans ses ateliers. Pour Bonheur, « *la parfaite amitié* » prime sur les liens du sang. Pour ses obsèques, elle veut *« être inhumée dans le même caveau que mon amie, mademoiselle Nathalie-Jeanne Micas, ainsi que j'en ai le droit, ayant été sa légataire universelle et seule héritière et ainsi convenu entre nous : ce caveau m'appartient et se trouve au cimetière du Père-Lachaise, tombeau de la famille Micas, entretenu à mes frais par mon marbrier M. H. Édeline, demeurant rue du Repos* ».

Son héritage, fidèle à son aversion pour le patriarcat, ne profite qu'à des femmes : sa filleule, Rosa Justin Mathieu, sa sœur Jenny et sa domestique Céline sont également citées. Les hommes ne doivent pas, selon elle, « *compter sur l'héritage d'une femme dont le travail a souvent été interrompu par les conditions de son sexe* ».

Dans une lettre jointe au testament, Rosa Bonheur évoque son existence après la disparition de Nathalie Micas : « *Je désire qu'on sache que vivant seule, et souvent malade depuis la perte cruelle de ma vénérée amie mademoiselle Micas, n'ayant plus d'amie pour prendre mes intérêts et m'aider à tenir en ordre ma maison, la vie ne m'était plus absolument aimable…* » Arrive mademoiselle Klumpke, venue faire le portrait de cette femme toujours en feu : « *C'est après avoir passé près de trois mois d'une vue devenue charmante, le caractère loyal, franc et noble de mademoiselle Anna Klumpke m'ayant attachée sérieusement à elle et très attristée de son départ, que je lui ai proposé de rester auprès de moi et à ma grande joie, après avoir eu le temps de réfléchir, mademoiselle Klumpke s'est décidée à rester en France et à partager ma vie à la campagne.* »

« *J'ai pensé que maintenant, j'avais le droit de vivre pour moi et de disposer à mon gré de mon bien personnel, n'ayant eu ni enfants, ni tendresse pour le sexe fort, si ce n'est pour une franche et bonne amitié pour ceux qui avaient toute mon estime* », précise-t-elle.

Anna Klumpke rapporte les propos piochés dans le *Journal* de la peintre à propos de Nathalie Micas : « *On a cherché à rendre suspecte l'affection que nous éprouvions l'une pour l'autre. Il semblait extraordinaire que nous fassions bourse commune, que nous nous soyons légué réciproquement tous nos biens. Si j'avais été un homme, je l'aurais épousée et l'on n'eût pu inventer toutes ces sottes histoires. Je me serais créé une famille, j'aurais eu des enfants qui auraient hérité de moi et personne n'aurait eu le droit de réclamer.* »

Rosa Bonheur, féministe, environnementaliste, anticonformiste, aura été bien plus qu'un des grands noms de l'Art. Il faudra attendre les années 1970 pour qu'elle soit sortie de l'oubli et réhabilitée. Des guinguettes parisiennes populaires portent aujourd'hui son nom : celle des Buttes-Chaumont tient un rôle primordial dans la trilogie *Vernon Subutex* de Virginie Despentes. Des rues et des bâtiments, et même un cratère sur Vénus, sont baptisés en son honneur. Les plus grands musées lui consacrent des rétrospectives. Sa valeur s'envole lors des ventes aux enchères (son *Étude pour l'émigration des bisons* s'est arrachée à 240 000 euros en mars 2024).

Icône queer, femme hors-norme, Rosa Bonheur repose au Père-Lachaise, en compagnie de Nathalie Micas et d'Anna Klumpke. Le romantisme absolu.

Magnus Hirschfeld

1868-1935

Ce médecin allemand théorise la diversité sexuelle, invente le terme « travesti » et contribue à la première opération chirurgicale de changement de sexe. Fondateur de l'Institut de sexologie, il est aussi l'un des activistes pionniers pour la reconnaissance des droits LGBTQ.

Dans une salle de cinéma parisienne, en 1933, Magnus Hirschfeld regarde les actualités. Il y voit son Institut de sexologie de Berlin en flammes. Des milliers de livres de la bibliothèque – 20 000 volumes et plus de 350 000 documents photographiques venus du monde entier – sont jetés au feu, place de l'Opéra. C'est l'un des plus importants autodafés des nazis. Tout est pillé et saccagé. Des années de travail réduites en cendres. Adieu Berlin ! La ville queer des années 1920, avec ses 170 clubs, bars et pubs pour homosexuels, avec ses associations politiques engagées pour l'égalité des droits, éteint ses lumières pour une longue nuit.

Comme son père, Magnus Hirschfeld se fait médecin. Diplômé en 1892, il s'intéresse à la naturopathie et à la sexualité. Rappelons le contexte. Le journaliste austro-hongrois Karl-Maria Kertbeny forge les termes « homosexuel » et « hétérosexuel » en 1868, puis « homosexualité » en 1869. Le psychiatre Richard von Krafft-Ebing popularise ce vocable dans son ouvrage *Psychopathia sexualis* publié en 1886. Dès les années 1890, il se répand dans toute l'Europe. Les philosophes de l'époque, tels Nietzsche, ou le neurologue Sigmund Freud, font émerger de nouvelles théories sur la sexualité humaine. Mais selon eux, le corps humain reste clairement et naturellement divisé entre le masculin et le féminin. Charles Darwin, dans *La Filiation de l'homme et la sélection liée au sexe,* étudie avec plus de nuances les variations sexuelles dans le monde naturel (des végétaux aux vers de terre en passant par les vertébrés), abordant ainsi les intersexualités, les transformations de sexe et les comportements sexuels non reproductifs. Sur cet aspect, l'étude d'Edward Irenaeus Prime-Stevenson, *The Intersexes : a History of Similisexualism as a Problem in Social Life,* parue en 1908, va influencer de nombreux chercheurs.

Si le sujet attire autant l'attention, c'est en partie à cause du procès d'Oscar Wilde, qui a connu un énorme retentissement dans l'Europe entière. En 1895, l'écrivain anglais est condamné à deux ans de travaux forcés pour « *grave immoralité* », accusé d'outrage aux bonnes mœurs et de sodomie. Peu après, l'affaire Harden-Eulenburg, un scandale politico-sexuel impliquant des accusations d'homosexualité, vraies et fausses, à l'encontre des proches de Guillaume II, éclabousse l'empereur. Magnus Hirschfeld, appelé comme expert au tribunal, intervient dans les procès pour défendre les accusés, des hauts dignitaires parmi lesquels Philipp zu Eulenburg, prince et confident de l'empereur, le général Kuno von Moltke, les officiers Maximilian von Lyncker et Wilhelm von Hohenau, et le diplomate Anton von Monts. Par son intervention, le médecin tente de faire évoluer les mentalités et d'imposer la science comme seul paramètre valable face à la morale souvent dictée par la religion.

Déjà réputé comme théoricien de la diversité sexuelle, Hirschfeld a co-fondé en 1908 la *Revue des sciences sexuelles*. Très vite, ses observations le portent à considérer la sexualité et le genre comme des spectres fluides, plutôt que des catégories binaires rigides. Ainsi, il soutient qu'il n'existe pas seulement deux genres ou deux orientations sexuelles (masculin/féminin, hétérosexuel/homosexuel), mais une multitude d'expressions naturelles et biologiques. Il propose une classification de « types intermédiaires » qui peuvent se combiner de diverses manières. Il établit quatre niveaux d'orientation sexuelle en fonction de critères tels que les organes sexuels, les caractéristiques physiques (pilosité, taille des épaules), les désirs sexuels et les caractéristiques psychiques. Il définit ainsi les personnes intersexuées, homosexuelles, bisexuelles et transgenres – autant de variations naturelles de l'humanité.

Ces théories se mêlent à un savoir empirique. Le médecin fréquente alors les lieux interlopes berlinois comme *L'Eldorado*, cabaret où comédiens et clients portent des vêtements de l'autre sexe. Hirschfeld invente, en 1910, le terme allemand « *Tranvestit* » (« travesti » en français) pour décrire les personnes désirant être vêtues à l'opposé de leur sexe, précisant que ce comportement n'est en rien révélateur de leur orientation sexuelle et relève d'une expression personnelle normale et non d'une maladie. Hirschfeld parvient encore à convaincre la police d'émettre des laissez-passer spéciaux pour les travestis afin qu'ils ne soient plus raflés, jugés et incarcérés.

« [Hirschfeld] *a découvert que les travestis n'étaient pas nécessairement homosexuels, comme la plupart des gens le pensaient.* [...] *Hirschfeld a retiré l'homosexualité du domaine de la maladie, l'a normalisée et a été un pionnier dans l'utilisation des grands échantillons* », soit un nombre important de cas étudiés, rappelle Jonathan Gathorne-Hardy dans son livre *Sex the Measure of All Things*.

Cela fait quinze ans que le médecin allemand réfléchit aux marges de la sexualité. Il a édité la brochure *Sappho et Socrate* (1896) traitant de l'amour entre personnes de même sexe, d'abord sous le pseudonyme de Theodor Ramien, puis quelques années plus tard sous sa réelle identité. Avec des membres de la revue *Der Eigene* (« *Le sien* »), première revue homosexuelle parue dans le monde (1896-1932), il fonde en 1897 le Wissenschaftlich-humanitäres Komitee (Comité scientifique humanitaire), première organisation destinée à lutter contre la pénalisation de l'homosexualité, dont la devise est *Per scientiam ad justitiam*, « *la justice grâce à la connaissance* ». Son objectif ? Supprimer le paragraphe 175 du Code pénal prussien, qui inflige cinq ans de prison et la suspension des droits civils aux personnes se livrant à des « *actes sexuels contre-nature perpétrés* [...] *entre personnes de sexe masculin ou entre hommes et animaux* ». Sous cette juridiction, toute personne « uraniste » s'expose donc à un risque social important. Pire, un projet de réforme du Code pénal vise à criminaliser également le lesbianisme, amenant Magnus Hirschfeld à s'allier à la féministe influente Helene Stöcker en 1911. Elle prône une « *révolution sexuelle* », s'oppose à la criminalisation de l'avortement et souhaite promouvoir la contraception et la santé des femmes. Autant de combats dans lesquels Hirschfeld va s'engager.

La cause connaît une véritable ampleur à partir des années 1920, avec le soutien – entre autres – des partis de gauche. « *La version actuelle du paragraphe 175 du Code pénal est inconciliable avec les progrès de la connaissance et incitent le corps législatif à modifier ce paragraphe le plus rapidement possible* », est-il écrit dans une pétition internationale qui recueille 6 000 signatures (dont celles de Stefan Zweig, Albert Einstein, Sigmund Freud, Léon Tolstoï, Rainer Maria Rilke…) et liste tous les arguments juridiques, sociologiques, scientifiques, médicaux (« *Attendu que, selon l'avis de tous les experts, le coït anal et oral est relativement rare dans l'échange sexuel inverti et, en tout cas, pas plus répandu que dans l'acte sexuel normal* ») et même historiques (« *Étant donné que, parmi ceux qui éprouvèrent cette sorte de sentiments, comme cela a été démontré non seulement pour l'Antiquité classique, mais pour toutes les époques, la nôtre comprise, se sont trouvés des hommes et des femmes de la plus grande valeur intellectuelle…* »). La suppression du paragraphe 175, responsable d'avoir fait subir d'atroces dommages aux homosexuels, ne sera votée qu'en 1994. Les victimes ont obtenu l'annulation des peines en 2002 (pour les condamnations des nazis) puis en 2017 (pour les condamnations d'après-guerre).

Avant la Première Guerre mondiale, Hirschfeld a co-fondé la Société médicale des sciences sexuelles. En 1919, il crée l'Institut de sexologie. Situé non loin du Bundestag et de l'actuelle Chancellerie, l'établissement est un lieu d'enseignement et de recherche, de conférences, mais aussi une bibliothèque dotée des premières archives LGBTQ+ et un centre médical, avec laboratoires et blocs opératoires. Il sert également de refuge pour les exclus de la société. Il accueille les femmes pour qu'elles puissent comprendre comment agir sur leur grossesse, leur contraception, leur sexualité. Des visiteurs, comme André Gide, sont reçus dans les appartements d'Hirschfeld au deuxième étage, où il vit avec son compagnon. L'écrivain Christopher Isherwood décrit ainsi le cabinet de curiosités du docteur : « *Il y avait là des fouets, des chaînes et des instruments de torture destinés à ceux pour qui la douleur est un plaisir ; des bottines à hauts talons, aux ornements compliqués, pour les fétichistes ; des dessous féminins à dentelles, qu'avaient portés sous leur uniforme des officiers prussiens d'une féroce virilité.* »

Tandis que Freud élabore, en dépit de forts préjugés, ses théories psychanalytiques sur l'identité de genre, les pulsions et le développement sexuel, Hirschfeld affirme que la sexualité humaine est le fruit d'une interaction complexe entre des facteurs biologiques (hormones, génétique) et psychologiques (émotions, expériences). Son approche multidisciplinaire vise à comprendre les multiples dimensions de l'identité et du comportement sexuel. Dans *Le Corps et l'Amour* (1930), il avance que les différences de sexes ne sont finalement que « *des différences de degrés* », reliées par « *une forme primitive unique* ».

Dans ces années 1920, il cherche à sensibiliser le public quant à la question de l'homosexualité en expliquant ses origines, innées[3], et non pathologiques, et en exposant les conséquences de l'exclusion subie par les LGBTQ+. « *Beaucoup de ces homosexuels vivent leurs années de jeunesse dans le plus complet isolement, beaucoup par un intense travail cérébral réduisent au silence leur penchant sexuel* », relate le médecin dans *Le Troisième Sexe.*

Dans *Histoire des mœurs pendant la Guerre mondiale*, Hirschfeld s'interroge sur toutes ces tragédies individuelles dont il est témoin. Willi Pape, un jeune homme préférant les vêtements féminins, a attiré l'attention de Magnus Hirschfeld après une tentative de suicide en 1909, conduisant à une reconnaissance publique de sa condition. Déjà, quelques années auparavant, il est marqué par l'acte d'un jeune soldat, qui, dans une lettre écrite juste avant de mettre fin à ses jours, espère que le médecin parviendra à obtenir une égalité des droits, ou, au moins, l'arrêt de l'injustice subie par toute personne à la sexualité moins « hétéronormée ». Engagé, Hirschfeld persévère et fonde en 1928 la Ligue mondiale pour la réforme sexuelle.

---

3. Cette théorie a été, depuis, contestée, nuancée et débattue grâce aux recherches et aux travaux en psychologie, sociologie, neurosciences et anthropologie.

Pionnier des études sur les personnes transgenres (personnes dont l'identité de genre diffère du sexe qu'il leur est assigné à la naissance), il milite pour qu'elles aient le droit d'accéder à des interventions médicales, traitements hormonaux ou chirurgicaux, et pouvoir aligner leur corps sur une identité de genre choisie. Son disciple, le médecin Harry Benjamin, approfondira ses travaux. Bien plus tard, dans les années 1950, Benjamin introduit le terme « transsexualisme ».

C'est en réalisant la première réassignation sexuelle que la réputation d'Hirschfeld dépasse les frontières. La première opération chirurgicale de transformation des organes génitaux sur l'artiste danoise Lili Elbe, probablement intersexuée, a lieu dans son institut. Première personne officiellement répertoriée pour avoir « transitionné » physiquement et civilement, Elbe subit quatre interventions, toutes expérimentales et à risques. Elle meurt un an et demi plus tard après une greffe d'utérus rejetée par son organisme.

Régulièrement arrêtée pour travestissement, Dora Richter est confiée à Hirschfeld par le juge qui la libère de prison. Les premiers effets physiques de sa première opération (une orchidectomie[4] en 1922) sont documentés par le psychiatre Felix Abraham : « *Sa castration a eu pour effet – bien que peu étendu – de rendre son corps plus plein, de restreindre la croissance de sa barbe, de rendre visibles les premiers signes du développement des seins.* » En 1931, les chirurgiens réalisent une pénectomie[5], et, dans la foulée, la première vaginoplastie[6] de l'histoire.

Pédagogue lié à tout le courant artistique berlinois, Hirschfeld participe au premier film militant, *Anders als die Anderen* (1920),

---

4. Ablation des testicules.
5. Ablation du pénis.
6. Création ou reconstruction d'un vagin.

dans lequel il joue son propre rôle pour délivrer son message. Malgré son succès, le film est retiré des salles après des incidents survenus lors des projections. Ses copies sont détruites. La censure frappe aussi le documentaire *Les Lois de l'amour* (1927) scénarisé par le médecin, également choisi comme conseiller scientifique du film muet *Prostitution* dans lequel un jeune étudiant défend le « plus vieux métier du monde » devant des institutions internationales. Parallèlement, il publie de nombreux livres de référence (*Die Homosexualität des Mannes und des Weibes* ou *L'Atlas des sexualités intermédiaires*, enrichi de 900 photographies et illustrations).

Défenseur des opprimés, protecteur de ses patients, conseiller personnel de dizaines d'homosexuels, introduisant le sexe dans le débat politique, Magnus Hirschfeld, juif et gay, s'attire logiquement les foudres des nazis. Souvent menacé et parfois violemment agressé, et ce dès le début des années 1920, il trouve une certaine liberté à travers les 176 conférences qu'il donne dans le monde entier. En Inde, on le surnomme le « *Vatsayana moderne de l'Ouest* », en référence à l'auteur du Kamasutra. Il est malgré tout contraint de s'exiler en 1933 à Nice. Car nul n'est prophète en son pays : en brûlant ses archives et ses travaux, l'Allemagne met sous couvercle des années de recherche et d'avancées dans le domaine de la sexualité.

Heureusement son patrimoine scientifique et culturel lui survit. Près de cinquante ans après sa mort sur la Côte d'Azur, des historiens et des militants homosexuels créent la Société Magnus-Hirschfeld à Berlin, et le fond archivistique de sexologie et d'études de genre de l'université Humboldt se voit rebaptiser « Archives Magnus-Hirschfeld ».

SERGE DE DIAGHILEV

1872-1929

De Saint-Pétersbourg à Paris, le jeune aristocrate russe va bouleverser l'art de la danse et du spectacle, révéler quelques-uns des plus grands talents du siècle et donner au ballet ses lettres de noblesse.

Mort à Venise. Et son nom sur la plaque d'une place parisienne, derrière l'Opéra. Rien ne prédestine Sergueï Pavlovich Diaghilev, né dans un village à deux cents kilomètres de Saint-Pétersbourg, à un tel voyage.

Sous le règne du réformateur libéral Alexandre II, Sergueï grandit au sein d'une famille noble, réputée pour son soutien aux arts et à la culture. Les Diaghilev possèdent aussi de vastes terres prospères. De quoi offrir au jeune Sergueï une éducation privilégiée. Mais il se cherche. Il trouve l'université « *merveilleuse* » car elle lui permet de ne pas entrer dans le monde du travail et de porter un uniforme élégant et une épée. Un peu fat, le beau Serge n'est pas encore un dandy, mais il en affiche déjà les manières et l'allure. En choisissant le droit, il sait qu'une carrière prestigieuse et confortable s'ouvre à lui. Peu studieux, sociable et affable, il profite de sa liberté : expositions, théâtre ou concerts, dîners... Il prend des leçons de chant et de musique, compose des romances, écrit des poèmes. Les cours comme les examens ne l'intéressent pas. Ses activités extra-scolaires retardent de deux ans l'obtention de son diplôme.

« *De toutes les merveilles que le monde avait à offrir, seul l'art promettait l'immortalité* », explique-t-il pour justifier ses choix professionnels. Son cursus achevé, plutôt que d'enfiler la robe d'avocat, il ouvre sa première exposition, avec 250 œuvres d'aquarellistes anglais et allemands. Il parfait ses connaissances en art, russe comme occidental, au sein d'un groupe, les Pickwickiens de Nevsky. Ses compétences en droit et un certain sens de l'organisation le rendent rapidement indispensable à ces artistes émergents. D'autres expositions suivront et contribueront à leur reconnaissance.

Durant l'été 1897, Diaghilev séjourne à Primel-Trégastel, dans le Finistère, où se trouve son ami le peintre Alexandre Benois, qui se souvient dans ses mémoires : « *À partir du moment où cet athlète de la volonté se mettait à vouloir, toute affaire commençait à devenir.* » Ils y posent les premières fondations du courant *Mir Iskusstva* (« Monde de l'art »). Avec Léon Bakst, l'année suivante, le duo lance la revue et le mouvement pour défendre l'Art nouveau en Russie. Diaghilev, directeur artistique du titre, conçoit la publication, luxueuse, et s'improvise critique d'art, malgré ses lacunes académiques dans le domaine. La revue s'érige en modèle : essais critiques, portraits d'artistes, photos, créations typographiques, illustrations... Sergueï trouve des annonceurs, cherche de nouveaux distributeurs. Se vante d'être incontournable.

En cette fin de XIXe siècle, le prince Serge Wolkonsky est nommé directeur des théâtres impériaux (Bolchoï, Mariinsky, Alexandrinsky, Maly). Critique théâtral dans *Mir Iskusstva*, et impressionné par les idées de Diaghilev, il le prend comme assistant avant d'en faire son chargé des productions. Diaghilev a déjà l'allure d'un « daddy » au visage un peu rondouillard, ses cheveux gris lui valent le surnom de « chinchilla ». Dans un astucieux mélange des genres, il embauche les membres de sa revue pour travailler sur les décors et les costumes, insufflant de la modernité dans les créations. Wolkonsky confie à Diaghilev sa première mise en scène en 1900, le ballet *Sylvia* du compositeur français Léo Delibes. Le résultat, sans doute trop novateur pour le prince, augure leurs divergences artistiques, appelées à s'amplifier jusqu'au point de non-retour. Diaghilev est viré. L'empereur prend son parti et renvoie Wolkonsky dans la foulée. Mais les premières graines des Ballets russes sont semées...

Ses années pétersbourgeoises forgent sa réputation et l'élèvent dans la hiérarchie sociale. Rouage essentiel de l'élite artistique, il est doué, indépendant et ambitieux. Il se surpasse lors d'une exposition de portraits russes des XVIIIe et XIXe siècles au palais de Tauride, splendide bâtisse de l'amant et favori de Catherine II, Grigori Potemkine. Deux mille trois cents œuvres d'art agrémentées de cartels instructifs, et une scénographie moderne et signifiante. Nous sommes en mars 1905. La Russie, en pleine révolution industrielle, connaît quelques violents épisodes : révolte paysanne, mutinerie du cuirassé *Potemkine*, grève générale...

Serge Diaghilev se désintéresse de tout cela. Il continue d'organiser des expositions thématiques de grande ampleur dans le but d'exporter la culture russe. Au Grand-Palais à Paris, lors du Salon d'automne de 1906, il réunit 750 œuvres signées d'une centaine d'artistes au sein de « Deux siècles d'art et de sculpture russe », qui, ainsi, côtoient les pièces récentes de Robert Delaunay, Henri Matisse, Paul Cézanne, Constantin Brancusi, et les rétrospectives de Paul Gauguin et de Gustave Courbet. La « mode russe » est lancée à Paris et contribue à en faire la nouvelle capitale des arts.

Chef de file du *soft power* russe, il organise en 1907 une série de concerts, où figurent Nikolaï Rimski-Korsakov, son professeur au Conservatoire, et Sergueï Rachmaninov. L'année suivante, il produit l'opéra *Boris Godounov* de Modeste Moussorgski. Son impressionnante direction artistique contribue au succès de cette création française, en dépit de lourdes pertes financières.

À 36 ans, Diaghilev est l'une des personnalités russes les plus notoires hors de ses frontières. Mais le fiasco économique de *Boris Godouno*v a failli stopper son ascension. Le discret Diaghilev se trouve à la croisée des chemins. Il ne s'est toujours pas remis de sa séparation avec le beau critique littéraire Dmitri Filosofov, après une liaison d'une dizaine d'années. De même, son amitié avec l'influente danseuse étoile Mathilde Kschessinska tourne court à cause de leurs désaccords. Et le Trésor russe refuse de contribuer à ses nouvelles tournées jugées trop coûteuses.

De cette impasse personnelle et professionnelle, Serge va se sortir avec audace. Il a fondé sa propre compagnie, les Ballets russes, en 1907. Il s'affranchit de ses tutelles traditionnelles, ajoute à son patronyme une particule pour séduire les mécènes français. Grâce au soutien financier de Misia Sert, muse de Gabriel Fauré et protectrice des artistes, il loue le théâtre du Châtelet. Le retour sur investissement ne se fait pas attendre : la première saison des Ballets russes, en 1909, est un triomphe. Les Parisiens découvrent les prodigieux talents d'Ida Rubinstein, d'Anna Pavlova, qui donnera son nom à la fameuse meringue moelleuse, et de Vaslav Nijinsky.

Dès 1911, les Ballets russes ont les moyens de devenir une compagnie privée indépendante, rompant avec le Ballet impérial tout en lui dérobant ses meilleurs danseurs. Le génie de Diaghilev est d'avoir allié la danse pratiquée à son plus haut niveau d'excellence à la musique novatrice et aux scénographies avant-gardistes. « *Le spectacle total, la synthèse des arts* », se souvient l'écrivain Marcel Schneider sur France Culture, à une époque où le ballet décline. Diaghilev le pressent : « *Le ballet est une forme d'art vivante, et comme toute chose vivante, il doit évoluer ou périr.* »

Il pioche dans le répertoire contemporain russe, collabore avec Debussy, Ravel, Satie ou Strauss. Car, parmi les idées révolutionnaires de Diaghilev, se niche l'ambition d'offrir à la musique de ballet une importance égale à celle de la danse. Un objectif atteint lorsqu'il commande à Igor Stravinsky deux de ses chefs-d'œuvre, *L'Oiseau de feu* et *Le Sacre du printemps.*

La chorégraphie du *Sacre* est créée par le danseur étoile, Vaslav Nijinsky. Sa technique exceptionnelle, ses sauts prodigieux et son jeu dramatique très expressif attirent le public. C'est que l'homme élève son art à un niveau exceptionnel. Dans *Le Spectre de la rose*, sa virtuosité impressionnante se conclut par un saut légendaire à travers une fenêtre. Nijinsky choque autant qu'il fascine, mêlant sensualité érotique et intensité tragique. Dieu de la danse, il ne peut que séduire Diaghilev, son amant, son protecteur et son pygmalion. Serge abuse de son emprise sur son favori, intervient dans tous les aspects de sa vie pendant cinq ans. Mais quand sa star épouse une aristocrate hongroise, Diaghilev se sent trahi et l'exclut immédiatement.

Les deux hommes collaborent difficilement une dernière fois lors d'une tournée américaine, mais ne se revoient plus après 1917. Le danseur sombre dans la schizophrénie et le producteur dans la tristesse.

Reste ce *Sacre du printemps.* Nijinski a déjà fait scandale avec le très sexuel *L'Après-midi d'un faune.* Ce n'est rien à côté du rejet que lui réserve le public du théâtre des Champs-Élysées pour ce nouveau ballet, radical. Le spectacle, inspiré de danses tribales, est révolutionnaire et préfigure la danse moderne, loin du gracieux pas de deux. Le chaos, la frénésie et la brutalité déconcertent les spectateurs autant que la musique dissonante et saccadée. Le spectacle engendre vacarme et bagarres entre *haters*, qui y voient une offense auditive et visuelle, et fans, qui louent l'esprit visionnaire du triumvirat Diaghilev-Stravinsky-Nijinski. L'œuvre, que le temps finira par consacrer, ouvre la voie à une danse plus abstraite.

Diaghilev remplace Nijinski par le danseur Léonide Massine, sur la scène comme dans son lit. La révolution russe de 1917 semble loin, même si le nouveau régime bolchevik condamne le directeur des Ballets russes à perpétuité, le contraignant à l'exil. L'histoire soviétique l'efface pendant toute la durée du XXe siècle. Il faut attendre le centenaire des Ballets russes pour que le gouvernement de Vladimir Poutine réhabilite Diaghilev au travers d'une exposition à Moscou – avant de déclarer la guerre aux LGBTQ+.

Mais revenons en 1917. Les Ballets russes présentent l'absurde *Parade* dont l'incroyable générique rassemble Massine (chorégraphie), Erik Satie (musique), Pablo Picasso (décors et costumes) et Jean Cocteau (livret). En 1921, Massine choisit pour la première fois une musique de Sergueï Prokoviev pour son ballet *Le Bouffon.* Une fois de plus, vie privée et travail font mauvais ménage : le possessif Diaghilev ne supporte pas que son cher Léonide fréquente une danseuse, Vera Savina. Il le chasse et lui substitue Serge Lifar en 1923.

Danseur et chorégraphe ukrainien, celui-ci est propulsé sur le devant de la scène. Lifar, bien plus tard, dirigera le ballet de l'Opéra de Paris, où il modernise à jamais le ballet français. C'est sans doute celui qui a le mieux analysé Diaghilev. « *La volonté créatrice de Diaghilev n'était pas épisodique : ses manifestations individuelles, les passions individuelles de Diaghilev étaient des épisodes, mais l'éternelle, constante brûlure, la passion éternelle de découvrir et de donner au monde la beauté créatrice n'est pas un épisode* », explique-t-il dans une archive radiophonique.

Durant les années folles, le feuilleton séduit moins. Les succès ne compensent pas le coût de productions fastueuses. Même si le public fait quelques infidélités à Diaghilev, son flair légendaire, lui, ne le trahit pas. Il lance le chorégraphe George Balanchine et le librettiste russe Boris Kochno, à la fois son amant et son secrétaire. Il intronise la première femme chorégraphe des Ballets (Bronislava Nijinska, sœur de Nijinsky). Il découvre le danseur britannique Anton Dolin (qui fonde ce qui deviendra le English National Ballet), avec qui il entretient également une liaison. Enfin, il révèle internationalement Sergueï Prokoviev. Selon le chef d'orchestre Igor Markevitch, il y a eu une « *époque Diaghilev* » durant laquelle l'intéressé aura été un « *agent provocateur du génie* ».

Trois ans après sa mort, en 1929, les Ballets russes de Monte-Carlo sont inaugurés et perpétuent la tradition durant trente ans. De nombreux membres de la compagnie déclinent le savoir-faire du fondateur dans le monde. Son héritage se diffuse jusqu'à nos jours au sein des répertoires des scènes les plus prestigieuses, à l'occasion de reprises des ballets les plus emblématiques. Son influence est également perceptible dans les créations des chorégraphes Jerome Robbins, Maurice Béjart ou Pina Bausch.

Cet apport inestimable pour la danse, ce talent « *irremplaçable* » selon Stravinsky, ne suffisent sans doute pas à excuser la personnalité toxique et tyrannique de Diaghilev. Certes, l'importance des Ballets est-elle passée avant son intérêt personnel. En vingt années de vie dédiées à sa compagnie, tout juste s'autorisera-t-il le luxe de collectionner les livres rares, comme Léonard de Vinci ou Frédéric II. Il ne se déplace jamais sans eux.

Le voici donc se reposant sur la lagune vénitienne… En plein été 1929, le diabète l'emporte à l'Hôtel des bains sur l'île du Lido à Venise, « *dans cette ville d'amour et de théâtre* » comme l'évoque Cocteau. Il s'éteint là où se déroule le film *Mort à Venise* de Luchino Visconti. Un dernier souffle. Peut-être a-t-il expié en prononçant un ultime « *Étonne-moi !* » et en rêvant d'un sublime chassé ou d'un impressionnant grand jeté.

Virginia Woolf

1882-1941

L'autrice britannique prolifique, inclassable et novatrice, a ouvert la voie au féminisme par sa critique du système patriarcal et de l'éducation genrée, et en prônant l'égalité des sexes et l'indépendance des femmes.

La musique mélancolique de Philip Glass annonce la tragédie à venir, tout en accompagnant le mouvement de la caméra. Dans cette scène du film *The Hours*, Virginia Woolf (incarnée par Nicole Kidman, oscarisée pour ce rôle) se glisse dans une eau qu'on devine froide et opaque. « *Invaincue, Indomptable, c'est contre toi, ô mort que je m'élance* », lit-on dans l'un de ses romans, *Les Vagues*. Et c'est ainsi que l'écrivaine quitte notre monde. Cette adaptation du livre de Michael Cunningham est une mise en abyme du roman *Mrs. Dalloway* qui entrelace la vie de l'écrivaine féministe à deux variations plus modernes : une irréprochable et dépressive femme au foyer engluée dans l'*American Dream* qui l'entoure, et une parfaite New-Yorkaise, lesbienne, qui se noie dans de multiples activités pour mieux fuir une société mortifère et sans amour.

Virginia Woolf n'aurait peut-être pas apprécié cette déclinaison. Dans *Le Cinéma et autres essais*, n'écrit-elle pas : « *Tous les grands romans du monde, avec leurs personnages célèbres et leurs scènes fameuses ne demandent, semble-t-il, qu'à être transposés en films. Qu'est-ce qui pourrait être plus simple et plus facile ? Le cinéma a fondu sur sa proie avec rapacité, et il se nourrit encore largement sur le corps de sa malheureuse victime.* »

Cependant, chez Woolf, la vraie victime est une femme, toutes les femmes. Sa plume n'a eu de cesse de leur redonner une visibilité, nous rappelant que leur « anonymat » n'est que le résultat de la censure des hommes. Elle prône l'égalité dans toutes les fonctions et l'autonomie jusque dans la maison, et prédit dans *Une chambre à soi* : « *Dans cent ans, les femmes auront cessé d'être le sexe protégé. Logiquement, elles prendront part à toutes les activités et à tous les efforts qui leur ont été interdits jusque-là.* »

« *Il est curieux de penser que, jusqu'à l'époque de Jane Austen, toutes les grandes dames de la littérature ont non seulement été décrites du point de vue de l'autre sexe, mais aussi uniquement considérées dans leur relation avec cet autre sexe* », pointe-t-elle dans ce même livre. En ce début de XXᵉ siècle, Virginia Woolf s'affirme comme une pionnière du féminisme en repensant la place des femmes dans la littérature et la société. Elle dénonce leur exclusion du savoir et de la création. Dans l'antifasciste et pacifiste *Trois guinées*, elle critique l'éducation genrée et l'oppression institutionnelle. « *Il est rare, au cours de l'histoire, qu'un être humain soit tombé sous des balles tirées par une femme*, cingle-t-elle. *Derrière nous s'étend le système patriarcal avec sa nullité, son amoralité, son hypocrisie, sa servilité. Devant nous s'étendent la vie publique, le système professionnel, avec leur passivité, leur jalousie, leur agressivité, leur cupidité. L'un se referme sur nous comme sur les esclaves d'un harem, l'autre nous oblige à tourner en rond… tourner tout autour de l'arbre sacré de la propriété. Un choix entre deux maux.* »

Avec ses mots, l'autrice déconstruit les stéréotypes féminins en traduisant leur subjectivité et leur désir intérieur par des phrases d'une justesse absolue et des observations (im)pertinentes. Elle ouvre ainsi la voie à une critique du sexisme systémique qui influence et inspire les féministes qui lui succèdent : Simone de Beauvoir, Judith Butler, Germaine Greer, Mona Chollet, Gloria Steinem, ou encore Angela Davis. Et bien sûr Virginie Despentes. Dans son essai culte *King Kong Théorie*, elle cite Virginia Woolf : « *Le premier devoir d'une femme écrivain, c'est de tuer l'ange du foyer.* »

Dans *Le Monde*, à l'occasion de la publication des œuvres de l'écrivaine britannique dans la Pléiade en 2012, Despentes ne cache pas sa fascination : « *Woolf, justement, est l'inclassable par excellence. Qui cherche à inventer pour ses textes d'autres appellations que "roman", qui refuse de séparer la poésie de la fiction. Une brouilleuse de frontières.* » Ces frontières entre le ciel et l'eau, entre les morts et les vivants, entre la société et le foyer, entre les sexualités.

Mariée à Léonard, Virginia a entretenu plusieurs liaisons avec d'autres femmes et des amitiés intenses avec des hommes gays. Sa relation la plus passionnelle débute en 1922. Vita Sackville-West, elle-même unie à Harold Nicolson, est romancière, chroniqueuse littéraire, paysagiste et poétesse. Elle est à la fois son amoureuse et son amie, sa confidente et son inspiratrice. Leur intense correspondance témoigne d'une admiration mutuelle, d'un attachement profond et d'un soutien indéfectible. Vita inspire Orlando, personnage androgyne et libre qui traverse quatre siècles en explorant la fluidité du genre : « *Bien que différents, les sexes s'entremêlent. En tout être humain survient une vacillation d'un sexe à l'autre et, souvent, seuls les vêtements maintiennent l'apparence masculine ou féminine, tandis qu'en profondeur le sexe contredit totalement ce qui se laisse voir en surface.* » Woolf confesse qu'*Orlando* est « *la lettre d'amour la plus longue et la plus belle* » qu'elle ait écrite.

« *Virginia Woolf, cette femme que le mariage n'hétérosexualise pas, que le mariage ne transforme pas en mère, que l'amour lesbien n'homosexualise pas* », décrypte si bien Virginie Despentes.

Adeline Virginia Stephen naît le 25 janvier 1882, quelques jours avant James Joyce, sous l'ère victorienne. De son éducation cadrée, elle ressort avec le goût pour l'écriture. Érudite, pointilleuse, et travailleuse, Virginia Woolf se forme en grec, latin, allemand et histoire. De quoi nourrir ses analyses littéraires approfondies sur *Robinson Crusoé*, Stendhal, Freud ou Montaigne, qu'elle consigne dans ses carnets.

Dès son adolescence, elle est confrontée à la mort : celles de sa mère en 1895, de sa demi-sœur Stella en 1897, de son père en 1904. Elle connaît alors ses premières crises dépressives. La fratrie orpheline s'installe dans le populaire quartier de Bloomsbury de Londres, où se forme le Bloomsbury Group, rassemblant les progressistes E.M. Forster, John Maynard Keynes, sa sœur Vanessa Bell et Leonard Woolf. Un « *endroit magique ou la mélancolie n'existe pas* », décrit-elle. Elle épouse Leonard à l'âge de 30 ans. Ils fondent, cinq ans plus tard, la maison d'édition Hogarth Press, accueillant les auteurs avant-gardistes et féministes tels que T.S. Eliot, Katherine Mansfield, Sigmund Freud et Rainer Maria Rilke. Woolf devient la première autrice à s'autopublier par choix, afin de garder un contrôle total sur ses œuvres. Dès 1922, Hogarth Press a l'exclusivité de ses écrits. Elle maîtrise le tirage, la mise en page et la distribution. Pour elle, il s'agit d'une démarche intellectuelle et éditoriale durable. De nombreuses autrices suivront son exemple (Anaïs Nin, Sylvia Plath, Audre Lorde...).

L'œuvre de Virginia Woolf redéfinit la narration par une exploration du « *stream of consciousness* ». Ce « flux de conscience » désigne une technique narrative qui cherche à retranscrire le cours intérieur des pensées d'un personnage en imitant le fonctionnement naturel de l'esprit humain, passant du présent réel à une pensée intime sans transition. Une méthode qui plonge le lecteur directement dans la subjectivité de ses personnages, mélangeant leurs souvenirs, sensations et perceptions instantanées, parfois contemplatives, souvent fugaces. Un enchevêtrement de monologues intérieurs qui marque à la même époque le style de James Joyce, Marcel Proust et William Faulkner. Woolf s'en distingue par sa critique sociale et son discours ouvertement féministe. Son style, incisif, et sa philosophie, empirique, l'imposent rapidement parmi les figures majeures de la littérature mondiale pendant l'entre-deux-guerres. Dans une biographie dédiée à l'écrivaine, Viviane Forrester écrit : « *Son écriture est une danse délicate entre la lumière et l'ombre, une quête incessante de vérité et de beauté.* »

Woolf, observatrice émotive, assume cette sentimentalité. Elle « *ressent bien plus que ce qui est raisonnable* » (*Moments de vie*, publié 35 ans après sa mort). À l'image de la rebelle et progressiste Sally Seton, dans *Mrs. Dalloway*, « *Elle en était arrivée à penser que la seule chose digne d'être racontée, c'est ce que l'on ressent. L'intelligence était bête. On devait simplement dire ce que l'on ressent.* »

Malheureusement, l'autrice se laisse souvent submerger par ses sentiments, sa santé mentale demeure fragile, et la Seconde Guerre mondiale l'affecte. Sa maison londonienne se retrouve sous les décombres. « *Nous sommes en guerre contre un tyran que nous ne pouvons vaincre. L'Angleterre est détruite. Leonard et moi sommes trop vieux pour recommencer ailleurs* », constate Woolf en mars 1941 dans un de ses derniers textes. Elle craint un avenir sans lecteurs, et par conséquent, une vie sans écriture. « *Envahie par des ombres* » et incapable de « *lutter* », elle s'immerge dans la rivière Ouse. « *La vie est un rêve, c'est le réveil qui nous tue* » lit-on dans *Orlando*. Le réveil sonne dans le vide en ce 28 mars 1941.

Virginie Despentes imagine cette finalité : « *Virginia Woolf déclarait : "Je sens dans mes doigts le poids des mots comme des pierres." Est-ce que les mots avaient perdu leur poids, qu'il fallait mettre les pierres dans ses poches pour s'obliger à faire taire l'air – ce même air qui remplit sa prose. Faire arriver quelque chose qui soit réel. Couler,* to sink, *terme si proche de* to think, *penser.* » Qu'en aurait-elle pensé ?

La pensée est au cœur du corpus woolfien. « *Tant qu'elle pense à un homme, personne ne trouve à redire au fait qu'une femme pense* » (*Orlando*). Les temps changent. Le mouvement des suffragettes atteint son apogée au Royaume-Uni, et aboutit au droit de vote des femmes. L'autrice étire sur le papier deux conférences sur l'inégalité des sexes dans *Une chambre à soi,* manifeste pour l'indépendance des femmes. Pionnière dans la dénonciation du virilisme, elle confronte le lecteur à cette vérité : « *Les femmes ont pendant des siècles servi aux hommes de miroirs, elles possédaient le pouvoir magique et délicieux de réfléchir une image de l'homme deux fois plus grande que nature.* [...] *Si une femme commence à dire la vérité, la silhouette dans le miroir rétrécit ; l'aptitude de l'homme à la vie est diminuée. Comment va-t-il continuer à délivrer son jugement, à civiliser les indigènes, à faire des lois, à écrire des livres, à s'habiller pour discourir à des banquets, s'il ne peut plus se voir, au petit déjeuner et au dîner, au moins deux fois plus grand qu'il n'est ?* »

Cet essai fondateur démontre que les femmes ont été entravées par leur manque d'indépendance matérielle et intellectuelle. À travers sa prose, Woolf interroge l'absence de figures féminines majeures dans la littérature, jusqu'à imaginer Judith Shakespeare, sœur fictive du dramaturge, empêchée d'écrire. Elle plaide pour un espace propre où les femmes pourraient penser, écrire et exister librement, et surtout faire entendre leur voix : « *Ce serait extrêmement dommage si les femmes écrivaient comme les hommes, ou vivaient comme les hommes, ou ressemblaient aux hommes.* »

Sa critique reste, hélas, très actuelle : « *Les difficultés matérielles auxquelles les femmes se heurtaient étaient terribles ; mais bien pires étaient pour elles les difficultés immatérielles. L'indifférence du monde que Keats et Flaubert et d'autres hommes de génie ont trouvée dure à supporter était, lorsqu'il s'agissait de femmes, non pas de l'indifférence, mais de l'hostilité. Le monde ne leur disait pas ce qu'il disait aux hommes : écrivez si vous le voulez, je m'en moque… Le monde leur disait avec un éclat de rire : Écrire ? Pourquoi écririez-vous ?* » Oui pourquoi écrit-on ? Peu importe : « *Écrivez ce que vous désirez écrire, c'est tout ce qui importe, et nul ne peut prévoir si cela importera pendant des siècles ou pendant des jours. Mais sacrifier un cheveu de la tête de votre vision, une nuance de sa couleur, par déférence envers quelque maître d'école tenant une coupe d'argent à la main ou envers quelque professeur armé d'un mètre, c'est commettre la plus abjecte des trahisons.* » Aucun souci d'éternité, aucune concession. « *La seule vie qui soit passionnante est la vie imaginaire* », affirme-t-elle (*Journal d'un écrivain*).

Elle croit à la puissance du verbe. « *N'importe quel biographe, pour peu qu'il s'en tienne aux faits, nous livre bien plus que quelques données de plus à ajouter à notre collection. Il nous livre les faits les plus créatifs ; les faits les plus fertiles ; les faits les plus suggestifs et inspirants.* [...] *Après avoir lu une biographie sans y accorder grande attention, une scène nous reste en mémoire, une silhouette subsiste dans un recoin de notre esprit, qui susciteront ensuite, à la lecture d'un poème ou d'un roman, une sensation de reconnaissance, comme si nous nous souvenions alors de quelque chose que nous avions su jadis* » (*Essais choisis*).

Qu'allez-vous retenir de cette courte biographie ? L'envie de lire ses livres ? Comme le souligne Viviane Forrester, « *Virginia Woolf n'est pas seulement une figure littéraire, mais une conscience aiguë de son temps, une exploratrice des méandres de l'âme humaine.* » C'est ce qui rend cette prophète si atemporelle et sa littérature si révolutionnaire. Une femme qui a eu le temps de réfléchir avant d'écrire. Elle a su patienter, persuadée que l'expérience est nécessaire pour mûrir ses idées. Dans *Lettre à un jeune poète*, elle répond à John Lehman : « *Ne publiez rien avant d'avoir trente ans !* » Son premier livre à elle paraît alors qu'elle a 33 ans. Le si bien-nommé *La Traversée des apparences*.

John Maynard Keynes

1883-1946

Il y a Marx et son marxisme. Et il y a Keynes et son keynesianisme. L'ami de Virginia Woolf est le seul économiste à avoir donné son nom à un concept économique, qui a sauvé le monde libéral après la crise de 1929 et la Seconde Guerre mondiale.

Le 5 juin 1883, l'Orient-Express s'élance pour la première fois depuis la gare de Strasbourg (actuelle gare de l'Est) de Paris en direction de Constantinople (Istanbul). Le même jour, à Cambridge, Florence Ada Keynes donne naissance à son premier enfant, John Maynard Keynes.

La future mairesse de Cambridge et son mari John Neville Keynes, économiste réputé, ne peuvent pas encore imaginer à quel point leur progéniture va bouleverser le XXe siècle. Le bébé naît dans une famille bourgeoise et soudée. Très bon élève, la « *petite crevette* », surnom affectueux donné par ses parents, brille durant toute sa scolarité et obtient une bourse royale pour intégrer le collège d'Eton. Aussi à l'aise en histoire qu'en littérature, c'est pourtant grâce aux mathématiques qu'il reçoit un prix à l'âge de 18 ans. Ce prestigieux établissement d'Eton, par lequel sont passés George Orwell, Ian Fleming, Boris Johnson ou Léopold III, accueille également l'héritier des éditions Macmillan, Dan Macmillan, frère aîné du futur Premier ministre Harold Macmillan (1957-1963) – et premier amour de l'aîné des Keynes !

Une trentaine d'années avant Alan Turing, le jeune Keynes foule le seuil du King's College de Cambridge. L'économiste Alfred Marshall, ami de son père, repère le brillant étudiant, tout aussi séduit par la philosophie et la rhétorique. Marshall tente de le convaincre de se tourner vers l'économie.

Durant ces années entre boys club, activités sportives et frénésie culturelle, il se rapproche intimement d'Alfred Dillwyn « Dilly » Knox, futur cryptographe des services spéciaux britanniques – lequel recrutera Alan Turing en vue de casser les codes de communication des nazis. Dans ses carnets, Keynes évoque aussi des relations avec Arthur Hobhouse, juge qui mettra en place les parcs nationaux, et le psychologue Sebastian Sprott.

Le jeune homme co-fonde le Bloomsbury Group. On y croise Virginia Woolf, qui l'admirait autant qu'il l'irritait, son mari Leonard et l'auteur E.M. Forster. Ce collectif accueille également deux de ses amants, l'écrivain Lytton Strachey, avec qui il théorise l'élitisme de l'homosexualité (« Higher Sodomy »[7]), et le peintre Duncan Grant,

7. Soit la conception élitiste et intellectuelle de l'homosexualité, influencée par les idées platoniciennes et esthétiques, selon lesquelles l'amour entre hommes était perçu comme une forme supérieure d'affection et d'intellect, transcendante par rapport aux normes sociales et morales traditionnelles.

sa grande passion, lui-même partenaire de Vanessa Bell, sœur aînée de Virginia Woolf. Les échanges se concentrent sur les notions de pacifisme, d'égalité, de liberté sexuelle… Au fil des années, le cercle crée des structures associatives, comme la maison d'édition Hogarth Press ou The London Artists' Association. Membre du Comité pour la promotion de la musique et des arts, Keynes soutient financièrement le Covent Garden et attend du gouvernement britannique qu'il consacre des fonds à la culture. On doit aussi à ce collectionneur expert la Contemporary Art Society, qui préfigure le futur British Arts Council, dont il est l'un des premiers directeurs.

Toutes ces aventures n'empêchent pas ce jeune vantard d'être très impliqué dans diverses activités universitaires, et d'être bientôt introduit au sein d'un considérable réseau. Il approfondit ses études philosophiques tout en suivant, durant un trimestre, des cours d'économie. Aussi étonnant cela soit-il, l'un des plus grands économistes de l'Histoire n'a pas vraiment de formation en la matière. Il entre dans la fonction publique sitôt diplômé. Dans sa vingtaine, il est un grand jeune homme (1,98 m), au regard sérieux et aux traits fins. Élégant, il arbore une fine moustache, respire un certain raffinement intellectuel tout en affichant un optimisme constant. Athée, il confesse une foi inébranlable dans l'esprit de résolution.

Son premier poste au Bureau des Indes, en plein apogée de l'empire britannique, le lasse vite. Il en démissionne au bout de deux ans pour revenir à Cambridge étudier la théorie des probabilités. À 26 ans, il passe maître de conférences. Son premier article, en 1909, rédigé pour *The Economic Journal*, théorise l'impact sur l'Inde d'une récession économique mondiale. Nommé rédacteur en chef du journal deux ans plus tard, il continue de partager ses réflexions sur des réformes monétaires pour la colonie indienne, toujours pour éviter des répercussions sur l'empire.

Quand un jeune nationaliste serbe de Bosnie assassine à Sarajevo le couple héritier du trône austro-hongrois, Keynes ne se doute pas que le monde va changer, et son propre destin avec lui. Il vient d'avoir 31 ans.

La Première Guerre mondiale éclate et le gouvernement britannique fait appel à ses talents pour aider au nécessaire effort économique. Dès le début de l'année 1915, il entre au Trésor pour discuter et établir les conditions de financement de l'alliance entre la Grande-Bretagne et ses partenaires européens. Rapidement devenu indispensable, Keynes, objecteur de conscience, échappe à la mobilisation à condition de poursuivre sa tâche. Lorsque le conflit s'achève, il est nommé représentant financier du Trésor lors de la Conférence de paix de Versailles en 1919.

Un traité maudit, historiquement parlant. La perception actuelle est simple et provient du récit de Keynes : la France s'est montrée trop exigeante sur le montant des réparations, humiliant ainsi une Allemagne incapable de se reconstruire. Ce qui aurait entraîné l'émergence d'un politicien populiste et xénophobe, Adolf Hitler.

La réalité est plus complexe. Keynes a bien averti les gouvernants de l'époque que des indemnités excessives auraient de lourdes conséquences sur la population allemande, la capacité de paiement du pays et finalement sur l'économie mondiale. Un discours inaudible à l'époque. La realpolitik est dictée par une opinion rancunière vis-à-vis de l'agresseur. Obstiné, l'économiste propose un plan pour réduire radicalement les dettes de guerre, stimuler le commerce mondial et répartir les coûts de la reconstruction. Les États-Unis, nouvelle première puissance mondiale, ne réclament que la paix, quoi qu'il en coûte. Personne ne suit vraiment Keynes. L'Allemagne doit accepter la responsabilité de la Première Guerre mondiale, s'acquitter d'importantes réparations (33 milliards de dollars, soit 757 milliards de dollars en 2025), réduire son armée et céder des territoires.

Cassandre que nul n'écoute, Keynes démissionne et se venge avec son best-seller *Les Conséquences économiques de la paix*. Il y prédit que l'appauvrissement délibéré de l'Allemagne mènera à sa déstabilisation politique et à une nouvelle guerre. L'hyperinflation allemande de 1923 lui donne raison, entraînant l'effondrement de la République de Weimar – en vérité un stratagème pour alléger le poids des réparations. Le pays vaincu n'a finalement payé qu'un quart des sommes exigées. La ruse de l'agresseur l'emporte sur « l'art du deal ».

D'autres faits donnent tort à Keynes. L'Allemagne connaît une reprise économique dès 1924 : sa dette est élevée mais endiguée, son déficit se réduit et le chômage diminue. Des historiens (Ruth Henig et Stephen Schuker) ou des économistes (Étienne Mantoux) prouvent que les sanctions financières ne sont pas si sévères comparées aux coûts infligés à l'économie des adversaires d'hier et que les prêts américains comblent largement les indemnités réclamées.

Son livre (100 000 exemplaires vendus en un an) et les conférences promotionnelles installent durablement la France dans le rôle de la mauvaise perdante qui a conduit indirectement à l'avènement d'Hitler. Pourtant, avec ce traité, les intérêts financiers et commerciaux américains, britanniques et germaniques ont surclassé la sécurité des pays européens réclamée par la France. Toute coïncidence avec des faits actuels… Keynes, dans ses prévisions, oublie une notion majeure : la résilience.

Durant les années 1920, Keynes, journaliste, consultant financier et spéculateur, contribue à améliorer la théorie des probabilités à travers son ouvrage *A Treatise on Probability*. Il établit la première approche probabiliste par intervalles, qui permet l'évaluation des risques financiers, la modélisation des scénarios économiques ou les prévisions météorologiques. Il élabore une méthode de pondération des décisions pour investir financièrement en temps de crise ou gérer les risques en entreprise. Les prémices du keynésianisme émergent en 1924 quand il incite son gouvernement à créer des emplois en commandant des chantiers publics. En pleine crise économique et sociale, cette politique de relance n'est pas entendue.

L'année suivante, il épouse Lydia Lopokova, star des ballets russes de Serge de Diaghilev dont il est follement amoureux. Winston Churchill, nouveau ministre des Finances, rejette toutes les propositions de Keynes, qui lui réplique en publiant *The Economic Consequences of Mr. Churchill.* Les années qui suivent donnent raison à l'économiste et Churchill entame sa traversée du désert.

1929 : année du krach boursier cataclysmique. Ironie du sort, Keynes, grand spécialiste de la bourse, perd presque tous ses avoirs et doit son propre salut financier à l'aide que lui apporte son père. La grande dépression qui s'ensuit offre à Keynes l'occasion de théoriser une nouvelle approche de l'économie. Il fait le lien entre des taux d'intérêt trop élevés, la baisse de l'investissement et la montée du chômage, et amorce une critique des politiques d'austérité : les déficits budgétaires en période de récession sont nécessaires pour maintenir la croissance. Ainsi, affirme-t-il, la hausse des dépenses publiques a un effet vertueux sur l'économie.

1936 : le livre *Théorie générale de l'emploi, de l'intérêt et de la monnaie* révolutionne l'économie. La demande, et non plus l'offre, détermine l'activité économique. Fasciné par Freud, Keynes introduit une nouvelle notion. « *Il a découvert que beaucoup de phénomènes économiques étaient liés à la psychologie* », rappelle Bernard Maris[8], qu'elle soit personnelle ou collective comme les mouvements de foule. C'est pour cela qu'il est toujours « *extrêmement actuel* » selon l'économiste français.

Sa vision hybride entre l'État et l'économie de marché, investissements publics et capitalisme privé, a pour unique objectif la paix alors que gronde un nouveau conflit mondial. Les théories keynésiennes inspirent les institutions internationales de l'après-guerre et posent les fondements de la macro-économie moderne. « *Avec Marx, Keynes est le seul économiste à avoir donné son nom à un mouvement de pensée qui participe à la fois d'une conception du monde et d'une vision politique* », affirme Robert Skidelsky dans son imposante biographie *John Maynard Keynes.*

Cent cinquante ans après le libéralisme économique d'Adam Smith, John Maynard Keynes en prend le contre-pied et plaide pour une augmentation des impôts et l'épargne obligatoire pour éviter le retour de l'inflation et l'endettement des États. Ses idées trouvent un écho auprès des dirigeants : Franklin D. Roosevelt et son New Deal, Clement Attlee reconstruisant le Royaume-Uni après la guerre, Jawaharlal Nehru, partisan d'une économie indienne moderne à la suite de l'indépendance. Ultérieurement, les pays scandinaves, les démocrates américains ou les socialistes français appliqueront tous des politiques keynésiennes pour envisager des programmes de relance, réduire le chômage ou faire face à des crises économiques.

Keynes voit l'économie comme une science morale, non exacte, une forme d'art mineur. Elle doit être remise en question en permanence. Il a coutume de justifier son pragmatisme : « *Quand les faits*

8. *Les Grandes Traversées*, France Culture, 4 février 2012.

changent, je change d'avis. » Obsédé par le pouvoir intellectuel et l'influence qu'il exerce, ce prétentieux martèle : « *Les idées justes ou fausses, les philosophies de l'économie et de la politique ont plus d'importance qu'on ne le pense en général.* »

Durant la guerre, l'hédoniste est nommé au Conseil des directeurs de la Banque d'Angleterre. Anobli, il entre à la Chambre des Lords. Il perd une fois de plus un arbitrage international lorsqu'il s'agit de créer une monnaie mondiale. Les Américains, à tort, suivent les préconisations d'Harry Dexter White. Cet économiste anglophobe et espion à la solde du régime soviétique reprend pourtant à son compte les idées de l'Anglais pour instituer une Banque mondiale et un Fonds monétaire international.

Une fois la paix revenue, Keynes parvient à arracher des conditions préférentielles pour faciliter le remboursement des dettes et la reconstruction économique de la Grande-Bretagne. Cependant, il n'aura pas le temps de contempler la véracité de ses théories d'équilibriste entre capitalisme et socialisme. Sa santé fragile, héritée de son enfance, ne le lui permet pas. Il meurt le 21 avril 1946, le jour où le Parti socialiste unifié d'Allemagne se constitue pour diriger la RDA. La guerre froide approche et, avec elle, l'éternelle lutte entre deux modèles économiques antagonistes. Marié à une Russe, connaissant de l'intérieur le système soviétique, l'homme n'aura nourri aucune illusion sur le paradis socialiste.

Son éden est « higher » – bien au-delà. Keynes, à qui on a reproché d'être court-termiste et qui a toujours relativisé l'importance de nos existences, déclare sur son lit de mort : « *Si seulement j'avais bu plus de champagne.* »

Luis Barragán

1902-1988

Cet architecte mexicain a révolutionné l'approche de l'architecture en alliant modernisme et traditions, tout en visant une excellence écoresponsable.

Luis Barragán aime les couleurs. Des tons vifs, flamboyants qui amènent de la passion et de la gaieté dans un environnement urbain pas forcément avenant. Visionnaire, l'architecte n'a eu de cesse de vouloir briser les codes dans son domaine, tout en voulant mettre son pays d'origine au cœur de la création contemporaine. Premier architecte mexicain à être reconnu sur le plan international – il a été honoré du prestigieux prix Pritzker en 1980 –, ce moderniste se fait précurseur en apportant des innovations significatives en architecture qui auront un impact durable sur la discipline.

Après ses études en génie – il obtient son diplôme en 1923 – il fait son apprentissage architectural de manière autodidacte, fortement influencé par le mouvement d'Escuela Tapatía, promouvant une architecture dédiée adhérant aux traditions régionales. De ses trois années de voyage en France, en Espagne et au Maroc, Barragán revient avec un goût prononcé pour le style vernaculaire méditerranéen et africain, intégrant ses bâtiments à des espaces paysagers, inspiré des travaux du paysagiste, auteur et artiste, Ferdinand Bac, à qui l'on doit notamment les jardins de la Villa Croisset, près de Grasse. Il confiera au journaliste Jorge Salvat dans une interview qu'il se « *fonde beaucoup sur l'intuition et sur des observations faites au cours de ses voyages* ».

Inquiet sur la déshumanisation de la société (bien avant l'avènement des nouvelles technologies et de l'individualisme), l'architecte prône une architecture émotionnelle. À l'opposé de Le Corbusier, qui ne jure que par des habitats fonctionnels, des « machines à habiter », il opte pour des constructions, souvent géométriques et épurées, suscitant des émotions comme la contemplation, la méditation, la zénitude, le bien-être et l'introspection. « *Toute œuvre architecturale qui n'exprime pas la sérénité est une erreur* », a-t-il déclaré en guise de manifeste.

Si les nuances de beige et de blanc ont envahi les murs et les meubles des foyers, lui préfère la couleur, du rose au cyan, du jaune à l'ocre, pour accentuer les contrastes, délimiter les espaces, et jouer avec l'éclairage naturel, qu'il soit poétique ou théâtral. Une esthétique directement héritée de sa culture mexicaine, affichée lors du « Dia de los muertos » ou dans les tableaux de Frida Kahlo. Une dramatisation de l'espace pour accueillir la joie la plus pure.

Ces subtilités presque lyriques connectent ainsi entre eux l'extérieur et l'intérieur, les divers matériaux, les volumes variés, les différentes heures du jour. Bien avant que ce ne soit la mode, Barragán, tel un metteur en scène, cherche à concilier les jardins, les paysages, la flore environnante avec l'artificialisation humaine. De même, il choisit de construire dans une démarche de circuit court et d'économie de proximité en utilisant des matériaux (principalement de la pierre et du bois), en faisant appel à des artisans locaux.

Autant de facteurs qui en font un écoresponsable avant l'heure, animé d'une réflexion sur la sobriété et la spiritualité. Une forme de minimalisme qui influencera de nombreux héritiers, couplé à une philosophie quasi biophysique appliquée à toutes ses conceptions. « *Une maison n'est jamais finie,* professe-t-il, *c'est un organisme en constante évolution.* » Sa démarche est ponctuée d'esquisses, d'essais, de remises en question, de changements, d'adaptations, et ce jusqu'à la construction en chantier.

Force est de constater que ses réalisations vieillissent bien au fil du temps. Sa mythique Maison-atelier (1948), sise dans les jardins de Pedregal au sud de Mexico, est un édifice de 1 161 mètres carrés de béton désormais classé au patrimoine mondial de l'Unesco. Tout s'y entremêle : l'héritage de l'architecture coloniale du Mexique, la tradition méditerranéenne, française et maghrébine, les mouvements moderne et surréaliste, la végétation qui déborde du voisinage. Et pourtant côté rue, la maison semble radicalement banale, ne révélant sa splendeur qu'à ses visiteurs.

Mentionnons aussi son ultime joyau, la Casa Gilardi, fruit d'une collaboration avec son ami l'artiste Jésus « Chucho » Reyes Ferreira, battu et torturé dans sa jeunesse pour s'être adonné à des pratiques sexuelles non conventionnelles, alors qualifiées d'*« incitation au mal »*. Le peintre s'est inspiré de la couleur des marchés mexicains, des confiseries mexicaines ou de « *la beauté d'un coq* ». Fuchsia et mauve en extérieur, bleu intense, jaune vif et rouge éclatant à l'intérieur, cactus ici et là. L'architecte choisit toujours ses couleurs dans la phase ultime du projet, comme un couronnement. L'effet sensoriel est saisissant, enrichi par ces parois alliant différentes textures, du plus brut au plus lisse. Par perfectionnisme, Barragán se déplace tout au long de la journée sur le chantier pour évaluer les changements de lumière.

Spécialiste de son travail, Danièle Pauly précise : « *Il y a souvent un jeu entre l'or du Baroque espagnol et le rose de l'art pré-colombien dans les œuvres de l'architecte. Le rose recouvre tous les murs de ces maisons. Il l'utilise comme un monochrome pour relier le dedans et le dehors. Pour montrer la plasticité des volumes, une autre couleur franche est utilisée.* » Ses créations se distinguent par des frontières marquées entre extérieurs et intérieurs, des fenêtres-tableaux ouvertes sur l'environnement, des patios et jardins autour desquels sont conçues les bâtisses, des jeux de lumière calculés sur l'orientation des constructions… Pour Barragán, contemplation et intimité sont primordiales. Le silence est privilégié, sacré. Vivons heureux, vivons cachés. C'est sans doute ce qui l'a conduit à préserver sa propre vie intérieure.

Homosexuel dans le placard et profondément religieux, son travail est décrit comme « *mystique* » selon certains historiens de l'art. Sa chapelle pour les Capuchinas Sacramentarias, à Tlalpan, témoigne d'une recherche évidente de sérénité et d'élévation. « *Il est impossible de comprendre l'Art et la gloire de son histoire sans reconnaître la spiritualité religieuse et les racines mythiques qui nous conduisent à la raison d'être même du phénomène artistique. Sans l'une ni l'autre, il n'y aurait pas de pyramides égyptiennes, ni celles de l'ancien Mexique. Les temples grecs et les cathédrales gothiques auraient-ils existé ?* », rappelle-t-il lors de son discours de réception du prix Pritzker.

Décrit comme raffiné, catholique fervent et sincèrement humble, Barragán apprécie la discrétion comme la solitude. Dans le salon de sa Maison-atelier est exposée une série de photos où son ancien amant, le danseur José Limón, pose sur des rochers volcaniques noirs. Rare trace d'une vie personnelle. Pourtant la sexualité du créateur transpire à travers toutes ses constructions, qui expriment cette aspiration à se cacher des autres, à être entre soi, ou en compagnie de soi-même.

Ce n'est pas seulement ce penchant sexuel refoulé qui rend l'architecte si énigmatique. Le fait qu'il ait été un croyant issu de la droite la plus conservatrice participe encore plus au mystère. Pour ce pécheur devant l'Éternel, ses maisons, remplies d'objets iconographiques, ont la suavité et la froideur des couvents. En société, l'homme s'affiche avec des jolies filles servant de « couvertures », qu'il quitte pour des lieux réservés aux garçons. Surtout, que personne ne sache ce que cet érudit dandy désire réellement au fond de lui.

L'absence de notoriété lui confère une certaine liberté et l'autorise à n'en faire qu'à sa tête. En 1940, il écrit : « *Chers clients, connaissances et amis : à partir d'aujourd'hui, je ne suis plus l'ingénieur Luis Barragán qui construit pour vous des maisons et des bâtiments chez vous. À partir d'aujourd'hui, je travaillerai pour mes entreprises privées.* » En d'autres termes, il veut pouvoir construire ses œuvres sans aucune concession.

Au début des années 1940, Barragán devient promoteur et acquiert une série de terrains dans des quartiers populaires et parfois hostiles. Un pari sur l'avenir qui n'effraie pas ce touche-à-tout. Son confrère, Juan Palomar, rappelle qu'« *il réalise tout le projet d'urbanisation, places, jardins, entrées, fontaines... Ce que Luis a apporté, au-delà du mot urbaniste, architecte ou promoteur, c'est une recherche incessante de la beauté* ». Après avoir acquis les terres d'origines volcaniques d'El Pedregal, étendues sur 3 500 000 m^2, il crée le plan d'urbanisation et initie la conception des voies d'accès, des places, des parcs et des maisons modèles. Les rues épousent les formations de lave. Toujours ce respect de l'environnement.

Il continue en remodelant la ville d'Atizapán de Zaragoza, notamment dans le quartier de Las Arboledas, projet urbain destiné aux activités équestres. Barragán en conçoit les rues, les entrées et signe divers éléments tels que le mur rouge qui délimite la zone, si long qu'il semble se confondre avec l'horizon, le Paseo de los Gigantes et la Fontaine des amants, lieux emblématiques de son œuvre architecturale. À Los Clubes, Barragán imagine un complexe aquatique destiné au repos des chevaux : la Cuadra San Cristóbal, un espace monumental dessiné à l'échelle d'un cavalier.

Son intérêt pour l'équitation l'inspire pour inventer des écuries, des fontaines et des abreuvoirs, qui auraient enchanté Rosa Bonheur, avec qui il partage de nombreux centres d'intérêt et une certaine affinité quant à leurs sources créatives. « *Le milieu rural dans lequel il grandit, la familiarité avec la nature, la proximité des chevaux, l'expression vivante des traditions dans le mode de vie, les fêtes, l'architecture populaire, l'artisanat sont autant de facteurs qui vont imprégner avec force l'ensemble de son œuvre*[9] », écrit Danièle Pauly dans *Barragán ; l'espace et l'ombre, le mur et la couleur.*

Son indépendance lui permet de choisir ses projets. Jamais il ne bâtira en dehors de son pays, en dépit de nombreuses sollicitations. Consultant très respecté par ses confrères en matière de conception paysagère, pionnier d'une dialectique singulière entre l'espace, la chromatique et la lumière, l'influence de Barragán imprègne le travail de nombreux architectes contemporains.

9. Danièle Pauly, *Barragán ; l'espace et l'ombre, le mur et la couleur*, Birkhauser, 2008.

Ricardo Legorreta lui emprunte l'harmonie du design élégant et simple avec les couleurs vives de la culture native. Alvaro Siza, prix Pritzker 1992, admire son utilisation de la lumière. Tadao Ando, autre prix Pritzker (1995), reprend deux notions essentielles, la pureté des formes et le respect des matériaux. Louis Kahn avoue avoir été fortement influencé par sa vision spatiale et le besoin de cohérence d'une œuvre avec son environnement. Mathias Gozeritz, qui a collaboré avec Barragán, notamment pour les monumentales monolithiques et colorées Torres de Satélite, a hérité de sa passion pour l'émotion. Ou encore Alberto Kalash, qui prolonge sa philosophie naturelle et contemplative au cœur de ses projets.

Et enfin John Lawson, qui a approfondi son minimalisme. L'architecte britannique déplore l'oubli dans lequel Barragán manque de sombrer après son décès. *« C'est frappant, mais peut-être est-ce parce que la majorité de son travail était à échelle modeste et de nature privée. Il n'a pas eu le vaste impact qu'ont pu avoir Mies van der Rohe et Le Corbusier. »* Et ce, malgré la rétrospective que lui a dédié le prestigieux MoMa de New York en 1976.

Aujourd'hui, ce génie méconnu a laissé en héritage deux fondations. La Fondation Barragán, créée en 1996 près de Bâle (Suisse), se consacre à la préservation et à l'étude des archives de Luis Barragán et des photographies d'Armando Salas Portugal. En 2022, les archives Barragán ont rejoint le Vitra Design Museum dans le cadre d'un partenariat. Le Mexique abrite la Fondation Luis Barragán d'Architecture de Guadalajara qui gère la Maison-atelier de Luis Barragán, monument artistique national.

L'homme aura aussi donné son nom à un célèbre personnage du manga *Bleach*, Baraggan Luisenbarn.

Joséphine Baker

1906-1975

Artiste iconique de l'entre-deux-guerres, la plus française des Américaines a joué un rôle majeur durant la Seconde Guerre mondiale pour défendre la France libre avant de militer pour des causes plus universelles.

« J*e ne suis pas née pour une vie ordinaire.* » Joséphine Baker a en effet connu un destin exceptionnel. Même sa vie privée n'aura rien eu de banal. Bisexuelle, elle a compté quatre maris, de nombreux amants et des aventures féminines, notamment avec l'artiste Frida Kahlo ou la romancière Colette, renommée pour ses œuvres sensuelles et autobiographiques (*Gigi*, *Claudine à l'école)*, ainsi que pour son mode de vie libre et ses amours avec les deux sexes.

En octobre 1936, Colette signe un compte rendu du spectacle des Folies-Bergère et de sa célèbre meneuse de revue dans *Le Journal* :

« *Sa voix aiguë, émue, juste, nous l'aimons haut perchée* [...] *et nous ne nous fatiguons pas d'une gentillesse, d'un désir affectueux de plaire, qui chez Joséphine nous touchent bien mieux que ne ferait la coquetterie.* [...] *Le dur travail des répétitions d'ensemble semble l'avoir un peu amincie, sans décharner son ossature délicate. Les genoux ovales et les chevilles affleurent la peau brune et claire, d'un grain égal, dont Paris s'est épris. Quelques années, et l'entraînement, ont parfait une musculature longue et discrète, ont respecté la convexité admirable des cuisses.* [...] *Paris ira voir, sur la scène des Folies, Joséphine Baker, nue, enseigner aux danseuses nues la pudeur.* »

Osée Joséphine. Elle chante ses deux amours (« *Mon pays et Paris* »), fait l'éloge de la musique (« *Elle élève l'âme et fait oublier tout le reste* »), affirme son patriotisme (« *La France a fait de moi ce que je suis. Je lui dois tout.* »). Résumant ainsi sa vie : « *J'ai prouvé qu'une femme pouvait être à la fois artiste, patriote et mère.* »

Voilà une femme qui a trouvé sa voie, et pas seulement avec sa voix, même si celle-ci a porté loin. Freda Josephine McDonald naît à Saint-Louis, Missouri. Une enfance laborieuse, entre école et travaux domestiques, pour mettre « des épices dans le poulet » de la famille. À 14 ans, un premier mariage déjà derrière elle, Joséphine entre dans la vie artistique avec le Jones Family Band. Elle épouse William Howard Baker l'année suivante, et gagne sa vie en dansant. Elle quitte ce deuxième mari, tout en gardant son nom, et migre à New York.

La mondaine Caroline Reagan la repère au Plantation Super Club. Souhaitant produire un spectacle à Paris, où son mari est en poste, elle lui propose de la suivre moyennant un bon cachet. *La Revue nègre* est lancée au théâtre des Champs-Élysées en 1925. Contrairement au *Sacre du printemps* une décennie plus tôt dans cette même salle, le show remporte un triomphe. Solaire, Joséphine Baker danse le charleston et détrône Mistinguett. Elle s'arrange avec l'exigence de la nudité, imposant à sa taille une simple ceinture de bananes. Dans ce décor de savane, le cliché a des relents de racisme. *La Danse sauvage* enflamme une France colonialiste qui projette ses fantasmes sur une Afrique « exotique » et érotique. Mais « la Miss » ne perçoit pas les choses ainsi. Elle grimace, elle roule des yeux. Sa moquerie flirte avec le burlesque. Dans ce Paris très libertaire, elle apparaît comme excentrique, drôle, intrépide.

« *Un jour, j'ai réalisé que j'habitais dans un pays où j'avais peur d'être noire. C'était un pays réservé aux Blancs. Il n'y avait pas de place pour les Noirs. J'étouffais aux États-Unis. Beaucoup d'entre nous sommes partis, pas parce que nous le voulions, mais parce que nous ne pouvions plus supporter ça… Je me suis sentie libérée à Paris.* » Et d'ajouter : « *Ici, on me prend pour une personne et on ne me regarde pas comme une couleur.* »

Forte de son succès, l'artiste casse son contrat et en signe un autre avec les Folies-Bergère en 1927. En vedette, elle arbore plumes roses et ceinture de bananes, affiche un sourire plus large que celui de Julia Roberts, gomine ses cheveux, et monte sur scène en compagnie d'un guépard. Joséphine Baker est sensationnelle, dans tous les sens du terme. En tête d'affiche du film *La Sirène des tropiques*, elle attire l'œil du Sicilien Giuseppe « Pepito » Abatino. Pour elle, il ouvre le club *Chez Joséphine*. Il s'improvise impresario, lui fait enregistrer des chansons, dont le tube *J'ai deux amours*, et organise ses tournées. Il écrit aussi deux scénarios pour l'aider à percer sur le grand écran : *Zouzou*, réalisé par Marc Allégret, avec Jean Gabin, et *Princesse Tam-Tam*. Deux flops. Par la suite, on l'aperçoit dans *Moulin-Rouge* et *Fausse alerte*, avec Micheline Presle. Mais le 7e art n'est pas pour elle. On lui attribue souvent cette devise : « *On ne peut pas tout avoir, mais on peut rêver de tout.* »

Muse du Paris des artistes et star du Paris populaire, la « Beyoncé des années folles » engage comme secrétaire un certain Georges Simenon. Fasciné, l'écrivain s'inspire de sa patronne dans son roman *La Danseuse du Gai-Moulin* (1931), qui met en scène Adèle, danseuse d'un cabaret liégeois.

1935 est une année de ruptures. Nul n'est prophète en son pays. Les Américains boudent sa tournée. Elle en parle désormais comme d'un pays étranger et se sépare de Pepito dans la foulée.

En France, elle s'engage au service des soupes populaires pour les sans-abri, elle « marraine » le Pot-au-feu des Vieux à Montmartre, elle se produit pour le Front populaire… Joséphine obtient la nationalité française en épousant le courtier Jean Lion en 1937. Ils louent le château des Milandes (Dordogne) et divorcent quand la France est occupée. Dans le même temps, Baker change d'occupations, comme nous le verrons.

Démobilisée le 1er septembre 1945, Joséphine Baker remonte sur scène pour le public et se mue en égérie d'une haute couture parisienne mal en point par amitié pour Christian Dior et Pierre Balmain. À 41 ans, elle se remarie avec son chef d'orchestre, Jo Bouillon. Ils achètent le château des Milandes, rebaptisé « Village du monde, capitale de la fraternité ». Elle rêve d'une tribu « arc-en-ciel ». Elle adopte douze enfants de tous les continents, entre 1953 et 1959, bien avant Angelina Jolie et Madonna. « *Si je pouvais aider ne serait-ce qu'un seul enfant, alors ma vie n'aurait pas été vaine* », confie-t-elle. Les « deux Jo » acquièrent presque tout le village pour y créer un complexe touristique et un foyer multiculturel destiné à incarner leur idéal de fraternité universelle. Parmi leurs visiteurs, Luis Mariano, Jacques Brel, Dalida, Gilbert Bécaud…

Mais, entre sa smala, son domaine et une centaine d'employés à rétribuer, sa fortune personnelle fond comme neige au soleil. L'indocile doit multiplier les concerts pour renflouer les comptes. Endettée, son château est mis aux enchères en 1964, mais elle évite la faillite et la vente grâce au soutien de Brigitte Bardot. Quatre ans plus tard, son domaine est bradé. Elle le quitte à la sortie de l'hiver 1969. De Gaulle démissionne le mois suivant. La fin d'une époque.

Ruinée, Joséphine Baker n'a pas la tête à faire la fête. Et la libération des mœurs ne l'incite pas à dévoiler sa bisexualité. Entourée d'amis homosexuels, elle a pourtant adopté des attitudes homophobes lorsqu'elle a découvert l'homosexualité de son fils Jarry à l'âge de 15 ans. Elle l'a contraint à quitter le foyer familial et à vivre avec son père adoptif, Jo Bouillon, en Argentine parce qu'elle craignait que son orientation sexuelle ne « contamine » ses autres enfants.

Malgré cet épisode, son style exubérant, sa liberté, son engagement contre les discriminations et sa façon de défier les normes de genre et de comportement font d'elle une icône LGBTQ+, inspirant drag-queens et stars du *voguing*. Tête d'affiche du cabaret *La Goulue*, ouvert par Jean-Claude Brialy, ou vedette de galas en Europe, elle continue de tirer le diable par la queue. Une ex-gloire d'Hollywood va lui sauver la mise. Son amie, la princesse Grace de Monaco, l'aide à acheter une résidence sur la Côte d'Azur… De quoi y couler de beaux jours en se souvenant de ses exploits.

Des actes de bravoure qui remontent à la Seconde Guerre mondiale. Quand celle-ci éclate, Joséphine n'a que 33 ans. Jacques Abtey, officier du contre-espionnage français, section Allemagne, la convainc de servir la France libre. Entre ombres et lumières, elle profite des mondanités et de ses relations pour obtenir des informations, plus ou moins utiles. Elle y trouve un sens. « *Tout le monde déteste la guerre, mais personne ne fait rien pour l'arrêter* », sermonne-t-elle, refusant d'être « *une poupée que l'on admire, mais* [bien au contraire] *une femme qui agit* », comme elle l'a déclaré.

Et de l'action, le feuilleton n'en manque pas. Joséphine chante pour les soldats. Joséphine est secouriste pour les réfugiés. Joséphine est agent secret. Joséphine est pilote d'aviation. Joséphine est lieutenante. C'est en tant que résistante qu'elle entre au Panthéon en 2021. La première femme noire place-des-Grands-Hommes.

Elle n'est pourtant liée à aucune branche de la Résistance. Les archives de l'armée n'ont conservé que trois dossiers, dans lesquels l'artiste est mentionnée sous les initiales H.C. (Honorable Correspondant). Son rôle dans le contre-espionnage, clandestin à partir de l'Occupation, est effacé pour des raisons de sécurité. Elle couvre Abtey, en le faisant passer pour son manager sous le nom de Jacques Hébert. Ainsi, il peut voyager et diffuser des informations aux alliés à l'étranger. Dans son livre *Services spéciaux*, Paul Paillole décrit une mission du duo à Lisbonne : « *Abtey a transcrit une partie de ces renseignements à l'encre sympathique sur les manuscrits des chansons de Joséphine Baker.* » Le 17 janvier 1941, soir de la dernière de *La Créole* à l'Opéra de Marseille, elle embarque après la représentation, avec bagages et cages d'animaux, pour Alger. Le travail de liaison avec Abtey se poursuit à Casablanca (sans Bogart ni Bergman) mais aussi lors de ses tournées. *Play it again* Jacques…

Joséphine Baker s'installe à Marrakech et prend des cours d'arabe. L'artiste, enceinte, accouche d'un enfant mort-né. La péritonite entraîne une hystérectomie[10]. Clouée dans une clinique de Casablanca durant un an et demi, elle ne retrouve la scène qu'au printemps 1942. Elle signe avec le *Rialto*, cinéma-théâtre de la métropole marocaine, pour se refaire une santé financière.

À partir de 1944, les femmes peuvent intégrer l'armée sous le statut d'auxiliaires. Engagée le 23 mai dans l'armée de l'air, elle décide de verser sa solde au profit d'un hôpital d'Alger. La lieutenante Baker est autorisée à porter des vêtements non militaires afin de pouvoir se produire dans les villes libérées, du Maroc au Liban. Joséphine se déplace en jeep. Ou en avion, à ses risques et périls comme en ce 6 juin 1944, où son Goéland doit amerrir près de la Corse. Des tirailleurs sénégalais stationnés sur la côte la tirent des flots.

Sa mission : remonter le moral des troupes. Les recettes de ses concerts – 10 millions d'anciens francs, (2,5 millions d'euros actuels) – financent l'armée française de la Libération. En tant qu'officier de propagande, elle est chargée de faire la promo de la France libre et de son chef, le général de Gaulle. Celui-ci assiste à son gala à l'opéra d'Alger en août 1943, et la remercie d'une petite croix de Lorraine en or, qu'elle revend au bénéfice de la Résistance. Dans une lettre adressée à Jo Bouillon, De Gaulle écrit : « *Je n'ai pas oublié comment, pendant les années d'épreuve, madame Joséphine Baker a su manifester sa confiance en l'avenir du pays.* »

Sitôt décorée de la Médaille de la Résistance française, ses supérieurs plaident pour qu'elle reçoive également la Légion d'honneur à titre militaire. Il faut attendre 1961 pour que la combattante soit élevée à l'ordre de Chevalier de la Légion d'honneur, à titre civil, et que lui soit remise la Croix de guerre avec palme, « *attribuée aux*

10. Intervention chirurgicale qui consiste à enlever l'utérus.

militaires et aux civils qui, au cours d'un conflit, ont accompli une action d'éclat ». Rien de plus légitime.

Après la guerre, la militante reste sur le qui-vive. Elle s'engage contre l'apartheid en Afrique du Sud et continue sa lutte contre l'antisémitisme. Victime de ségrégation raciale lors de sa tournée américaine d'après-guerre, elle prend la tête d'un mouvement en Europe contre l'acquittement de deux jeunes Blancs ayant assassiné l'Afro-américain Emmett Till dans le Mississippi, 65 ans avant l'affaire George Floyd. Le mouvement des droits civiques, porté par Martin Luther King et Bayard Rustin, prend de l'ampleur. Elle participe à leur Marche sur Washington en 1963 et prononce un discours dans son uniforme militaire bardé de médailles. Ses combats contre le racisme ne connaissent pas de frontières. Elle fréquente aussi bien « Evita » Perón que Fidel Castro, dont la politique en faveur de l'éducation et de la santé dans une société métisse retient son intérêt. Le leader cubain la couvre de cadeaux et la nomme lieutenante honoraire dans l'armée révolutionnaire. Surveillée par le FBI, suspectée d'être communiste, elle combat l'impérialisme américain. Fervente gaulliste, on prétend qu'elle espionne pour le général.

Jamais vaincue, Joséphine Baker, dont le nom s'affiche en lettres rouges à l'Olympia ou au Carnegie Hall, reste le symbole d'une France rayonnante, universaliste et accueillante. Dans ses *Mémoires* recueillies par Marcel Sauvage en 1949, elle clame : « *Je danserai, chanterai, jouerai, toute ma vie, je suis née seulement pour cela. Vivre, c'est danser, j'aimerais mourir à bout de souffle, épuisée, à la fin d'une danse ou d'un refrain.* » Après la quatorzième représentation de *Joséphine à Bobino*, célébration de ses cinquante ans de carrière, la « Vénus d'ébène » succombe chez elle à une attaque cérébrale. « *Si je pouvais revivre, je referais exactement la même chose.* »

Gladys Bentley

1907-1960

Elle a été l'une des premières grandes voix du blues, une *showgirl* d'exception à Harlem, et une star anticonformiste en portant l'art du *drag king* au plus haut niveau, entremêlant divertissement et discours engagés.

Quelques-unes des chansons de Gladys Bentley ont été enregistrées il y a maintenant un siècle. En les écoutant, on est d'abord frappé par cette voix qui surgit des lointaines années 1920. Un timbre puissant, profond, intense. Presque caverneux. En tout cas imposant. À l'image de cette chanteuse charismatique, dont le blues envahit l'espace avec gravité et chaleur. Son amplitude vocale aurait pu lui faire gagner *The Voice*. Mais ce qui la rend si singulière, c'est assurément son style, qu'elle imite des instruments à vent ou qu'elle produise des effets gutturaux. De l'énergie. De la pure énergie.

Ce don vocal, Bentley en fait un outil aussi bien artistique que politique. Abordant des sujets tabous pour l'époque, notamment l'amour entre femmes et la critique de l'hétéronormalité. Depuis son enfance, Gladys est ainsi. Elle a toujours aimé porter les vêtements de ce frère qu'elle déteste, même pour aller à l'école – qu'importent les moqueries de ses camarades. Elle rejette toute forme de féminité et tombe très tôt amoureuse de sa maîtresse. La jeune fille n'accepte pas qu'un homme la touche. « *Il semble que je sois née différente. Du moins, je l'ai toujours pensé* », affirme-t-elle dans le magazine *Ebony* en 1952.

Selon elle, tout ceci vient de sa relation avec sa mère. Un rapport conflictuel permanent. Sa génitrice aurait préféré un garçon. « *Quand ils ont annoncé à ma mère qu'elle avait donné naissance à une fille, elle a refusé de me toucher. Elle ne voulait même pas me nourrir, et ma grand-mère a dû me donner le biberon pendant six mois avant qu'ils ne puissent convaincre ma mère de s'occuper de son propre bébé* », confie la chanteuse.

Indésirable au sein du giron familial parce qu'elle ne correspond pas à ce qu'on attend d'une fille. Son corps et sa voix la propulsent naturellement dans « *un troisième sexe* », comme l'a titré Alfred Duckett pour son article du *Chicago Defender* en 1957. La considérant comme anormale, ses proches l'envoient consulter des médecins pour tenter de « *corriger* » ses désirs. Durant cette thérapie de conversion, les psychiatres qualifient son comportement de « *désadaptation sociale extrême* ». Rien que ça. Nous sommes au milieu des années 1920. La jeune Gladys fuit Philadelphie pour New York à l'âge de 16 ans.

À cette époque, et ce depuis une vingtaine d'années, les voix féminines du blues émergent dans une Amérique en plein boom. Les Afro-Américaines, descendantes d'esclaves, trouvent là un art pour raconter des décennies de souffrances. Du Sud profond à Chicago et New York, plusieurs chanteuses noires vont construire une partie des fondations de la musique américaine, propagée par un nouveau média populaire, la radio. Adieu chansonnettes romantiques ou refrains de vaudeville. Le blues prend racine dans les gospels, les chants de travail dans les champs de coton, et les traditions africaines. Il amène le rhythm and blues et le jazz qui triomphent jusqu'à l'avènement du rock.

Les paroles racontent des amours torrides, brossent le portrait de femmes plus indépendantes, dénoncent une violence masculine systémique. Parmi les pionnières du blues féminin, Ma Rainey, « afro-féministe », reprend à son compte l'héritage musical de ses ancêtres, et les mêle aux revendications sociales des défavorisés, tout en appelant à la solidarité entre femmes. Durant ces années folles, d'autres chanteuses se font un nom : Alberta Hunter, Lucille Bogan, Ethel Waters, Memphis Minnie, qui excelle à la guitare, et la superstar, Bessie Smith, l'artiste la mieux payée du moment. Mais leur mise en lumière ne dure pas, et hormis Ma Rainey, aucune n'a eu suffisamment de flair pour pérenniser leur éphémère succès.

Gladys Bentley, adolescente, s'installe à Harlem. Le quartier de Manhattan vit sa « Renaissance ». Son premier job la conduit à la *Clam House*, bar clandestin LGBTQ+, en quête d'un pianiste masculin. Bentley se présente habillée en homme : elle est engagée. Nous voici dans un *Tootsie* inversé. Ses chemises blanches rigides, cols amidonnés, nœuds papillons, vestes courtes et ses cheveux coiffés en arrière la transforment vite, sous le pseudo de Barbara « Bobbie » Minton, en une incontournable créature de la nuit. Son succès pousse le bouge à se rebaptiser de manière informelle, devenant le *Barbara's Exclusive Club.*

Pendant ces années, le prolixe Langston Hughes, l'un de ses plus grands admirateurs, tient la chronique de ses performances : « *Miss Bentley s'asseyait et jouait du piano toute la nuit, littéralement toute la nuit, sans s'arrêter, chantant des chansons comme "St. James Infirmary", de dix heures du soir jusqu'à l'aube, avec à peine une pause entre les notes, enchaînant une chanson après l'autre, soutenue par un rythme puissant et continu inspiré de la jungle. Miss Bentley était une démonstration extraordinaire d'énergie musicale – une grande femme noire, au style masculin, dont les pieds martelaient le sol pendant que ses doigts martelaient le clavier – une parfaite sculpture africaine, animée par son propre rythme.* » De quoi inspirer également le mondain et l'écrivain Carl Van Vechten qui, fasciné au point de venir la voir presque chaque soir, décide de lui rendre hommage dans son roman *Parties* : « *Il y a une fille là-haut que tu devrais écouter. Elle coiffe ses cheveux de manière que sa tête ressemble à un phoque mouillé, et quand elle martèle le piano, l'aube surgit comme un tonnerre.* » Vedette envoûtante, source d'inspiration culturelle, Bentley a tout d'une figure emblématique de la vie nocturne de Harlem. Si les nuits du quartier y sont blanches, leur étoile, elle, est bien noire.

Ce n'est pas la controverse qui a construit son succès mais son impertinence, son insolence. Son goût pour la parodie et son exagération dans la dénonciation des stéréotypes créent un style nouveau où les genres, les classes sociales voisinent en dehors de toute ségrégation. Son personnage loin des normes physiques, cible de remarques grossophobes dans les journaux, est subversif. Grâce à sa stature, Bentley assume, des décennies avant Lizzo ou Yseult, son corps de 115 kg. Sur scène, elle ne manque pas de panache et affiche l'assurance bravache des plus intrépides.

Rapidement, son triomphe lui permet de s'offrir un superbe appartement sur Park Avenue, une belle voiture, et de s'attacher les services de quelques domestiques. Elle se montre au bras de ses compagnes, sans se cacher. Elle enregistre ses premiers disques dès 1928, sur lesquels sont gravés ses plus grands hits : « Worried Blues », « How Long, How Long Blues » et « Wild Geese Blues » chez Okeh Records, futur label de Louis Armstrong et Mahalia Jackson. Son nom apparaît en une des pages spectacles dans toutes les villes où elle se produit avec sa troupe. Ses tournées l'emmènent dans les villes industrielles comptant une importante communauté noire, et jusqu'à Hollywood. Cary Grant et Barbara Stanwyck sont dans le public.

Quand la crise financière surgit, l'artiste a déjà signé la plupart des plus grandes chansons de sa carrière : « Ground Hog Blues », « Moanful Wailin' Blues », « Red Beans and Rice Blues », et « Big Gorilla Man ». Encouragée par son succès, elle souhaite migrer sur Broadway. Les propriétaires du *Clam House* lui intentent un procès. Son contrat de cinq ans n'est pas terminé, et, sans elle, ils savent que leurs recettes vont chuter. Mais à Broadway, la chanteuse essuie quelques déconvenues. Où qu'elle se produise, les lieux sont fermés par les autorités qui jugent ses performances trop provocantes. Retour à Harlem.

L'*Ubangi Club* l'embauche. Avec le fameux *Cotton Club*, c'est le plus célèbre cabaret du nord de Manhattan dans les années 1930. Le lieu est inclusif : homosexuels, touristes, célébrités blancs et noirs se côtoient. Les spectacles y sont extravagants, provocateurs, satiriques, les productions élaborées, les artistes talentueux. Tout cela déborde de vitalité dans une ville qui ne dort jamais. Gladys y travaille de 1934 à 1937 – année de la fermeture du club. Son répertoire humoristique et osé, elle l'interprète, toujours en habits masculins. Passant du blues aux chansons populaires, évoquant des amours libres et ouverts, vécus par des garçons efféminés et des filles plus masculines, elle joue du piano, amuse la galerie en se moquant des idéaux romantiques et des principes coincés de la bourgeoisie blanche. Gladys se joue des hommes, parle ouvertement de sexe (scandale !), assume son désir pour les femmes, jusqu'à badiner avec quelques spectatrices. Son show interactif avant l'heure est un grand mix d'humour potache et de décorum haut de gamme, d'érotisme et de romantisme.

Mais le talent de « miss Gladys » ne se limite pas à imiter, comme Vestar Tilley ou Ella Wesner. Elle est bien plus qu'un simple *drag king*, comme l'ont été Florence Hines, Annie Hindle ou Hetty King. Elle élève l'art du *drag* à un niveau supérieur, qui ouvre la voie à toutes celles qui lui succéderont. Elle ne cherche pas à « passer » pour un homme ni à prétendre être un homme. Elle incarne une « *masculinité féminine noire* », comme l'a défini Judith Halberstam dans *Female Masculinity*. Noir, blanc, masculin, féminin, elle mélange tout pour mieux dénoncer la binarité raciale, sociale, culturelle et sexuelle. Gladys Bentley innove parce qu'elle introduit une charge politique et un discours critique dans une parade frivole et divertissante.

À l'abrogation de la Prohibition en 1933, afin de lever de nouvelles taxes sur l'alcool, les bars clandestins ferment les uns après les autres. L'artiste migre à Santa Barbara, en Californie. C'est le début d'un déclin inexorable. Même si le *Mona's 440 Club*, premier bar lesbien de San Francisco, lui sert de repaire pendant un certain temps, les établissements gays ne suffisent pas à lui faire retrouver le succès new-yorkais. D'autres chanteuses prennent d'assaut les ondes radiophoniques, telle Billie Holiday.

Par ailleurs, de nouvelles lois la contraignent à demander des permis pour pouvoir se produire en habits masculins. Les années 1950, l'ère McCarthy, du nom du sinistre sénateur à l'origine de la chasse aux sorcières, sonnent le glas de sa liberté. Le « Savonarole » américain est alors conseillé par le peu scrupuleux Roy Cohn, futur mentor de Donald Trump, qui abuse de son pouvoir en utilisant l'intimidation et des tactiques de harcèlement.

Pour éviter d'être « blacklistée », Bentley commence à porter des robes et, à l'âge de 45 ans, dans un long article paru dans le magazine *Ebony,* elle affirme dès le titre : « *Je suis de nouveau une femme* ». Elle déclare s'être mariée à un cuisinier de dix-sept ans son cadet (ce que l'intéressé niera par la suite)... après avoir prétendu s'être unie civilement à une femme blanche deux décennies auparavant. Ce papier, publié au plus fort du maccarthysme[11], est une tentative évidente pour faire oublier son image lesbienne et assurer sa survie artistique, sociale et financière. Elle affirme même avoir été « *guérie* » de son homosexualité grâce à un traitement hormonal. Et la voilà en images, en train de jouer la bonne épouse dans un foyer américain modèle.

Sans doute a-t-elle voulu sauver sa peau. Son identité lui vaudrait à elle seule de perdre sa réputation ou d'atterrir en prison. Une femme noire, lesbienne, qui se comporte en mec et qui a gagné son autonomie et sa notoriété par son seul talent est une cible de choix pour l'Amérique conservatrice, blanche, hétérosexuelle, dominée par des hommes qui ne lui pardonnent pas ses saillies. Sous la pression d'une police de plus en plus homophobe, lesbophobe et transphobe, les lieux queers ferment. Certains ont joué la discrétion, mais Gladys serait bien incapable d'exercer son art à moins de cinquante décibels... Quelques cachets, quelques passages radio, quelques disques encore. Mais déjà, l'oubli pointe. Elle entreprend un ultime virage

11. Traque des communistes, intellectuels, artistes, syndicalistes, fonctionnaires et personnes LGBTQ+, accusés de menacer la sécurité nationale ou de s'éloigner des normes conservatrices de l'époque, au moyen d'accusations infondées, d'enquêtes abusives, entraînant une atmosphère de peur et de suspicion.

en s'impliquant dans la religion. Mais elle n'aura pas le temps de prier ou de prêcher, foudroyée par une pneumonie à l'âge de 53 ans.

Dans *Sister Outsider*, l'écrivaine et activiste Audre Lorde rappelle : « *Ce ne sont pas nos différences qui nous divisent. C'est notre incapacité à reconnaître, accepter et célébrer ces différences.* » Gladys Bentley ne revient sous les projecteurs que des décennies plus tard, pour entrer parmi les légendes du show-biz américain. Dans l'émission *RuPaul's Drag Race*, Ginger Minj, finaliste de la saison 7 en 2015, lui a rendu hommage dans une vidéo intitulée *Ginger Minj's Pride Herstory Lesson : Gladys Bentley*.

Il y a cinq ans, le *New York Times* a fait repentance. Dans sa série « Oubliés à tort », le quotidien a enrichi la nécrologie de femmes et de personnes issues des minorités nullement célébrées de leur vivant : « *Une interprète de blues défiant les normes de genre, devenue une figure royale du Harlem des années 1920.* [...] *Au début des années 1930, Gladys Bentley était la figure lesbienne la plus célèbre de Harlem* [...]. *Pendant un temps, elle comptait parmi les artistes noirs les plus connus des États-Unis.* »

Et comme l'écrit Audre Lorde : « *Nous savons ce que c'est que d'être trompés, et nous savons à quel point il est important de ne pas nous mentir à nous-mêmes. Nous sommes puissants parce que nous avons survécu, et c'est bien là l'essentiel : survivre et grandir.* »

BAYARD RUSTIN

1912-1987

Co-organisateur de la longue marche de Washington, avec Martin Luther King en vedette, militant non violent pour les droits civiques, il a joué un rôle politique majeur tout en restant à l'écart du pouvoir.

I *have a dream*. Martin Luther King prononce l'un des plus célèbres discours du XXe siècle, le 28 août 1963 à Washington. La Marche pour l'emploi et la liberté qui conduit 300 000 personnes dans la capitale américaine pour écouter le pasteur est organisée par son conseiller, Bayard Rustin.

Pour celui-ci, la marche a été longue… Élevé par ses grands-parents près de Philadelphie, une famille aisée de quakers, Rustin passe une adolescence tranquille, exprimant sa sensibilité à travers des poèmes tout en s'intégrant dans l'équipe de football américain de son lycée. Lorsque très tôt il confesse à sa grand-mère qu'il préfère la compagnie des garçons, elle lui répond : « *Je suppose que c'est ce que tu dois faire.* » « Devoir » et « faire », tels seront les maîtres mots de sa vie.

Sa voix de ténor le pousse d'abord à se consacrer au chant. Néo New-yorkais, Bayard intègre un quatuor, figure à l'affiche d'un *musical*, se produit régulièrement au *Café Society*, enregistre quelques albums pour Fellowships Records. De nature sociable, il élargit son réseau et rejoint par idéalisme la Ligue des jeunesses communistes. De quoi se mettre dans l'œil du viseur de J. Edgar Hoover, patron du FBI, qui, plus tard s'intéressera aussi à Joséphine Baker. Mais le jeune Rustin se sent trahi par ses camarades communistes quand ils lui demandent d'arrêter de protester contre la ségrégation raciale dans l'armée. Il casse donc la faucille avec le marteau en 1941.

Tandis que le conflit éclate en Europe, Bayard Rustin et A. Philip Randolph, leader syndical et militant des droits civiques, tentent déjà d'organiser une marche. Ils veulent faire pression sur le président afin que celui-ci autorise l'industrie de la défense à recruter des Noirs. Craignant la violence d'un tel mouvement et une propagande négative, Franklin D. Roosevelt conclut un accord le 25 juin 1941 : la marche est alors annulée. C'est la première grande victoire de Rustin. L'ordre exécutif interdit la discrimination raciale dans l'industrie de la défense et crée le *Fair Employment Practices Committee.* Quand les États-Unis entrent en guerre six mois plus tard, le complexe militaro-industriel peut embaucher cette main-d'œuvre afro-américaine, moins qualifiée et mal payée.

Selon l'historien Daniel Levine[12], Rustin possède une « *capacité infinie de compassion* ». C'est dans cet esprit qu'il rejoint le révérend A.J. Muste et son mouvement pacifiste Fellowship of Reconciliation. Il traverse tout le pays pour sensibiliser les citoyens à l'égalité raciale.

12. Daniel Levine, *Bayard Rustin and the Civil Rights Movement,* Rutgers University Press, 1999.

Le « prêcheur » soigne sa mise (coiffure courte et entretenue, visage doux et anguleux orné d'une fine moustache, costumes élégants) et affiche une expression réfléchie. Séduisant, Bayard Rustin sait se montrer persuasif quand il s'agit de porter la bonne parole.

Celle-ci concerne toutes les minorités. Lors d'un voyage en Californie, il tente de protéger les biens de 120 000 Américains d'origine japonaise, emprisonnés dans des camps d'internement. En vain. En s'élevant contre cette spoliation scandaleuse, autorisée par une décision de la Cour suprême, il se fait un nom grâce à ses talents de mobilisateur.

Hélas, pour ne pas s'être présenté au comité de conscription, le pacifiste purge 26 mois de prison. Mais ce traitement ne suffit pas à la lui « boucler » : Rustin revendique son homosexualité et proteste contre la ségrégation carcérale. Cela lui vaut d'être dirigé vers une prison de haute sécurité. Il faut ce qu'il faut pour mater ce jeune homme « dangereux ». Plus qu'une véritable menace, l'agitateur est un grain de sable dans le rouage d'un système américain raciste. Quand la Cour suprême des États-Unis déclare que les lois des États imposant une ségrégation raciale dans les bus interétatiques sont inconstitutionnelles, il se lance dans un « voyage de réconciliation » pour vérifier que la décision est appliquée. Cette victoire a son revers : Rustin finit à l'ombre en Caroline du Nord.

Puis son parcours de militant le mène en Inde, nouvellement indépendante, pour assister à une conférence de Gandhi. Les propos du Mahatma le convainquent de poursuivre son combat non violent. « *La seule arme dont nous disposons est notre corps, et il faut l'imposer là où les rouages de l'injustice doivent s'arrêter* », écrit-il à son retour. « *Nous avons besoin dans chaque communauté d'un groupe d'anges fauteurs de troubles.* » Durant ces années d'après-guerre, Rustin rencontre les mouvements indépendantistes du Ghana, du Nigeria et forme le comité de soutien à la résistance sud-africaine. Il manifestera plus tard contre les essais nucléaires de la France en Algérie.

Malheureusement, son homosexualité l'empêche de prétendre au titre de « Gandhi des États-Unis ». Arrêté pour « *conduite obscène* » en compagnie de deux hommes blancs, il plaide coupable sur l'accusation de perversion sexuelle. Et écope de 60 jours de prison. John Edgar Hoover étoffe son dossier. Malgré ses bons et loyaux services, le Fellowship of Reconciliation étouffe l'affaire et exige la démission de Rustin. Qui en déduit que « *le sexe doit être sublimé* », s'il veut espérer vivre « *dans ce monde plus longtemps* », comme il l'écrit à un ami à cette époque. Le voilà donc de nouveau enfermé, mais cette fois-ci dans une cage de chasteté.

En 1956, A. Philip Randolph lui conseille d'aller soutenir le Dr King en Alabama qui appelle au boycott des bus de Montgomery dans la capitale de l'État. Les deux hommes deviennent les deux faces d'une même pièce. Rustin lui parle des enseignements de Gandhi, conçoit et rédige ses tracts, organise conférences et covoiturages.

Représentant démocrate depuis 1944, le pasteur et militant Adam Clayton Powell Jr. est un vétéran du système politique et l'un des quatre élus afro-américains au Congrès. Autant dire qu'il veille à son influence. En 1960, la Convention nationale démocrate, à Los Angeles, s'apprête à choisir son candidat à la présidentielle. Le duo King/Rustin y voit une opportunité et parasite l'événement pour faire pression sur le parti afin qu'il mette fin à la ségrégation raciale, adopte des lois fédérales contre la discrimination et soutienne les manifestations pacifistes. Powell obtient que la marche soit annulée, et, en échange, insère l'obtention des droits civiques dans le programme du parti.

Parallèlement, Powell manœuvre pour que le Dr King rompe avec Rustin. De façon odieuse, il menace de révéler leur « *relation homosexuelle* ». Un chantage doublé d'un mensonge qui contraint toutefois King à s'éloigner de Rustin. Bayard démissionne pour ne pas faire du tort au mouvement. James Baldwin écrit dans *Harper's Magazine* à propos de ce divorce forcé : « *King a perdu beaucoup de crédit moral aux yeux des jeunes.* » Mais Kennedy gagne le vote des Noirs. Parce qu'il intervient pour libérer Martin Luther King arrêté en octobre 1960 à Atlanta, le candidat s'attire la reconnaissance des Afro-américains, qui sont 70 % à l'élire à la Maison-Blanche.

Trois ans plus tard, MLK prononce son grand discours, trois mois avant l'assassinat de JFK.

En 1962, A. Philip Randolph rêve d'une marche pour l'emploi. Jamais deux sans trois ? Il recrute Rustin, au fond du trou, pour élaborer un projet commémorant le centenaire de la signature de la Proclamation d'émancipation, décret par lequel Abraham Lincoln a affranchi les esclaves. En mai 1963, à Birmingham (Alabama), la police utilise des lances à incendie et des chiens d'attaque contre des enfants noirs. L'effroi saisit le pays. Le gouvernement doit accélérer le projet de loi sur les droits civiques. Jusque-là indifférent au projet de Randolph, Martin Luther King accepte l'idée d'une mobilisation nationale et se réconcilie avec Rustin.

La Marche pour l'emploi élargit sa revendication en incluant le mot liberté. Bayard, la cinquantaine, possède toutes les compétences pour diriger la coalition de six grandes organisations de défense des droits civiques. Mais Roy Wilkins, patron de la NAACP (Association nationale pour l'avancement des personnes de couleur) rejette cette nomination. Selon lui, l'homosexualité de Rustin pourrait affaiblir l'événement. Randolph est choisi, et impose Rustin en tant qu'adjoint. Un épisode qui illustre bien les dissensions entre militants des droits civiques, loin de partager les mêmes objectifs et forcés de résister en parallèle à l'opposition des ségrégationnistes du Sud et à l'ultra-surveillance du FBI.

À trois semaines de la date prévue, un sénateur ségrégationniste de Caroline du Sud publie le dossier du FBI sur Rustin afin de le discréditer. La manœuvre échoue. C'est que Rustin sait se rendre indispensable : « *Nous avons planifié précisément le nombre de toilettes nécessaires pour un quart de million de personnes… combien de médecins, combien de postes de premiers secours, ce que les gens devraient apporter avec eux pour manger à la cantine.* » Il s'agit de réussir une démonstration de force, sans s'aliéner le soutien de Kennedy. Rustin rédige des manuels d'organisation, chefs-d'œuvre de planification à grande échelle : sponsors, enjeux, revendications, lobbying, participants, accès à Washington, programme, départ de Washington, pancartes et banderoles, alimentation, santé, enfants et hébergements, etc.

Ce jour-là, Mahalia Jackson chante, Martin Luther King clame son rêve, Joséphine Baker, en uniforme, porte haut ses idéaux. Bayard Rustin énonce les revendications des manifestants devant une foule non violente, venue réclamer l'égalité et la liberté. Seules quatre arrestations sont à déplorer – quatre personnes blanches. Si, contrairement aux dirigeants des coalitions, il n'est pas reçu par Kennedy, *Life Magazine* consacre sa couverture à Rustin et Randolph.

Quelques mois plus, tard, lors d'une conférence, il demande au Mouvement des droits civiques de s'ouvrir à une collaboration avec les syndicats. L'année suivante, le président Lyndon B. Johnson fait voter le Civil Rights Act, loi qui interdit la discrimination raciale, religieuse, sexuelle et fondée sur l'origine nationale dans les lieux publics, les emplois et les écoles… Martin Luther King reçoit le prix Nobel et demande à Rustin d'organiser son voyage à Oslo. Bayard co-fonde l'Institut A. Philip Randolph (toujours actif) pour promouvoir les droits civiques et ceux des travailleurs. Il soutient aussi le boycott des écoles publiques de New York, pointées pour leur manque de mixité : 400 000 New-Yorkais participent à cette manif' non violente.

Pour prolonger ses réflexions, Bayard Rustin signe « *From Protest to Politics : The Future of the Civil Rights Movement* » en 1965 pour le magazine *Commentary* du Comité juif américain : « *Le mouvement des droits civiques évolue d'un mouvement de protestation vers un véritable mouvement social… Des sit-in et des Freedom Rides, nous sommes passés aux grèves des loyers, aux boycotts, à l'organisation communautaire et à l'action politique.* » Constatant la persistance des inégalités économiques et sociales, il affirme que les protestations doivent laisser place à un engagement politique visant à la justice économique, à la reconnaissance des droits des travailleurs et à la mise en œuvre de réformes systémiques, « *car les victoires légales seules ne suffisent pas à éliminer les causes profondes des inégalités raciales* ».

Rustin est sans doute trop pragmatique. Le Black Power prend du muscle, les manifestations contre la guerre du Vietnam gagnent en ampleur. Le militant est jugé trop modéré face au pouvoir. Profondément affecté par l'assassinat du Dr King en 1968, il se désengage progressivement des combats sur le sol américain pour soutenir Israël, promouvoir des élections libres en Afrique et en Amérique centrale, porter secours aux réfugiés en tant que vice-président du Comité international de secours.

Les luttes identitaires et nationalistes ne l'intéressent pas. Ce socialiste, plaidant pour la redistribution des richesses, s'oppose à la politique de quotas de discrimination positive. Durant les années Reagan, Rustin rouvre le placard et s'engage en faveur des droits LGBTQ+. Dans l'histoire américaine, les revendications des LGBTQ+ se sont souvent relayées avec les luttes des Noirs. À la suite des émeutes du *Cooper*

Do-nuts à Los Angeles (1959) puis celles du *Stonewall Inn* à New York (1969), c'est au tour des homosexuels de revendiquer leurs droits. Les premières Pride (1970), le premier élu homosexuel (Harvey Milk à San Francisco), le premier État à interdire la discrimination (le Wisconsin en 1982) jalonnent ces avancées. « *Il y a vingt-cinq ou trente ans, le baromètre des droits de l'homme aux États-Unis était les Noirs. Ce n'est plus le cas. Le baromètre pour juger le caractère des gens en ce qui concerne les droits de l'homme est désormais celui de ceux qui se considèrent comme gays, homosexuels ou lesbiennes* », a témoigné Rustin devant le comité des affaires générales du Conseil municipal de New York, en faveur d'un projet de loi visant à interdire la discrimination fondée sur l'orientation sexuelle. « *Je pense que la communauté gay a l'obligation morale de faire tout ce qui est possible pour encourager de plus en plus d'homosexuels à sortir du placard* », explique-t-il en 1987, peu avant son décès.

Le mariage pour tous ne sera légalisé que sous la présidence du premier président afro-américain, Barack Obama. Celui-ci va d'ailleurs distinguer Bayard Rustin à titre posthume en lui décernant la Médaille présidentielle de la liberté, créée par Kennedy l'année de la Marche. C'est la plus haute distinction civile des États-Unis. Une reconnaissance pour son engagement essentiel en faveur des droits civiques, des droits des travailleurs et des personnes LGBTQ+.

La médaille est acceptée par Walter Naegle, militant qui a partagé la vie de Bayard Rustin durant ses dix dernières années. Le mariage homosexuel n'étant pas légal, Rustin a adopté Naegle afin de lui offrir la protection de droits légaux. Exécuteur testamentaire et archiviste de sa succession, celui-ci a joué le rôle de consultant historique sur le biopic *Rustin* sorti en 2023. Incarnant le militant, Colin Domingo, nommé à l'Oscar du meilleur acteur pour ce rôle, rappelle : « *Il n'y avait personne de plus américain, je crois, que Bayard Rustin. Il a donné sa vie et son service à ce pays et a essayé d'en faire un endroit meilleur.* »

ALAN TURING

1912-1954

Mathématicien et logicien britannique, souvent considéré comme l'un des pères de l'informatique moderne et de l'intelligence artificielle, il joue un rôle crucial pendant la Seconde Guerre mondiale dans le décryptage des codes allemands, notamment ceux de la machine Enigma, contribuant de manière significative à la victoire alliée.

41 ans, c'est un peu jeune pour mourir. Alan Turing se suicide deux semaines avant son anniversaire. Cet homme au large front, aux grands sourcils et à la mâchoire carrée, à la ligne athlétique, assez séduisant pour résumer, aurait dû être célébré en héros de son vivant. Au lieu de cela, il a été persécuté, jugé, condamné. Et son rôle historique est demeuré caché durant plus de trente ans.

Tout commence par un événement qui, bien que mineur en apparence, a entraîné des conséquences dramatiques pour la vie de ce mathématicien et père de l'informatique moderne. En janvier 1952, Alan Turing, résidant à Wilmslow, près de Manchester, fait la connaissance intime d'un jeune homme de 19 ans, Arnold Murray. Peu après, un cambriolage survient au domicile de Turing. Celui-ci signale l'incident à la police et explique qu'il soupçonne un complice de Murray d'être le cambrioleur. Harry Green, le jeune délinquant, est rapidement démasqué. Pourtant, il ne sera jamais officiellement inculpé.

Le Royaume-Uni est endeuillé. Le roi George VI meurt et la jeune Élisabeth accède au trône. Dans ce contexte, le fait divers aurait dû passer complètement inaperçu. Mais l'attention des autorités se déplace rapidement de l'enquête criminelle vers la relation entre Turing et Murray, et aboutit à l'arrestation du scientifique pour « *indécence manifeste* » et « *perversion sexuelle* ». Des accusations déjà proférées contre des dizaines de milliers d'hommes homosexuels à l'époque. Oscar Wilde, par exemple. L'amant Murray, lui, s'en sortira plutôt bien : la justice lui demande juste d'adopter un comportement exemplaire durant un an.

Le vol prend alors un aspect secondaire dans cette affaire où la victime se transforme en coupable. Car à cette période, le Royaume-Uni, en pleine guerre froide, découvre, quelques mois auparavant, le scandale des « Cinq de Cambridge », révélant que des intellectuels britanniques, dont certains homosexuels, sont impliqués dans une affaire d'espionnage au profit de l'Union soviétique. Un savant gay tel que Turing ne peut donc qu'être suspect aux yeux du contre-espionnage anglais.

Le mathématicien, notoirement homosexuel, n'a jamais été inquiété jusque-là. Il faut un banal cambriolage pour que la machine se grippe. Dans ce contexte de paranoïa aiguë, la police, zélée et totalement ignorante de la vie d'Alan Turing, le désigne comme principal accusé dans cette affaire. Héros national, membre de la Royal Society depuis un an, il est immédiatement déchu, publiquement et médiatiquement. Tout plaide contre lui. Ses exploits mathématiques et cryptologiques sont impossibles à révéler, pour cause de secret-défense.

On lui laisse le choix entre l'incarcération et la castration chimique, un traitement hormonal violent, pour « soigner » son homosexualité. Cette « médication », similaire aux remèdes préconisés par le médecin SS Carl Vaernet dans l'Allemagne nazie, a durablement abîmé le système public de Santé britannique (le NHS) qui, grâce aux impôts des citoyens, finançait cette barbarie. Cette politique de « conversion thérapeutique » a conduit de nombreux Anglais homosexuels à la dépression et au suicide.

En choisissant cette option, Alan Turing ne s'est pas douté des graves effets secondaires physiques et psychologiques qui l'attendent : dépression, importante prise de poids, poussée mammaire et impuissance. « *J'ai fait un rêve qui indique assez clairement que je suis en train de devenir hétéro, bien que je ne l'accepte pas avec beaucoup d'enthousiasme, que ce soit éveillé ou dans mes rêves* », peut-on lire dans une lettre envoyée à un ami, Nick Furbank, durant cette période. À cette humiliation s'ajoutent l'exclusion sociale et le rejet de ses pairs. Il est privé de son habilitation de sécurité, ce qui l'empêche de poursuivre son travail pour le gouvernement britannique.

Alan Turing se donne la mort peu après. A-t-il croqué la pomme ? L'autopsie conclut qu'il aurait mangé une pomme imprégnée de cyanure, tout comme l'héroïne de *Blanche-Neige et les Sept Nains*, un conte qu'il chérit particulièrement, préparée en suivant la recette toxique de la sorcière. Factuellement, malgré un examen révélant la présence de cyanure dans le corps (la pomme n'a pas eu le droit à une analyse), son décès est sujet à diverses théories. Accident ou suicide, peu importe au final. Alan Turing est mort privé des éloges qu'il aurait dû recevoir.

Même sa réhabilitation n'a rien d'un long fleuve tranquille. Cinquante-cinq ans après ses modestes funérailles, l'informaticien John Graham-Cumming lance une pétition pour que le gouvernement demande pardon pour les poursuites engagées contre Alan Turing. Le Premier ministre de gauche, Gordon Brown, reconnaît que la sanction a été effroyable et présente les excuses de l'exécutif. Mais cela ne suffit pas. Le ministre de la Justice de l'époque, Tom McNally, de centre-gauche, rejette la demande de réhabilitation posthume, puisque Turing lui-même a reconnu sa culpabilité. CQFD : il refuse de gracier l'infraction pénale. Trois ans plus tard, onze scientifiques britanniques renommés font de nouveau appel de cette infamie. Sous la pression, le secrétaire d'État à la Justice, Chris Grayling, pourtant conservateur, va rouvrir le dossier et déclarer que la condamnation a été aussi injuste que discriminatoire.

Élisabeth II, couronnée un an avant la disparition de Turing, vient alors de fêter son Jubilé de diamant. En 2013, la veille de Noël, elle signe un acte royal de clémence, acte de grâce extrêmement rare. Quelques mois plus tard, les spectateurs se familiarisent avec la vie d'Alan Turing, sous les traits de Benedict Cumberbatch, dans le film *Imitation Game*[13]. Il faut quand même encore attendre trois ans pour que le public découvre à la faveur d'une exposition les archives policières de son acte d'accusation. Le mathématicien n'est plus seulement « réhabilité » : il retrouve sa place légitime dans l'Histoire.

13. Le titre du film provient du premier chapitre de sa publication, *Computing Machinery and Intelligence*, parue en 1950.

Alan Turing a donné son nom à l'Institut national dédié à l'intelligence artificielle, à la science des données, à un prix récompensant les sciences informatiques, à la salle d'informatique du King's College de Cambridge, à un amphithéâtre de l'université Paris-Diderot. Manchester abrite un mémorial, une rue « Alan-Turing Way », un bâtiment de l'université rebaptisé en son honneur. Son visage illustre les billets de 50 livres depuis quelques années (il est le premier gay à circuler ainsi entre les mains de tout le monde). Des pièces de théâtre, des bandes dessinées et des livres lui rendent hommage ici et ailleurs. Il est à présent temps de démontrer à quel point l'orientation sexuelle d'une personne ne devrait jamais être prise en compte dans les jugements – personnels ou institutionnels.

En 1936, à 24 ans à peine, il invente la machine dite de Turing, théorie abstraite qui modélise les processus de calcul – soit la base conceptuelle des ordinateurs, des algorithmes de la science de l'informatique. Rien que ça. Toute notre vie quotidienne contemporaine tient dans cette découverte fondamentale.

Trois ans plus tard, à Bletchley Park, centre névralgique strictement secret des opérations de décryptage britanniques pendant la Seconde Guerre mondiale, il tente de « traduire » les messages codés de la machine Enigma, utilisée par les nazis. Il contribue à la création d'une machine électromécanique, « la Bombe », capable de déchiffrer les messages codés en testant rapidement de multiples combinaisons. Grâce à elle, les Alliés ont pu déjouer de nombreuses attaques allemandes et vaincre les troupes d'Hitler en devançant leurs attaques.

Logiquement, il joue un rôle clé dans le développement des premiers ordinateurs programmables, contribuant notamment à la conception de l'architecture des premiers ordinateurs électroniques, en particulier celle de l'Automatic Computing Engine (ACE).

Mais le savant va bien plus loin. Près de deux décennies avant l'œuvre littéraire « le cycle des Robots » d'Isaac Asimov, il crée le test de Turing. Dans son article « *Computing Machinery and Intelligence* » (1950), il expose une méthode pour évaluer si une machine est dotée d'intelligence, à savoir si elle peut ou non imiter un être humain. Il imagine un futur dans lequel les machines seraient capables d'apprendre et de résoudre des problèmes de manière autonome. Les prémices de l'intelligence artificielle. « *Nous pouvons espérer que les machines pourront un jour rivaliser avec les hommes dans tous les domaines purement intellectuels. Mais par lesquels serait-il le mieux de commencer ? Même cela est une décision difficile. Beaucoup de gens pensent qu'une activité très abstraite, comme le jeu d'échecs, serait la meilleure option. On peut également soutenir qu'il est préférable de doter la machine des meilleurs organes sensoriels que l'argent puisse acheter, puis de lui apprendre à comprendre et à parler l'anglais. Ce processus pourrait suivre l'enseignement normal d'un enfant : les objets seraient désignés et nommés, etc. Là encore, je ne sais pas quelle est la bonne réponse, mais je pense que les deux approches devraient être tentées* », écrit-il. On connaît la suite : IBM développe un superordinateur spécialisé dans le jeu d'échecs au milieu des années 1980. Dans une version améliorée, la machine affronte alors deux fois le champion du monde Garry Kasparov. Si celui-ci gagne la première manche, « Deeper Blue » remporte la mise l'année suivante…

Après sa condamnation, Alan Turing se tourne vers la biologie théorique, cherchant à appliquer un modèle mathématique sur le développement des êtres vivants. Plus prosaïquement, il veut expliquer comment les rayures des zèbres, les taches des léopards, les motifs des coquillages ou encore la disposition des pétales des fleurs peuvent apparaître dans la nature. En s'intéressant ainsi à la morphogenèse (dans son article « *The Chemical Basis of Morphogenesis* », 1952), il démontre qu'il est possible de modéliser mathématiquement des phénomènes biologiques complexes, et ouvre la voie à une nouvelle branche interdisciplinaire entre la biologie, la chimie et les mathématiques. On lui doit ainsi les progrès en biologie moléculaire et en biophysique. Ces travaux, également utilisés pour concevoir des matériaux et des surfaces artificielles qui imitent les motifs biologiques, ont trouvé des applications dans l'ingénierie des tissus, la science des matériaux et… l'intelligence artificielle.

Malgré toutes ces avancées scientifiques majeures, rien n'a protégé le génie. Ce passionné de course à pied, marathonien de niveau olympique, a été stoppé net avant la ligne d'arrivée. D'apparence obstinément juvénile (on lui donnait dix ans de moins, ce qui a créé quelques méprises avec sa hiérarchie), les ongles rongés, Turing, qui déteste porter une cravate, n'est guère dans l'air du temps. Son athéisme, ses amitiés avec les progressistes de Cambridge, les économistes John Maynard Keynes et Arthur Cecil Pigou en premier lieu, et ses opinions pacifistes n'en font pas non plus un patriote pur jus dans le contexte des années 1930. Mauvais élève en dehors des matières qui l'intéressent, effrayé par l'échec, excentrique par certains aspects, il manque du brio nécessaire pour s'imposer dans l'élite.

Alan Turing ne colle pas avec l'Angleterre de l'entre-deux-guerres. Par amitié, complicité intellectuelle, et sans doute pragmatisme, il a failli se marier avec la cryptologue Joan Clarke, qui a participé à la conception de la « Bombe ». Mais, aux yeux du mathématicien, rien ne pouvait remplacer « Chris », son grand amour de jeunesse. Christopher Collan Morcom, né en 1911, est le premier amour de Turing. Une relation inspirante qui s'achève tragiquement par la mort précoce du jeune homme, en 1930, des suites de la tuberculose.

Cette perte irrémédiable cause la première dépression du savant. Pour surmonter son deuil, il se jette à corps perdu dans les sciences et les mathématiques. « *Je suis certain que je n'aurais pu trouver ailleurs un autre compagnon à la fois si brillant, si charmant et dépourvu de prétention. Je considérais mon intérêt pour mon travail, et pour des sujets comme l'astronomie (qu'il m'a fait découvrir), comme quelque chose à partager avec lui, et je pense qu'il ressentait un peu la même chose à mon égard… Je sais que je dois mettre autant d'énergie, sinon autant d'intérêt, dans mon travail que s'il était encore en vie, car c'est ce qu'il aimerait que je fasse* », a-t-il confié dans une lettre adressée à la mère de son amoureux, avec laquelle il continuera d'entretenir une relation filiale.

Dans un de leurs échanges épistolaires, il esquisse une énigme qui le hante. « *En ce qui concerne la connexion réelle entre l'esprit et le corps, je considère que le corps peut retenir un "esprit", et tant que le corps est vivant et éveillé, les deux sont fermement liés. Lorsque le corps dort, je ne peux pas deviner ce qui se passe, mais quand le corps meurt, le "mécanisme" du corps qui retient l'esprit disparaît, et l'esprit trouve un nouveau corps, tôt ou tard, peut-être immédiatement.* » L'ultime code, impossible à déchiffrer ?

Tove Jansson

1914-2001

Intrinsèquement antifasciste, son œuvre éclectique aborde des thèmes profonds tels que l'identité, la solitude et la nature. Elle contribue surtout à établir un nouveau standard dans le domaine de la littérature jeunesse avec ses héros, les Moomins.

Adorables Moomins. Ces trolls blancs ventripotents, aux formes rondes et lisses, dont le large museau ressemble à celui d'un hippopotame. Un papa, une maman et leur fils. Difficile *a priori* de faire plus hétéronomé. Au total, 14 livres illustrés, déclinés en bandes dessinées, séries et films d'animation, chansons, créations théâtrales, jeux vidéo, musées, boutiques, cafés, produits dérivés et parcs d'attractions. Une licence qui pèse des centaines de millions de dollars par an et que l'empire Disney a, un temps, convoitée.

Derrière ce succès mondial et atemporel, une femme, Tove Jansson, écrivaine, dessinatrice, illustratrice et peintre. Cette Finlandaise suédophone née à Helsinki, inscrit à l'époque dans les limites de l'empire russe, est issue d'une famille d'artistes – ses deux frères suivront d'ailleurs le même chemin qu'elle. Tove se considère comme libérale et bourgeoise, même si selon son père, tyran domestique nationaliste, ses fréquentations font d'elle une gauchiste. Ses relations avec les milieux intellectuels helsinkiens la poussent à s'engager politiquement.

La jeune fille est précoce. Dès ses 15 ans, elle intègre le magazine satirique suédois *Garm* comme illustratrice et caricaturiste, mettant de côté ses ambitions artistiques. Durant les années 1930, animée d'une flamme profondément antifasciste, elle focalise ses créations sur les nazis, signant par exemple une illustration sur laquelle un client souhaite acheter une poupée qui dit « maman » dans un magasin qui ne propose que des modèles annonant « Heil Hitler ». Par la suite, elle imagine le Führer sous les traits d'un enfant capricieux et insupportable, réclamant toujours « *plus de gâteau* » (une pâtisserie dont les parts portent les noms d'« Alsace-Lorraine », « Couloir de Dantzig », « Yougoslavie », « Roumanie », « Belgique »...), ou croqué comme un pilleur insatiable ou un despote imprévisible, assis sur un entrepôt d'explosifs. Caricature légendée d'un avertissement : « *Le jeu sérieux* ».

Au milieu de la décennie, elle effectue un séjour à Paris, où elle étudie aux Beaux-Arts. Après avoir croisé des nationalistes finlandais, elle confie, dans une lettre à sa famille : « *Je n'ai pas dit un mot pendant une heure et demie, mais ensuite je n'ai plus pu me retenir et je leur ai dit que c'était la malédiction du monde, ces frontières restrictives, cette haine raciale, cette provocation linguistique, ce petit "vous-ne-pouvez-pas-jouer-dans-notre-cour", cet étiquetage ridicule, et que la prochaine fois qu'ils commenceraient à s'emballer sur la politique, je me lèverai et partirai.* »

Lors de la Seconde Guerre mondiale, confinée à Helsinki, Jansson dessine des couvertures qui montrent l'effroi provoqué par le conflit dans le pays, souvent incarné par un père Noël en panique, et l'espoir d'une issue heureuse, symbolisé la plupart du temps par un ange portant la lumière. Parfois un petit chien noir se promène au milieu d'une Europe dévastée, dont elle dépeint le quotidien ordinaire en cette période inhumaine. La croix gammée s'y incruste régulièrement, tel un ennemi. Le voisin soviétique, Staline, n'est guère mieux traité. Sa représentation en « petit père des peuples », dont l'artiste moque la taille de l'épée, est d'ailleurs censurée.

Son ton décalé fait mouche. « *Suggérer est beaucoup plus important que représenter* » : fidèle à cette philosophie définie dans son livre *La Cartographe*, Tove n'hésite pas à manifester son empathie pour les victimes de guerre, introduisant également des touches absurdes, ironiques ou comiques dans des planches à l'atmosphère dramatique, traduisant le poids douloureux du conflit. Elle collabore avec le magazine *Garm* jusqu'en 1953, signant plus de 500 caricatures et 100 couvertures. La fin de la guerre lui permet de changer de registre.

En une du numéro de juillet 1945 gambadent quelques créatures étranges, au ventre rebondi et au museau allongé… Les fameux Moomins, au nom aussi doux que l'apparence, voient le jour en cette année de victoire. Dans ce premier opus, *Moomin et la Grande Inondation,* la mère et son fils partent à la recherche du père, parti pendant la guerre. Ces réfugiés traversent un paysage étrange et menaçant en quête d'un abri. Après moult aventures, ils finissent par retrouver le père et s'installent ensemble dans une maison emportée par le courant jusqu'à une petite vallée. Ainsi émerge l'un des éléments récurrents de toute l'œuvre de Tove Jansson : l'eau, la mer et l'océan. Un monde flottant. « *La vie est comme une rivière. Il y a ceux qui naviguent tranquillement, ceux qui foncent et ceux qui chavirent* », écrit l'artiste dans le dernier tome des Moomins, *Tard en novembre.*

Le deuxième album, *Une comète au pays de Moomin* continue de suivre leurs pérégrinations. Quelques semaines après la grande inondation, la famille et ses amis partent en quête de réponses après avoir découvert qu'une comète menace de frapper la Terre. Partis s'abriter dans la petite vallée, ils apprennent avec soulagement que la comète a finalement évité la planète et que tout y est resté intact.

Le respect de la nature est primordial dans l'œuvre de l'autrice, bien avant la prise de conscience générale de la crise climatique. Le professeur de littérature Björn Sundmark ajoute que ses livres diffusent aussi « *un sentiment de solidarité accru, qui se fond naturellement dans l'amitié et la convivialité. Personne n'est trop étrange ou effrayant pour ne pas être toléré. Même le Groke – froid et sans ami – finit par se socialiser…* » Un remède à la fragilité de l'humanité, asséné à l'envi au fil des histoires… C'est aussi une série profondément anti-capitaliste, sans classe dirigeante ou ouvrière. Travailler pour enrichir des inconnus est un concept inédit qui effraie les Moomins, lesquels préfèrent boire du jus de framboise et profiter de l'instant.

Selon Tove Jansson, ces deux premiers livres reflètent les bouleversements de la guerre et témoignent de la dépression soufferte par l'artiste durant ces années de conflit. Dans une lettre à un ami, elle écrit : « *Lorsque je me suis senti déprimée et que j'ai voulu m'éloigner de mes sombres pensées pour me tourner vers autre chose, je me suis glissée dans un monde incroyable où tout était naturel et sans gravité. Et surtout où tout était possible.* »

C'est un succès international qui couronne la sortie d'un troisième ouvrage, *Moomin le troll.* Sans doute parce que les personnages évoluent dans un contexte plus *fantasy* que catastrophique. Les petites créatures y découvrent les pouvoirs magiques d'un chapeau de sorcier, qui transforme leur quotidien en aventures fantastiques riches de métamorphoses inattendues. La Moomin-mania prend son envol après la publication sous forme de *comic strips* dans le *London Evening Standard*, qui touchera jusqu'à 20 millions de lecteurs dans plus de 40 pays.

Les personnages des Moomins font écho à des personnes réelles, parmi l'entourage proche de l'autrice. Le fils et Petite Mu sont considérés comme des autoportraits psychologiques de Tove Jansson. De manière générale, les Moomins évoquent la famille de l'artiste, bohème, sensible à la nature, tolérante et ouverte à la diversité. Le Renaclerican, vagabond solitaire, est inspiré par le philosophe, député et journaliste Atos Wirtanen, avec qui Tove fut brièvement fiancée. Les quelques hommes avec lesquels elle entretient une liaison la laissent insatisfaite. « *Les femmes sont imprévisibles* […]. *Le comportement des mâles humains est très étrange* », lit-on dans *Moomin et les Brigands*.

Aussi Jansson se tourne-t-elle vers les femmes. Sous les traits des inséparables Zotte et Zézette, se dissimulent Tove et sa compagne de l'époque, Vivica Bandler. Celle-ci, par ailleurs mariée, directrice de théâtre et metteuse en scène, est réputée pour avoir popularisé les pièces d'avant-garde françaises. Bandler adaptera d'ailleurs deux des aventures des Moomins sur les planches et traduira les trois premiers livres de la série en allemand.

En 1955, Tove rencontre Tuulikki Pietilä, graphiste et peintre, et sœur de l'architecte moderniste Reima Pietilä, qui partage l'approche poétique et organique de l'espace de l'architecte mexicain Luis Barragán. Leur liaison durera jusqu'à ce que la mort de la créatrice des Moomins les sépare, en 2001. Tuulikki, métamorphosée en Too-Ticky l'androgyne dans *L'Hiver des Moomins* (1957), représente à la fois un point d'ancrage et une source d'inspiration pour sa consœur. Au début de leur histoire, à Helsinki, elles vivent séparément mais à proximité l'une de l'autre pour préserver leur intimité. Elles signeront plusieurs collaborations, dont une quarantaine d'œuvres tridimensionnelles créées par Pietilä et exposées au musée Moomin à Tampere.

Tuula Karjalainen, historienne de l'art et autrice d'une biographie sur Tove Jansson, rappelle ses positions avant-gardistes notamment dans ses choix de vie personnels. À l'époque, une femme ne partage pas le lit d'un homme hors mariage. Ses liaisons homosexuelles sont restées secrètes avant d'être dévoilées. En Finlande, l'homosexualité est passible d'une peine de prison ou d'un internement psychiatrique jusque dans les années 1950. Tove Jansson, ouvertement queer et homosexuelle, a brisé les codes et vécu en femme libre. Un lien invisible se noue alors avec Rosa Bonheur…

Dans un pays profondément conservateur, elle n'hésite pas à s'afficher, dans les cérémonies et les dîners de galas, en compagnie de son amie. La Finlande est impuissante à condamner son emblématique ambassadrice. En 1992, les deux femmes assistent ensemble à la réception tenue lors de la fête de l'Indépendance au palais présidentiel. Il s'agit du premier couple féminin à être convié à cet événement.

Que peut-on lui rétorquer ? C'est un emblème national. Une fierté depuis qu'en 1966, Jansson a reçu le prestigieux prix Hans-Christian-Andersen, du nom de l'auteur bisexuel de *La Petite Sirène* et de *La Reine des neiges*, récompensant sa contribution mondiale à la littérature jeunesse. Malgré cela, elle a décidé d'arrêter les histoires des Moomins à partir des années 1970. Il faut dire que leur succès commence à l'agacer. La gestion des droits de son œuvre et de ses déclinaisons lui prend énormément de temps et d'énergie. Elle voit ses admirateurs comme des envahisseurs, ne supportant plus leur présence. Sa difficulté à trouver un juste équilibre entre vie privée et vie professionnelle, sa créativité et son rôle d'ambassadrice, influent sur son tempérament. Dans un de ses journaux intimes, elle confie : « *J'ai l'impression d'être un peu arrogante, mais je fais tout mon possible pour maintenir mon image : une enfant de la nature, douce, cultivée, en perpétuel émerveillement.* » Avec Tuulikki Pietilä, elle déniche un havre de paix en pleine mer Baltique, à l'écart du monde. Une île isolée qui lui sert de refuge, comme la vallée des Moomins. Quand les deux femmes y séjournent, elles vivent en autarcie.

Tove Jansson, qui a publié son premier roman illustré en 1933, *Sara och Pelle och näckens bläckfiskar (Sara et Pelle et le Calamar des eaux du lutin)*, revient à l'écriture avec un livre semi-autobiographique, qu'elle destine pour la première fois aux adultes, *La Fille du sculpteur*. Elle écrira au total cinq romans et huit recueils de nouvelles, sans pour autant abandonner le dessin puisqu'elle illustre dans les années 1960 la version suédoise de *Bilbo le Hobbit* de J.R.R. Tolkien.

La peinture reste sa véritable passion. Après une première exposition monographique en 1943, Tove Jansson organise plusieurs expositions personnelles, montrant des œuvres de plus en plus abstraites. Des commandes publiques lui permettent de vivre confortablement de son art. Parmi celles-ci, la fresque de l'hôtel de ville d'Helsinki, celles de l'hôpital pour enfants Aurora ou d'autres encore, peintes dans des écoles.

Toute sa vie, cette femme libre, grande voyageuse, a cherché à assouvir sa curiosité : l'envie avant l'ennui. Dans son roman *Fair-Play* (1989), elle écrit : « *Il n'y a qu'une seule chose à retenir : ne jamais se lasser, ne jamais devenir indifférent, ne jamais perdre sa précieuse curiosité – car c'est là qu'on se permet de mourir. C'est aussi simple que ça.* » *Fair-Play* raconte la vie d'un couple de deux femmes artistes septuagénaires. Un témoignage sensible qui décrit l'intimité et la complicité de deux lesbiennes réunies par l'art au moment de la narration.

Adorée des enfants, célébrée par les adultes, Tove Jansson a laissé une trace profonde dans l'imaginaire de millions de personnes, en donnant vie aux Moomins ou en affirmant ses convictions. L'écrivain Philip Pullman avoue son admiration pour l'artiste finlandaise : « *Elle était un génie, une femme d'une profonde sagesse et d'un grand talent artistique.* »

ROCK HUDSON

1925-1985

Star hollywoodienne symbolisant le beau mâle hétéro héroïque ou romantique, l'acteur a été la première célébrité à révéler son sida et faire prendre conscience au monde de l'importance de l'épidémie qui allait se propager sur tous les continents.

« R*ock Hudson est mort à 59 ans. Son sida a bouleversé le monde.* » C'est le titre en une du *Los Angeles Times* daté du 2 octobre 1985. Le visage de la star hollywoodienne figure en première page de tous les journaux américains et européens. Dans les jours qui suivent, la presse évoque « *la fin d'une agonie* », la façon dont « *Hollywood a obligé Rock Hudson à vivre dans le mensonge* », ou encore « *la fin d'une longue bataille contre le sida* ».

Rock Hudson, idole du cinéma américain, dernier grand héros romantique, canon de beauté légendaire, est la première personnalité mondialement connue qui succombe à ce sale virus de l'immunodéficience humaine). Si le VIH apparaît dans la première moitié du xxe siècle au Cameroun, l'épidémie n'est officialisée aux États-Unis que le 5 juin 1981. Le rétrovirus responsable du sida est identifié deux ans plus tard par l'Institut Pasteur en France. Avant 1985, date des premiers dépistages, environ 20 000 cas de sida sont signalés dans le monde, principalement en Amérique du Nord, en Europe et en Afrique subsaharienne. Même si, en Afrique, le virus s'est probablement propagé bien avant qu'il ne soit identifié, touchant déjà des centaines de milliers, voire plusieurs millions de personnes à cette époque.

Rock Hudson a également été la première célébrité majeure à reconnaître publiquement sa maladie. Son diagnostic est révélé quelques mois avant sa mort, suscitant une prise de conscience mondiale sur la pandémie, qui va contraindre les pouvoirs publics à réagir… lentement. Pourtant, le sida a déjà tué, dans une forme d'indifférence, emportant le compositeur de disco Patrick Cowley, le chanteur allemand Klaus Nomi, le militant américain Bobbi Campbell, l'acteur porno Wade Nichols, le politicien Nicholas Eden (fils du Premier ministre britannique, Anthony Eden), le drag-queen Hibiscus, le philosophe Michel Foucault. Et la maladie contraint de nombreuses victimes à garder le silence, de peur de révéler leur homosexualité.

Rock Hudson est âgé de 55 ans quand sa santé se dégrade. Il doit subir un quintuple pontage cardiaque. Officiellement provoqué par un abus d'alcool et de tabac. Le diagnostic réel ne tombe qu'en 1984. Mais là encore, l'acteur préfère cacher la vérité. Il vient de signer un gros contrat pour un rôle dans la série *Dynasty*. On évoque ensuite un cancer du foie. Trop affaibli, il ne tourne que neuf épisodes.

Jusqu'au décès du « Rock », le sida est surnommé « *la peste gay* ». Qui se soucie des homosexuels ? Et quand l'épidémie se propage aux toxicomanes, travailleurs et travailleuses du sexe, prisonniers et prisonnières, la société ferme les yeux, persuadée qu'elle ne touche que des « marginaux », ignorant que le virus s'est déjà transmis aux hétérosexuels. Nancy Reagan, First Lady de l'époque, refuse ainsi son assistance à Rock Hudson, qui cherche à être pris en charge par un médecin pionnier à Paris. Il se rend en France en juillet 1985 pour tenter un traitement expérimental grâce au médicament HPA-23, indisponible aux États-Unis.

Son calvaire éclaire la vision politique des Reagan sur l'épidémie. Hudson connaît bien le couple présidentiel. La star des studios Universal et l'ancien acteur de la Warner reconverti en politique sont de vieux amis. Quand il est transporté à l'hôpital américain de Paris, il fait appel aux époux Reagan pour accélérer son transfert en hôpital militaire afin d'être soigné par le Dr Dominique Dormant, en expliquant : « *Un seul hôpital au monde peut offrir le traitement médical nécessaire pour* [lui] *sauver la vie* [...] *ou au moins atténuer sa maladie.* » L'acteur n'étant pas français, seule une demande de la Maison-Blanche peut exiger un passe-droit. Nancy Reagan rejette la demande et suggère à son ami malade de se rendre à l'ambassade des États-Unis, comme n'importe quel citoyen américain dans une telle situation. La Première Dame ne souhaite pas favoriser un proche pour ne pas être impliquée dans une affaire aussi personnelle – une défense irrecevable puisque Reagan n'a cessé de venir en aide à ses soutiens durant ses deux mandats. Plus généralement, l'administration républicaine tardera à reconnaître la gravité du sida sur le plan national. En 1985, plus de 5 500 personnes en sont déjà mortes sans que le gouvernement n'ait pris de mesures significatives pour y remédier. Reagan a même réduit le budget de santé alloué à la lutte contre l'épidémie quelques mois plus tôt.

De fait, Hudson se retrouve blacklisté dès lors qu'est rendue publique la nature du mal qui le ronge. Un homosexuel indésirable. Un comble pour ce comédien qui a bâti toute sa carrière sur sa capacité à séduire les Américaines. L'idole tombe de son piédestal. Ses partenaires de jeu ne veulent plus échanger de baiser devant la caméra avec lui comme avec ceux qui l'ont embrassé derrière la caméra. Il est exclu de son milieu, comme le sont encore trop souvent les séropositifs.

Dans cette histoire, c'est le ministre français de la Défense, Charles Hernu, qui débloque le verrou administratif et permet à Hudson d'être admis à l'Hôpital militaire de Percy, près de Paris. Malheureusement, le diagnostic du Dr Dormant est pessimiste. La maladie est trop avancée pour que le traitement HPA-23 soit efficace. L'acteur est donc contraint de rentrer chez lui. Mais aucune compagnie aérienne n'accepte sa présence à bord. Seule la location d'un Boeing 747 d'Air France d'un montant de 250 000 dollars lui permet de retourner à Los Angeles, où il est soigné au UCLA Medical Center.

Mais déjà tout change. En révélant son homosexualité et sa maladie, Rock Hudson sensibilise l'Occident, mais pas seulement. Il rend service à la communauté LGBTQ+ qui y voit un moyen de promouvoir à plus grande échelle la lutte contre le sida et de faire pression sur les autorités politiques pour trouver un traitement efficace. On le sait, ça ne se fera pas au rythme de 120 battements par minute. L'AZT n'est accessible qu'en 1987, les inhibiteurs de protéase et les débuts de la thérapie antirétrovirale combinée n'émergent qu'au milieu des années 1990. Entre-temps, la contamination se répand sur toute la planète.

« *Je ne suis pas heureux d'être malade. Je ne suis pas heureux d'avoir le sida. Mais si cela aide les autres, je peux au moins savoir que mon infortune a eu une valeur positive* », affirme Rock Hudson.

Et en effet, il a réveillé les consciences. Voyant son plus proche ami dépérir, Elizabeth Taylor lance le combat de sa vie. Dès 1985, elle crée la National AIDS Research Foundation avec le Dr Michael Gottlieb. Un mois avant le décès de l'acteur, elle fusionne son organisation avec la AIDS Medical Foundation du Dr Mathilde Krim, fondée en 1983, pour donner naissance à l'American Foundation for AIDS Research (amfAR). Grâce aux galas de charité qu'elle organise à Hollywood comme au Festival de Cannes, la fondation a pu investir plus de 550 millions de dollars dans des programmes de recherche, attribuant plus de 3 300 subventions à des équipes de recherche à travers le monde.

En 1987, en pleine campagne pour sa réélection, Ronald Reagan prononce son premier grand discours public sur la question, à la demande d'Elizabeth Taylor. Le ton a changé : « *Il est* [...] *important que l'Amérique ne rejette pas ceux qui ont la maladie, mais qu'elle les traite avec dignité et gentillesse.* [...] *Notre rôle est de soulager la souffrance et de trouver un remède.* » Le bilan des décès est exponentiel : plus de 40 000 personnes sont mortes du sida aux États-Unis en l'espace de six ans. Au total, en 45 ans, le sida fauche plus de 37 millions de personnes dans le monde.

Rock Hudson, de son vrai nom Roy Harold Scherer, est aujourd'hui en grande partie oublié. L'acteur préféré du public américain durant une décennie, du milieu des années 1950 au milieu des années 1960, aura pourtant été une star du grand écran. Facteur, mécanicien d'avion dans l'armée américaine, camionneur, Rock Hudson, 1,98 m, ne se distingue guère par ses dons de comédien. Dénué de talents, il doit appendre la diction, l'art dramatique, la danse, l'escrime, l'équitation. Universal signe au persévérant jeune homme un gros contrat, longue durée, en 1954. Le studio ne lui demande pas de concurrencer Gary Cooper, Cary Grant ou Gregory

Peck. Non. Il veut qu'il reste un poil plus lisse. En retrait. Caché. Ce qui plaît aux patrons, c'est la belle image qu'il offre aux jeunes Américaines, les « rockettes », prêtes à tout avec lui, dans sa loge ou dans une chambre d'hôtel. Sa belle gueule et son regard tendre en font un bourreau des cœurs.

Le plus grand malentendu de l'histoire hollywoodienne sans doute. Le pacte faustien avec les studios est clair : il ne doit jamais révéler son homosexualité. Tête d'affiche de westerns, de comédies, romantiques ou dramatiques, de mélos, l'acteur aligne les succès au box-office : *Géant* (avec Elizabeth Taylor) qui lui vaut une nomination aux Oscars, *Tout ce que le ciel permet* (avec Jane Wyman, première épouse de Reagan) et *Écrit sur le vent* (avec Lauren Bacall), deux de ses nombreuses collaborations avec le cinéaste Douglas Sirk, *Darling Lili*, *L'Opération diabolique*, *Le Rendez-vous de septembre*, *Destination Zebra, Station polaire* ou encore *Le Carnaval des dieux*. C'est avant tout le duo qu'il forme avec Doris Day dans des rom-coms célébrant une certaine vision de l'American Dream (*Confidences sur l'oreiller*, *Un pyjama pour deux*, *Ne m'envoyez pas des fleurs*), qui le rend populaire et irrésistible.

En public, il s'affiche au bras de partenaires féminines, comme bon nombre d'acteurs homosexuels à Hollywood. Il épouse même Phylis Gates, la secrétaire lesbienne de son agent, et mentor, Henry Wilson, qui n'engage que des acteurs gays pour son propre plaisir. Un *lavender marriage* pour évoquer une union de façade. Car être homosexuel peut ruiner la carrière d'une star. George Cukor, Montgomery Clift, Farley Granger, Anthony Perkins, Tyrone Power ont tous caché leur goût pour les hommes. Sous la houlette de J. Edgar Hoover (lui-même dans le placard – l'ironie est savoureuse), le FBI constitue des dossiers sur ces « pervers », en plus d'enquêter sur les artistes socialistes.

Aussi, Rock Hudson se garde-t-il bien d'attirer les regards d'une presse *people*, friande de sales scoops. À l'inverse de George Nader, son plus fidèle ami, qui choisit de vivre son amour pour Mark Miller au grand jour, quitte à sacrifier sa carrière d'acteur. Mais l'humain est mesquin et un amant peut s'avérer amer. Mark Christian, l'un des derniers compagnons intimes de la star, lui intente un procès retentissant pour ne pas avoir été informé de son statut sérologique durant leur relation – il y gagnera 3,5 millions de dollars. Si ce procès a eu un impact significatif pour sensibiliser les intéressés à la délicate question de la responsabilité légale des personnes atteintes du sida (sommées de révéler leur état de santé à leurs partenaires sexuels), il ne fait cependant pas jurisprudence.

Après une fin de vie crépusculaire entre tribunal et hôpital, Rock Hudson s'éteint seul dans sa villa de Beverly Hills. Quelques années plus tard, Hollywood commence à faire son mea-culpa. L'image de l'acteur évolue. Le playboy viril, charismatique, héroïque, personnification de l'Américain bien tranquille, parfois audacieux, parfois complexe, incarne dorénavant une victime de normes rigides et obsolètes. Son parcours personnel révèle la tyrannie des studios de cinéma vis-à-vis des LGBTQ+. Les premières biographies puis les documentaires sur Rock Hudson tendent à le réhabiliter avec davantage de nuances. Progressivement, il devient le symbole des luttes personnelles et professionnelles des minorités dans une industrie qualifiée d'intolérante. Le voici désormais précurseur, involontaire, de la visibilité des LGBTQ+. Le producteur queer Ryan Murphy dans sa série *Hollywood* (2020) lui rend hommage en réinventant son destin, promettant à son personnage une brillante carrière d'acteur ouvertement gay.

Hélas ce n'est que de la fiction.

LYNN CONWAY

1938-2024

Cette informaticienne américaine travaille sur la conception de puces informatiques, prélude essentiel à l'avènement des ordinateurs personnels et des téléphones portables. Selon le *New York Times*, ses travaux ont même « *renforcé la défense nationale* ».

Lynn Conway est décédée le 9 juin 2024 aux États-Unis, dans le Michigan. Dans la nécrologie du *Los Angeles Times*, l'éditorialiste Michael Hiltzik lui rend hommage, la décrivant comme « *la personne la plus courageuse qu*['il ait] *jamais connue* ». Son nom ne vous dit peut-être rien, et pourtant, Conway a été l'une des plus grandes inventrices du XXe siècle, et l'une des militantes trans les plus activistes au siècle suivant. Électronicienne et informaticienne, elle a contribué à de nombreuses révolutions dans son domaine. Ses découvertes ont « dopé » vos smartphones et vos ordinateurs, ses recherches ont créé des start-up prospères de la Silicon Valley et ont fait progresser la défense américaine.

Surdouée, elle entre au prestigieux Massachusetts Institute of Technology (MIT) à l'âge de 17 ans. Diplôme en poche, elle est enrôlée par IBM. À l'époque, le conglomérat est la septième plus grande entreprise du monde. Recrutée par un de ses professeurs, Herb Schorr, elle commence sa carrière en intégrant le projet Y, qui, avec le projet X, vise à construire un supercalculateur. Elle est embauchée pour développer une simulation logicielle du projet Advanced Computer Systems (ACS). Et met au point le premier processeur superscalaire de l'histoire – pour faire simple, un système permettant à un ordinateur de prioriser ses tâches. Grâce à elle, un ordinateur de nouvelle génération peut effectuer certains calculs 2 500 fois plus vite que les vieux modèles, 60 fois plus vite que les ordinateurs dernier cri. À l'origine de la gestion généralisée des instructions dynamiques, Conway élabore un système informatique qui peut gérer de nombreuses actions ou commandes qui changent en permanence, tout en restant efficace et rapide. Plus prosaïquement, un procédé grâce auquel téléphones, ordinateurs ou robots parviennent à fonctionner sans ralentir ou tomber en panne, même lorsqu'ils sont confrontés à des situations imprévues.

Malgré ses talents, IBM Research la licencie brutalement en 1968. Pas à cause d'une faute grave ou d'une crise économique. Juste parce qu'elle veut changer de sexe.

Lynn Conway est assignée garçon à sa naissance. Mais, introvertie et timide, elle souffre très tôt d'une dysphorie de genre – son identité de genre ne correspond pas au sexe qui est le sien à la naissance. « *La façon dont je me percevrais,* a-t-elle témoigné en 2014, *c'est que j'étais un garçon manqué. Je sais que ça n'a pas beaucoup de sens, mais cela correspond au schéma de la manière dont j'étais programmée intérieurement.* »

Souffrant de dépressions chroniques, Conway découvre les travaux du professeur allemand Harry Benjamin (1885-1986). Bien longtemps avant, et de l'autre côté de l'océan, cet endocrinologue d'origine allemande a rencontré Magnus Hirschfeld ainsi qu'un policier chargé de l'enquête sur les infractions sexuelles : « *C'était aux alentours de 1907. Ils m'emmenaient régulièrement* [...] *dans les bars homosexuels de Berlin. Je me souviens particulièrement de* L'Eldorado *avec ses spectacles de drag-queens, où de nombreux clients portaient également des vêtements de l'autre sexe. À l'époque, le mot "travesti" n'existait pas encore. Hirschfeld l'a inventé seulement en 1910 dans une de ses études bien connues.* » Une fois installé aux États-Unis, Harry Benjamin se focalise sur la dysphorie de genre. À la demande du sexologue Alfred Kinsey, il reçoit un garçon désirant « *devenir une fille* ». Ce cas précis le conduit à initier les premiers traitements hormonaux pour les personnes transgenres. Son livre *The Transsexual Phenomenon* marque un tournant en décrivant et popularisant ses méthodes. Médecin-conseil de l'artiste Christine Jorgensen lorsqu'elle change de sexe au début des années 1950, sa notoriété dépasse les frontières américaines et se propage en Europe.

Lynn Conway se familiarise avec ses écrits et fait appel à ses services. Benjamin l'accompagne et lui prescrit une hormonothérapie féminisante. Nous sommes en 1967. Conway annonce sa transition dans la foulée à son employeur, IBM. Coût global : 4 000 dollars de l'époque (35 000 euros actuels environ). Sa famille proche et la direction de son service respectent sa décision et lui apportent leur soutien. Cependant, lorsque le directeur médical d'IBM prend connaissance de cette transition, il alerte le P-DG Thomas J. Watson Jr., qui, pour éviter tout embarras, congédie son employée sans ménagement, à l'instar de ce que l'administration Trump fait depuis janvier 2025. Traitée comme une hors-la-loi mentalement dérangée, Conway explique : « *J'avais entamé une traversée extrêmement dangereuse et je n'étais pas sûre d'y parvenir un jour.* »

Les excuses publiques d'IBM ne seront formulées qu'en 2020. Grâce à un journaliste du magazine *Forbes* qui réveille les consciences de l'entreprise, 52 ans après les faits. La multinationale américaine connaît cette histoire depuis 20 ans. Jeremy Alicandri, souhaitant s'appuyer sur le cas de Lynn Conway pour rédiger un article sur le coût économique d'une politique non-inclusive en milieu professionnel, contacte IBM. « *Nous regrettons profondément les difficultés rencontrées par Lynn* », admet la direction. L'entreprise déclare qu'elle s'est mise en relation avec Conway en vue d'une résolution formelle. Deux mois plus tard, en pleine crise sanitaire, Conway reçoit un prix pour l'ensemble de sa carrière chez IBM en reconnaissance de son travail effectué et de ses contributions ultérieures, au cours d'un événement virtuel intitulé « Lynn Conway, pionnière de la technologie et pionnière transgenre ». Environ 1 200 employés « assistent » au discours de Dario Gil, directeur de la recherche chez IBM : « *Lynn a récemment reçu le rare prix IBM Lifetime Achievement Award, décerné aux personnes qui ont changé le monde grâce à des inventions technologiques. Les réalisations techniques extraordinaires de Lynn ont contribué à définir l'industrie informatique moderne. Elle a ouvert la voie à la manière dont nous concevons et fabriquons les puces informatiques aujourd'hui, et a changé à jamais la microélectronique, les appareils et la vie des gens.* »

Il n'est jamais trop tard, mais on ne refait pas l'histoire. Quand Lynn Conway se retrouve au chômage en 1968, elle perd ses revenus. Son projet de divorce, à l'amiable, accompagné d'un droit de visite des enfants, tombe à l'eau. Les services sociaux de Californie la menacent d'une ordonnance restrictive si elle tente de les voir. Malgré tout, elle poursuit sa transition hormonale, chirurgicale, et sociale.

Elle commence à chercher un emploi, pour la première fois en tant que femme. Elle enchaîne des contrats de programmeuse avant d'être enrôlée comme architecte informatique chez Memorex, un fabricant qui travaille avec… IBM. Repartie de zéro, elle se fait rapidement connaître dans le secteur. Elle fête ses 35 ans quand on lui propose deux offres : l'une à Fairchild Semiconductor et l'autre au Xerox Palo Alto Research Center (PARC), qu'elle choisit. Lynn Conway y fonde le Multi-Project Wafer Service, qui fait coexister différentes puces électroniques sur une même plaque. Fabriquer une plaque entière, une grande surface ronde, sur laquelle on découpe des puces, est très onéreux. En partageant ce même support, chaque projet voit diminuer ses coûts et gagner en temps de production puisque tout le monde utilise la même usine en même temps.

À partir de ce travail, elle collabore avec Carver Mead, pour développer la Very Large Scale Integration (VLSI) ou « intégration à très grande échelle », une façon de concevoir des puces électroniques ultra-complexes. L'objectif ? Créer des millions, voire des milliards de composants sur une toute petite puce électronique, à peu près de la taille d'un ongle, en lieu et place de circuits électroniques gros et encombrants. Avec la VLSI, on réussit à rétrécir les dimensions des composants tout en maintenant leur superpuissance et à rassembler davantage de fonctions dans un espace réduit. C'est ce qui permet aujourd'hui de fabriquer des smartphones, des ordinateurs et des consoles de jeux qui tiennent dans la poche.

La chercheuse cosigne *Introduction aux systèmes VLSI*, œuvre révolutionnaire publiée en 1978, appelée à faire référence en matière de conception de puces. En 1981, elle enrichit sa méthode en mettant au point le Metal Oxide Semiconductor Implementation Service (ou Mosis), technologie grâce à laquelle ingénieurs et chercheurs peuvent fabriquer des puces électroniques sans avoir à construire eux-mêmes une usine. Start-up, universités ou inventeurs ont désormais la possibilité de tester leurs puces sans se ruiner et sans se soucier d'une logistique jusque-là compliquée.

En 1983, le manuel, plébiscité par environ 120 sites universitaires, est vendu à plus de 70 000 exemplaires. Conway et Mead reçoivent de multiples prix. C'est le moment pour Lynn de quitter Xerox. En pleine ère Reagan, elle rejoint la Darpa (Agence pour les projets de recherche avancée de défense), en tant qu'architecte principale de l'initiative *Strategic Computing Initiative* du ministère de la Défense des États-Unis.

C'est aussi à cette période qu'elle intègre l'université du Michigan en tant que professeure de génie électrique et d'informatique et vice-doyenne de l'ingénierie. À sa retraite, en 1998, elle est nommée professeure émérite de l'université. « *Des années 1970 à 1999, j'étais reconnue comme une femme qui brisait la barrière du genre dans le domaine de l'informatique, mais en 2000, c'est devenu la barrière transgenre que je brisais* » a-t-elle confié à *Forbes*. Un de ses anciens collègues de Xerox, Mark Stefik, ajoute : « *Lynn aimerait vivre cinq vies au cours d'une seule.* »

Et c'est en effet une nouvelle vie qui s'ouvre à elle. Après tout, elle se voit comme « *une éternelle débutante, jamais effrayée à l'idée d'apprendre à faire de nouvelles choses* ». En 1987, Lynn rencontre Charles Rogers. Six ans plus tard, ils achètent une grande propriété dans une zone rurale de Jackson (Michigan), à une heure de voiture de Detroit. À l'aube de l'an 2000, elle décide de révéler sa transition de genre à ses proches, et raconte son histoire sur un site web

– une relique de l'Internet des années 1990. Pour éviter que d'autres ne s'en chargent à sa place.

Malgré l'invisibilisation de ses années IBM et l'absence de reconnaissance de ses travaux et inventions, Conway bénéficie d'une forte médiatisation. Elle en profite pour s'impliquer personnellement dans de nouveaux combats pour sensibiliser la population aux luttes transgenres, préserver et élargir les droits des transsexuels. Parmi ses recommandations et prescriptions, elle milite pour l'égalité des chances et la protection en matière d'emploi des personnes transgenres, et pour l'élimination de la pathologisation des personnes transgenres par la communauté psychiatrique. Sur son site web, elle fournit aussi des ressources médicales et psychologiques. Enfin, elle crée une section baptisée *Transsexual Women's Successes* (les succès des femmes transsexuelles) pour « *fournir des modèles aux individus qui traversent une transition de genre* ».

Mariée depuis 2002 à « Charlie », Lynn Conway change de logiciel pour le reste de sa vie. Elle s'affirme telle qu'elle est, loin des processeurs et autres connexions électroniques. Elle use de la pédagogie et du lobbying pour qu'aucune femme trans n'ait plus à subir ce qu'elle a (mal) vécu. Elle figure à l'affiche de la première performance entièrement transgenre des *Monologues du vagin* à Los Angeles en 2004. À l'occasion du 40e anniversaire des émeutes de Stonewall, en 2009, elle est citée parmi les « 40 héros et héroïnes trans de Stonewall ». En 2014, *Time Magazine* répertorie Conway parmi les « 21 personnes transgenres qui ont influencé la culture américaine ».

Cette même année, elle obtient de l'Institute of Electrical and Electronics Engineers (IEEE) que les personnes transgenres soient couvertes par le code d'éthique. Elle donne encore son nom au phénomène – « l'effet Conway », selon lequel femmes et personnes de couleur sont souvent ignorées dans les récits historiques des innovations. Phénomène vis-à-vis duquel elle se montre magnanime dans la revue *Computer* de l'IEEE Computer Society : « *C'est rarement délibéré. Il s'agit plutôt du résultat de l'accumulation d'avantages par ceux dont on s'attend à ce qu'ils innovent.* »

Six ans plus tard, le président de la National Academy of Engineering, John L. Anderson, saluera la mémoire de cette héroïne des temps modernes : « *Lynn Conway n'est pas seulement une pionnière révolutionnaire dans la conception des systèmes VLSI… Mais, et c'est tout aussi important, Lynn a fait preuve d'un grand courage en partageant son propre parcours, et sa persévérance rappelle à la société qu'elle ne doit pas ignorer les innovations des femmes, des personnes de couleur ou d'autres individus qui ne correspondent pas aux perceptions, obsolètes mais malheureusement persistantes, de ce à quoi un ingénieur devrait ressembler.* »

Reinaldo Arenas

1943-1990

L'écrivain cubain a été l'un des militants anticastristes les plus importants, au point de sensibiliser les partisans du Líder Máximo sur les dérives autoritaires du régime.

« *Mais quel avenir a un écrivain dans un pays où chaque mot qu'il écrit est contrôlé une fois, deux fois par un fonctionnaire du système qui considère la littérature comme un moyen d'augmenter la production ou de chanter les louanges du Parti ? Vous voyez que (bien malgré moi) je suis devenu un écrivain politique. Dans le cas contraire, dites-vous bien, mes amis, que j'aurais tout simplement dû renoncer à être écrivain : il m'aurait fallu me trahir et cesser d'être moi-même.* »

Ironie de l'Histoire, Reinaldo Arenas compte parmi les victimes emblématiques d'un régime politique auquel il a cru. Né dans une pauvre famille paysanne au sud de Cuba en 1943, il garde un souvenir ému de sa jeunesse : « *La mer était en réalité le personnage qui nous érotisait le plus ; cette mer tropicale pleine d'adolescents superbes, d'hommes qui se baignaient nus parfois, ou en maillot léger. Aller au bord de la mer, regarder la mer, c'était une fête prodigieuse où l'on savait pouvoir trouver toujours un amant anonyme nous attendant dans les vagues.* » C'est peut-être la dernière image qu'il aura emportée avec lui quand il meurt dans la tristesse hivernale d'un quartier malfamé de New York, quarante-sept ans plus tard.

Arenas apprécie depuis ses huit ans la compagnie intime des garçons. « *À la campagne, l'énergie sexuelle surmonte généralement tous les préjugés, la répression et la punition... Le désir physique surpasse tous les sentiments de machisme que nos pères s'efforcent de nous inculquer* », confie-t-il, se rappelant sa première expérience avec son cousin Orlando. « *Je crois que mon enfance a été d'une splendeur unique parce qu'elle s'est déroulée dans la misère absolue, mais aussi la liberté absolue* », peut-on lire dans *Avant la nuit*, sa mythique autobiographie.

Avant l'avènement du Líder Máximo, surnom de Fidel Castro qui signifie humblement « Leader suprême », il n'est pas facile d'être homosexuel sur l'île de Cuba : isolement, répression, dogme catholique dominant, prostitution... « *Le machisme latin, la bigoterie catholique et l'homophobie stalinienne* », pour reprendre les mots du militant Marcel Hatch, ne contribuent guère à l'amélioration des droits LGBTQ+ dans cet État communiste.

Mais rien n'arrête Reinaldo Arenas, qui, depuis son plus jeune âge, rêve d'être écrivain. Adolescent, cet enfant de la révolution commence à travailler dans une usine de pâte de goyave, avant de s'engager auprès des castristes pour chasser le dictateur Batista. L'idéal communiste (et l'endoctrinement qui l'accompagne) de Fidel Castro lui fournit de quoi progresser. Diplômé en comptabilité agricole, il entre à l'université, travaille à l'Institut national de la réforme agraire puis à la Bibliothèque nationale. Son premier roman, *Le Puits*, lui offre son premier prix littéraire lors d'un concours national. Gloire éphémère.

Fidel Castro, qui considère les homosexuels comme des dégénérés issus de la culture capitaliste et des suppôts de l'impérialisme, n'hésite pas à emprisonner ses opposants sous ce motif fallacieux. La répression débute en 1961 : les artistes sont arrêtés, les livres censurés, un journal communautaire est interdit. Cette violente mise au pas atteint son apogée entre 1965 et 1967. Les purges (au sein de l'éducation nationale), les persécutions et les rafles de prostituées, de proxénètes et d'homosexuels se succèdent. Des centaines d'entre eux – dont Reinaldo Arenas, des lesbiennes et des travestis, mais aussi des dissidents et des chrétiens –, sont envoyés dans des « unités militaires d'aide à la production », en réalité des camps de rééducation et de travaux forcés, où règnent malnutrition, mauvais traitements et humiliations. Des psychiatres expérimentent sur les prisonniers des thérapies de conversion. Ces conditions de vie inhumaines cessent au bout d'un an et demi avec la fermeture de ces centres de détention. Mais le harcèlement policier, les discriminations permanentes et, plus tard, l'internement des séropositifs ne connaissent aucun répit.

Pour se justifier, Castro ose affirmer lors d'un entretien avec Tomas Borge en 1992, que la révolution et l'éducation sont venues à bout des préjugés contre les homosexuels : « *Je n'ai jamais été en faveur ni n'ai fait la promotion, ni soutenu de politique contre les homosexuels. C'est un ressentiment qui correspond, je dirais, à une époque issue du machisme. Nous avons vraiment évolué et on peut le constater surtout chez les jeunes, mais on ne peut pas dire que la discrimination sexuelle ait totalement disparu et nous ne devons pas faire semblant qu'elle n'existe plus.* » Cette déclaration tardive intervient alors que la guerre froide se tiédit, et qu'Arenas, sa bête noire, l'un de ses dissidents les plus virulents et notoires, est mort en exil. Il faut attendre 2010 pour obtenir des excuses officielles de Castro quant à la répression menée par le régime. Les victimes, elles, attendent toujours réparation.

Durant les années 1970, le quotidien de l'écrivain rebelle se complique. Il a quitté son poste à la Bibliothèque nationale, reprise en main par un membre de la police de Castro, et devient journaliste à la revue littéraire *La Facetta de Cuba.* Dénoncé régulièrement par les comités de quartier qui encouragent la délation, il persiste malgré tout à vivre « comme avant ». Mais plusieurs de ses proches achètent leur sécurité en prêtant allégeance au gouvernement et n'hésitent pas à trahir amis… ou amants.

Après son passage dans les camps, il dévoile *Le Monde hallucinant.* Le roman est interdit de publication. Arenas commence alors à envoyer ses manuscrits à l'étranger, de manière insolite (en prison, ses visiteurs cachent des textes dans leur cavité anale) ou illégale. Le peintre surréaliste Jorge Camacho et son épouse Margarita, exilés en France, l'aident pour faire éditer son roman *Le Puits.* Mais la plupart du temps, ses écrits vivent une véritable odyssée. Personne n'est vraiment fiable.

Défiant les normes politiques, esthétiques et morales en cours à Cuba, refusant la moindre forme d'autocensure, prenant le risque de faire publier ses romans à l'étranger sans autorisation officielle, Arenas est accusé et reconnu coupable de « *déviation idéologique* » et conduit à la Villa Marista, lieu de torture sous l'autorité de l'agence de sécurité nationale cubaine.

Comment s'épanouir dans un pays qui emprisonne ses écrivains ? Reinaldo Arenas a longtemps pensé pouvoir vivre sans entrave dans son pays. Insouciant, joyeux, il a joui secrètement de sa liberté sexuelle, se vantant d'avoir serré dans ses bras au moins 5 000 hommes, et cru aux vertus de l'écriture.

Son instinct de survie le pousse à quitter l'île. Après quelques tentatives désespérées, il se fait prendre et conduire au fort El Morro, où sont incarcérés meurtriers et violeurs. Il doit son salut à ses talents d'auteur, rédigeant les lettres que les détenus destinent à leurs femmes. Sur le papier restant, il continue de coucher ses propres fictions. Pour avoir voulu les faire sortir clandestinement de prison, il est sévèrement puni et doit renoncer à ses activités d'écrivain. Arenas est libéré en 1976. « *Maintenant, je vois l'histoire politique de mon pays comme le fleuve de mon enfance qui charriait tout sur son passage dans un fracas assourdissant ; ce fleuve aux eaux troubles nous a tous anéantis lentement, les uns après les autres* », se désole-t-il dans *Avant la nuit*, récit désillusionné de sa vie.

Les actes homosexuels sont dépénalisés en 1979. Quand le régime décide d'expulser les contrerévolutionnaires, les homosexuels et les « rebuts » de la société (handicapés, malades mentaux, criminels, prostitués, travestis…), soit 125 000 Cubains, Reinaldo Arenas embarque pour les États-Unis sur le bien-nommé *San Lazaro*, le ressuscité…

L'exode de Mariel, en 1980, constitue l'un des déplacements les plus importants du XXe siècle jamais organisés par une autorité étatique. Préférant s'installer à New York plutôt qu'en Floride, située à seulement 400 kilomètres de La Havane, l'écrivain reçoit la bourse Guggenheim et commence à parler de la condition des LGBTQ+ à Cuba. Lanceur d'alerte, il éclaire par son vécu la face la plus sombre du régime autocratique castriste. En 1983, il apporte son témoignage au documentaire *Mauvaise conduite*, dans lequel 28 Cubains en exil révèlent l'existence de camps de concentration pour les gays à Cuba. C'est grâce à Reinaldo Arenas que les personnes emprisonnées dans ces camps ont livré leur récit. Le poète cubain Heberto Padilla, lui-même arrêté par la Sécurité de l'État, complète ces déclarations : « *Sartre nous a dit un jour : "À Cuba, il n'y a pas de Juifs, mais il y a des homosexuels." Ceux qui détiennent le pouvoir trouvent toujours un élément de la société qui les contrarie.* »

Cependant, Arenas comprend vite que ses positions anticastristes déplaisent au sein des milieux intellectuels occidentaux. Il faut dire qu'il ne mâche pas ses « maux » : « *Des gens aussi infects que Gabriel García Márquez et compagnie ne cessent d'émettre des infamies bien rémunérées dans les capitales démocratiques* [...], *tournant le dos aux camps de concentration, aux cartes de rationnement, aux prisons surpeuplées et aux deux millions de Cubains en exil.* » Il faut attendre son décès pour qu'on l'entende enfin. « *Arenas est, à bien des égards, un mentor pour une génération moderne d'écrivains gays*, selon le professeur Rafael Ocasio. *Mais plus qu'un modèle littéraire, il est une personne qui a vécu selon ses propres idéaux et n'a pas hésité à souffrir pour eux.* »

En 1987, Reinaldo Arenas voit s'ouvrir un deuxième front contre lequel lutter. Il est atteint par le virus du sida. Un « *moment apocalyptique* ». Trois ans plus tard, dans son appartement new-yorkais de Hell's Kitchen, au bord de la déchéance mais toujours dans la dignité, l'exilé décide de mettre fin à son calvaire en ingurgitant un cocktail de médicaments et d'alcools, et en rédigeant une lettre testamentaire : « *En raison de mon état de santé et de la terrible dépression* [qu'il] *me cause du fait de mon incapacité à continuer à écrire et lutter pour la liberté de Cuba, je mets fin à ma vie.* [...] *Je veux encourager le peuple cubain dans l'île comme à l'extérieur, à continuer le combat pour la liberté.* [...] *Cuba sera libérée. Je le suis déjà.* »

Il laisse une œuvre prolifique, hymne à la vie et à la révolte : des romans comme *Le Palais des très blanches mouffettes, Encore une fois la mer, La Couleur de l'été, Le Portier, La Colline de l'ange, L'Assaut* ou *Voyage à La Havane.* Mais aussi des recueils de nouvelles (*Fin de défilé, Adiós a Mamá*) et de poésie (*La Plantation*), une correspondance (*Lettres à Margarita et Jorge Camacho, « les seules personnes qui peuvent (une fois que je serai parti vers d'autres enfers) continuer à publier mon œuvre* »), un essai, une pièce de théâtre... Dans un style lyrique, teinté d'érotisme, parfois obscène, rempli de délires, son imaginaire se déploie avec humour, crudité et causticité, faisant montre d'une belle empathie pour les êtres fragiles et autres damnés pressurisés par une société impitoyable.

Avant la nuit conclut somptueusement ce corpus. L'écrivain italien Roberto Saviano a inclus cette autobiographie au sein d'une liste de dix livres essentiels, la qualifiant de « *lanterne pour traverser la nuit* ». Dans la préface de son livre *Gomorra*, il considère son confrère cubain comme « *un modèle d'auteur engagé et courageux* ».

Car Arenas n'a jamais cessé d'être un contestataire. « *Mon message n'est pas un message de défaite, mais de lutte et d'espérance.* » S'inscrivant dans une lignée d'hommes et de femmes entrés en résistance, il prend son quart de dissidence. « *Nous ne voulons plus entendre le moindre chuchotement, nous voulons qu'on applaudisse ou qu'on crie sur ordre* », écrit-il dans *L'Assaut.* Et il affirme dans *Adiós a Mamá* : « *C'est moi qui ai triomphé, parce que j'ai survécu et que je survivrai. Parce que ma haine est plus grande que ma nostalgie.* [...] *Elle s'accroît de jour en jour...* »

Qui lit son autobiographie saisira tout autant l'essence de sa vie que de sa révolte : « *La beauté en soi est dangereuse, conflictuelle pour toute dictature, car elle implique un climat qui franchit les limites que cette dictature assigne aux êtres humains ; son territoire échappe au contrôle de la police politique qui ne peut donc y régner. C'est pourquoi elle irrite les dictateurs qui s'ingénient par tous les moyens à la démolir.* »

Au crépuscule de son existence, l'homme n'est plus qu'une ombre fuyante, un fantôme errant. Proscrit mais pas détruit, Arenas avoue souffrir de son exil, de la maladie, de cette vie confisquée qui le condamne à la précarité. Il martèle encore : « *On vit selon ses désirs, ou alors il vaut mieux cesser de vivre.* » Si le désir s'est évaporé, l'écriture, salvatrice, cathartique, reste, arme de destruction pas si silencieuse contre la tyrannie. « *La différence entre le système communiste et le système capitaliste ? Tous les deux nous donnent des coups de pied au cul, mais dans le système communiste tu dois applaudir, tandis que dans le capitaliste tu peux gueuler ; je suis venu ici pour gueuler.* »

Et s'adonner à l'art, comme une ultime tentative d'évasion. « *M'asseoir devant ma machine à écrire c'était, ça l'est toujours, quelque chose d'extraordinaire ; je m'inspirais (comme un pianiste) du rythme des touches, c'était elles qui me portaient. Les paragraphes se succédaient comme les vagues de la mer ; tantôt violentes, tantôt calmes, tantôt comme des ondes gigantesques qui couvraient des pages et des pages sans un seul alinéa.* »

Billie Jean King

Née en 1943

C'est l'une des plus grandes championnes de l'histoire du tennis. Mais la joueuse américaine a plié le match dans le domaine sportif en professionnalisant le tennis féminin, en se battant pour l'égalité des sexes et en devenant la première homosexuelle notoire dans les stades.

Bobby Riggs, 55 ans, opère un bon service lifté. La balle est haute. Billie Jean King, 29 ans, la reçoit très bien avec un coup droit très proche du haut du filet. Positionné à l'intérieur du cours, le vétéran tente un revers sur cette frappe claire et trop rapide. La balle ne parvient pas à prendre de l'élan. Trop basse, elle termine son parcours dans les cordes. La joueuse de tennis gagne le match 6-4, 6-3, 6-3.

« La bataille des sexes » – tel est le nom de ce duel, en 1973. Il n'est plus seulement question de compétition sportive. 90 millions de téléspectateurs ont regardé cet affrontement, doté de 100 000 dollars. Un gros show à l'américaine dans l'Astrodome de Houston auquel Billie Jean se présente, posée sur un char, comme Cléopâtre. Assis dans un pousse-pousse, Bobby Riggs crâne. Pour cet ancien champion surnommé « l'arnaqueur », une femme n'est pas faite pour le sport et se doit de rester à sa place, au sein du foyer familial. Après avoir remporté trois Grands Chelems entre 1939 et 1941, il signe sa dernière victoire en 1954. Trop âgé sans doute pour se mesurer à une BJK au sommet de sa forme.

La joueuse aux lunettes veut venger sa rivale, l'Australienne Margaret Court, défiée, quelques mois auparavant, le jour de la fête des Mères, par Bobby Riggs, soutenant que le tennis féminin ne peut se comparer au tennis masculin. L'autoproclamé « *roi des porcs chauvins mâles* » a éteint son adversaire à coups de lobs et d'amorties : 6-2, 6-1 en faveur du retraité, qui revendique dorénavant le titre de « *champion du tennis féminin* ».

Billie Jean King triomphe du machisme du « Sugar Daddy ». Cette victoire sensationnelle, mais non essentielle dans sa longue carrière, symbolise son engagement en faveur de l'égalité des sexes. Dans le livre *Particular Passions : Talks with Women who Have Shaped Our Times*, elle confie : « *Je pensais que cela nous ramènerait 50 ans en arrière si je ne gagnais pas ce match. Cela ruinerait le circuit féminin et affecterait l'estime de soi de toutes les femmes.* »

Née en Californie, en pleine Seconde Guerre mondiale, Billie Jean Moffitt grandit au sein d'une famille conservatrice unie par le goût du sport. Son frère effectue une belle carrière en baseball. Billie Jean y fait également montre d'un certain talent mais ses coups et ses revers l'amènent au tennis, discipline jugée plus « *féminine* » par ses parents. Pourtant, l'adolescente préfère le short à la petite robe blanche.

Billie Jean choisit de porter le patronyme royal de son amoureux, Larry King, rencontré à l'université. Leur mariage, célébré en 1965, dure 22 ans. La jeune Californienne ne comprend son attirance pour les femmes que trois ans plus tard. Elle entretient une longue liaison avec son assistante personnelle, Marilyn Barnett. En 1981, après leur séparation, celle-ci intente un procès à la championne pour obtenir une compensation financière en tant que partenaire de longue date. Ce qui contraint la sportive à révéler son homosexualité lors d'une conférence de presse : scandale garanti ! Mais elle assume, selon son credo, « *sois fidèle à toi-même* ». Billie Jean King n'est pourtant pas la première grande sportive lesbienne de l'histoire. Dans la première moitié du XXe siècle, Helen Jacobs, Helen Stephens et Violette Morris, qui a participé aux premières olympiades féminines, l'ont précédée. Mais Billie Jean est la première à déclarer publiquement qu'elle aime les femmes, et ce alors qu'elle est toujours en activité.

« *Je pense qu'aucune joueuse ne perdra le respect dû à Billie Jean, étant donné ce qu'elle a accompli pour le tennis. Ces quinze dernières années, elle a pratiquement fait le tennis féminin à elle seule. Je pense en revanche que ça aura un impact sur ses sponsors* », prédit alors la joueuse Pam Shriver. Et en effet, dans les vingt-quatre heures suivant son annonce, King perd tous ses soutiens financiers. Un nouveau combat commence…

Mais revenons aux années 1960, époque à laquelle les tenniswomen sont encore rémunérées à coups de… chèques-cadeaux. Les Américaines dominent le tennis féminin depuis trente ans et BJK ambitionne très rapidement de se hisser parmi les meilleures. Elle sert bien, envoie de féroces coups droits, soigne chacun de ses revers, lifte et lobe comme une reine. Sur le gazon, elle virevolte. Impatiente, agressive, rapide, perfectionniste, elle propose un style nouveau, percutant. « *Toute femme qui veut réussir quelque chose doit être agressive et dure, mais la presse ne nous voit jamais comme des êtres multidimensionnels. Ils ne voient pas les émotions, les moments difficiles…* », rappelle-t-elle.

King se distingue de ses concurrentes par son tempérament. C'est une personnalité écrasante, admirée et redoutée, une femme futée et intelligente, une professionnelle qui laisse l'affect au vestiaire. « *Le cliché est de dire que les champions jouent mieux les gros points. Oui, mais ce n'est que la moitié du problème. Les champions jouent mieux leurs faiblesses…* », affirme-t-elle. Et d'ajouter : « *Lorsque je décidais, sous pression… que je devais jouer mon coup le plus faible – le coup droit le long de la ligne – j'étais sûre de pouvoir le réussir… au moment le plus important.* »

Dès son premier passage à Wimbledon, en 1961, à l'âge de 17 ans, BJK remporte le double féminin. L'année suivante, le tournoi londonien lui offre dès le deuxième tour la tête de la numéro un mondiale, Margaret Court. En 1966, elle soulève sa première coupe de Grand Chelem en simple à Wimbledon – même si elle n'empoche qu'un peu plus d'un tiers des gains de Rod Laver, le vainqueur masculin. Sur le gazon londonien, elle bat successivement Margaret Court, sa bête noire, et la Brésilienne Maria Bueno, respectivement n° 2 et n° 1 mondiales cette saison-là. Son jeu change. Elle renvoie la balle dans les pieds et renforce ses talons d'Achille.

Pendant trois ans, elle trône au sommet du tableau féminin. Elle semble imbattable. À l'US Open, elle s'envole vers le titre sans perdre un seul set. Hélas, King doit se faire opérer du genou gauche. En bonus, un tennis-elbow surgit en cours d'année. 1969, *annus horribilis.*

1970. Wimbledon. Finale dames. King *vs* Court. Une des plus grandes finales du tennis féminin sur gazon. L'Américaine perd. Une opération du genou droit puis un avortement tenu secret qui lui provoque des crampes en plein match, mettent en péril sa carrière. Mais la battante ne lâche rien. Pour son premier titre sur terre battue, en Italie, elle s'acharne sur un seul jeu qui dure 22 minutes. On comprend mieux le titre de son autobiographie : *La pression est un privilège.*

C'est aussi à cette époque-là qu'elle veut porter les combats féministes au sein de son propre sport. Peu populaire, le tennis n'a pas encore acquis les faveurs du grand public. Les sportifs doivent chercher des sponsors et les rassurer pour pouvoir bénéficier de tournées internationales. King réclame une meilleure rémunération pour les joueuses, dix fois moins payées que leurs homologues masculins. Lorsqu'elle remporte l'US Open en 1972, elle reçoit 15 000 dollars de moins que le champion Ilie Năstase.

Cette année-là, elle est, malgré tout la première joueuse à toucher la somme annuelle de 100 000 dollars – ce qui lui vaut les félicitations du président Nixon, mais pas celles du n° 1 mondial, Rod Laver : « *J'ai été stupéfait par l'argent qui a été insufflé dans le tennis féminin. Billie Jean a gagné 117 000 dollars en 1971 et 113 200 dollars en 1972. Est-ce que j'aurais pu imaginer que je vivrais assez longtemps pour voir une femme gagner plus que moi ?* »

L'année suivante, elle triomphe à Roland-Garros et remporte le simple, le double et le double mixte à Wimbledon dans la foulée. Un palmarès qui va faire date. Forte de son statut, elle menace les organisateurs de l'US Open de ne pas participer au tournoi si les gains des hommes et des femmes ne sont pas égalisés. La direction obtempère et officialise sa décision. L'Open d'Australie ne s'alignera qu'en… 2001, Wimbledon et Roland-Garros en… 2007.

Billie Jean King n'hésite plus à faire pression pour obtenir la reconnaissance des sportives au sein de sa propre discipline : « *Je me battrai pour l'égalité jusqu'à mon dernier souffle.* » Elle a déjà, avec huit autres joueuses (« The Original 9 »), refusé de participer à des tournois américains, et pris le risque d'une expulsion de la fédération nationale. Ensemble, elles lancent une série de compétitions professionnelles exclusivement féminines. À la création de l'ATP, l'association des joueurs masculins, en 1972, répond en 1973 celle de la WTA, fondée par Billie Jean King, dont le mari rédige les statuts.

King a encore quelques belles années sur le court. Elle parvient toujours à renverser des matchs et à renvoyer durement la balle. En 1975, elle gagne une finale à sens unique à Wimbledon contre Evonne Goolagong : 6-0, 6-1.

Après le refus de la WTA de lui délivrer une « wild-card », soit une invitation privilégiée pour jouer au Madison Square Garden, elle décide de s'aligner au tournoi de San Antonio, qui autorise une athlète transgenre, Renée Richards, à participer. La polémique enfle. Sa consœur, par ailleurs homosexuelle, Martina Navratilova est fâchée : « *Billie Jean est une mauvaise fille qui fait la moue. Elle a pris une mauvaise décision. Elle est en colère parce qu'elle n'a pas pu obtenir ce qu'elle voulait.* » La transphobie est palpable dans tous les propos des championnes de l'époque.

À cette époque, une nouvelle génération émerge et le tennis devient populaire. Chris Evert, qui considère BJK comme son mentor, la crucifie à Wimbledon en 1977. « *Pas d'excuses. Oublions les genoux, les chevilles, les orteils, tout le reste. Elle a juste joué un tennis magnifique* », reconnaît la doyenne, qui n'en range pas ses raquettes pour autant : « *Peut-être que je peux être heureuse d'être numéro 8 au lieu de numéro 1. À ce stade, juste jouer, c'est déjà assez pour moi.* » King plie mais ne rompt pas encore tout à fait.

Membre du club très sélect des dix joueuses à avoir gagné tous les Grands Chelems, sa carrière se résume à 129 titres, soit la sixième plus grande championne de tennis. Mais, en 1980, à 34 ans, la « *vieille dame* », comme elle se décrit elle-même, régulièrement blessée, quitte le Top 10, même si elle mène encore la vie dure à ses adversaires les plus tenaces. En quart de finale à Wimbledon, elle affronte sa partenaire de double du moment, Navratilova. Un match légendaire, aux multiples rebondissements : « *Je pense que c'est peut-être le seul match de ma carrière que j'aurais pu gagner si je n'avais pas eu de mauvais yeux.* »

Fin de match en 1983. « *Sportivement, je pense que ce qui a été le plus compliqué pour moi, c'est ma retraite, que j'ai prise à contrecœur à 40 ans après de nombreuses opérations du genou.* » Sept ans plus tard, King arrête le double. « *Parfois, quand je regarde jouer une joueuse comme Martina, je me souviens à quel point c'était agréable d'être numéro 1. Croyez-moi, c'est la meilleure période de votre vie. Mon seul regret est d'avoir dû faire trop de choses en dehors du court. Au fond de moi, je me demande à quel point j'aurais pu être bonne si je m'étais concentrée uniquement sur le tennis.* »

Pourtant, c'est en dehors du court qu'elle construit sa légende. Depuis la fin des années 1980, elle vit en couple avec l'ancienne joueuse Ilana Kloss, avec qui elle se marie en 2017. Au début des années 1990, elle est nommée capitaine de l'équipe américaine de la Fed Cup et entraîneuse de l'équipe féminine de tennis olympique.

Grâce à elle, les États-Unis remportent la Fed Cup en 1996 et les médailles d'or en simple et en double aux JO d'Atlanta. Billie Jean King s'implique au sein de la Women's Sports Foundation, la fondation de lutte contre le sida d'Elton John et auprès de Barack Obama pour encourager les jeunes à se dépenser physiquement. Le président lui demande de représenter le pays aux JO d'hiver de Sotchi de 2014, manière de combattre la « LGBTphobie » du régime de Vladimir Poutine. Empêchée, elle ne peut pas y aller. L'année suivante, c'est elle qui représente Amélie Mauresmo, en fin de grossesse et qui ne peut pas assister à son intronisation au Hall of Fame du tennis international.

Elle finance aussi des équipes nationales de baseball, basket-ball et football de Los Angeles *via* une plateforme dédiée au sport féminin, Just Women's Sport. Récemment, elle a créé une nouvelle ligue professionnelle de hockey sur glace féminin en Amérique du Nord.

Vénérée aujourd'hui par ses anciennes concurrentes comme par les sportifs masculins, King figure au classement des « *100 Américaines les plus importantes du XXe siècle* » établi par le magazine *Life*. La Fed Cup, qu'elle a gagnée sept fois, porte désormais son nom. Médaille présidentielle de la liberté, Légion d'honneur française, Médaille d'or du Congrès américain, étoile sur le Hollywood Walk of Fame, l'ex-championne cumule les décorations. Depuis les années 2000, elle tutoie le statut d'icône, que ce soit pour son engagement LGBTQ+ ou sa contribution au sport.

En 1982, Michael Jackson chante « *Billie Jean is not my lover She's just a girl who claims that I am the one* ». Rien à voir avec la chanteuse. D'ailleurs, le producteur du disque, Quincy Jones, pour éviter toute confusion, a voulu débaptiser le single « *Billie Jean* » pour l'intituler « *Not my lover* ». Car, depuis 1959, il n'y a qu'une Billie Jean.

Simon Tseko Nkoli

1957-1998

Ce militant anti-apartheid, profondément engagé dans la lutte contre le sida, deviendra une figure pionnière de la reconnaissance des droits des homosexuels en Afrique du Sud.

Il est souvent souriant sur les photos, malgré ses colères et ses souffrances. Car Simon Tseko Noli en a bavé durant ses 41 ans d'existence en Afrique du Sud. Né à Soweto alors que s'impose la politique d'apartheid, il va faire de sa vie un long combat, luttant pour les droits civiques, les droits homosexuels, les inégalités sociales et raciales, avant de s'engager activement contre le sida.

Dans un pays où les Noirs sont rejetés et les gays invisibles, il débute son militantisme au sein du Congrès des étudiants sud-africains (Cosas) et du Front démocratique uni (UDF), avant de rejoindre la Gay Association of South Africa (Gasa), majoritairement blanche – seul chemin possible à l'époque, expliquera-t-il.

Bel homme aux faux airs de Morgan Freeman jeune, Simon Nkoli a partagé sa vie avec deux hommes. Par l'intermédiaire d'un magazine de petites annonces, il rencontre en 1976 Roy Shepherd, chauffeur de bus blanc, membre de la Gay Christian Community. Cette relation mixte est un défi en soi dans un pays qui revendique la « séparation des races ». La famille de Shepherd, tolérante sur son orientation sexuelle, même si elle a tenté de le « convertir », désapprouve sa liaison avec Nkoli en raison de sa couleur de peau. Leur histoire survivra à presque tous les obstacles, notamment l'incarcération de Nkoli, entre 1984 et 1988. Les deux hommes échangent alors de nombreuses lettres, compilées et publiées sous le titre *Till the Time of Trial : The Prison Letters of Simon Nkoli*.

Durant les dernières années de sa vie, Nkoli est en couple avec Roderick Sharp, citoyen britannique, qui veillera à la préservation de l'héritage de son compagnon après le décès de celui-ci en 1998, faisant notamment don de lettres, de badges et de photographies aux archives Gala (Gay and Lesbian Memory in Action).

Entre sa correspondance de prisonnier et ses archives de militant, se dessine le portrait d'un homme du XXᵉ siècle au cœur des événements agitant son pays.

La communauté LGBTQ+ émerge dans l'Afrique du Sud des années 1970 avec ses clubs, ses bars et le journal *EXIT*. Le Front démocratique uni (UDF), créé en 1983, attire Nkoli. Cette coalition non raciale, agglomérant des centaines d'organisations civiques, religieuses, étudiantes et syndicales, veut instituer « *une Afrique du Sud unie et non raciale, dans laquelle la ségrégation serait abolie et qui serait débarrassée du racisme institutionnel et systématique* ». Nkoli rappelle l'évidence : « *Si vous êtes noir et gay en Afrique du Sud, alors c'est vraiment le même placard... À l'intérieur, c'est l'obscurité et l'oppression. À l'extérieur, c'est la liberté.* »

À la différence de l'ANC – le mouvement de Nelson Mandela –, avec qui les relations sont conflictuelles, l'UDF se veut pacifiste et non violent, et cherche à inclure les droits des minorités sexuelles et l'égalité femmes-hommes dans son combat. Sans rancune, l'UDF, demande la libération de tous les prisonniers politiques, y compris Mandela. Mais un effet boomerang se fait rapidement sentir : l'UDF est accusée par le pouvoir d'être une organisation parallèle de l'ANC et, *de facto*, plusieurs de ses membres sont arrêtés pour haute trahison. Cependant, le choix stratégique de l'UDF de mettre tous les prisonniers sur un pied d'égalité s'avérera payant pour les droits LGBTQ+. Progressivement, l'ANC va intégrer ces revendications dans son agenda.

En 1987, le président Pieter Botha, affaibli par les appels au boycott de l'Afrique du Sud en provenance du monde entier, interdit cependant à l'UDF de recevoir des fonds étrangers. Quatre de ses membres sont jugés coupables de terrorisme, tandis que la justice estime que la coalition est une organisation révolutionnaire à l'origine des révoltes des Noirs dans les townships. Ces condamnations seront annulées un an plus tard.

Tous ces épisodes s'entrelacent avec le destin personnel de Simon Nkoli, emprisonné plusieurs fois pour son activisme anti-apartheid. Quand il fait son coming out dans le cadre du COSAS, il est réélu, malgré l'homophobie de nombreux camarades, avec 80 % des voix au poste de secrétaire. En 1983, à 26 ans, il s'inscrit à l'Association gay d'Afrique du Sud (Gasa). Apolitique en surface, l'association est pourtant jugée trop favorable au courant ségrégationniste. C'est le premier fait d'armes de Nkoli, qui soutient des combats intersectionnels : il ouvre des espaces de débats moins discriminatoires vis-à-vis des Noirs en créant le « Saturday group », premier groupe gay noir du pays.

Selon lui, combattre l'oppression exige que l'humanité et la dignité de chacun soient respectées, indépendamment de sa classe sociale, de son ethnie, de son affiliation politique, de son orientation sexuelle, de son identité de genre ou de sa nationalité. Car il s'engage tout autant au cœur des luttes sociales. Lors du soulèvement de Vaal en 1984, il organise des rassemblements et prend la parole pour soutenir la grève des loyers. Il n'en faut pas plus au pouvoir en place pour le considérer comme un ennemi. Quand il assiste aux funérailles d'un ami tué lors d'une manifestation, Nkoli est arrêté. Détenu sans inculpation pendant neuf mois, le voici faussement accusé de trahison, de terrorisme et de meurtre pour avoir tué quelqu'un en lançant une pierre. Vingt et un autres dirigeants politiques et activistes sont également inculpés (le collectif « Delmas 22 »).

Deuxième sortie de placard, cette fois-ci en prison. Nkoli révèle son homosexualité en réponse aux opinions homophobes exprimées par certains de ses coaccusés. Une partie d'entre eux craignent que son orientation sexuelle réduise leur soutien et plaident, en vain, pour qu'il soit jugé séparément. Le « procès de Delmas », s'étalant entre 1985 et 1988, s'impose comme l'un des grands événements judiciaires du pays par son ampleur (420 jours) et son écho international. Risquant la peine de mort, Simon Nkoli suscite la mobilisation en Europe et en Amérique du Nord. Un « Simon Nkoli Anti-Apartheid Committee » est constitué à Toronto (Canada) pour venir en aide au « Mandela gay ». Des écrivains du monde entier lui adressent des missives, Amnesty International s'enquiert de son cas.

Les lettres de Nkoli à cette époque, conservées dans les Archives gay et lesbiennes de Johannesburg, sont écrites à l'attention de ses proches, de ses avocats et même d'inconnus. Elles abordent tout et n'importe quoi, du quotidien carcéral aux romans et musiques qu'il préfère, à son amour pour la course à pied, en passant par son obsession récurrente pour la mode. Il confie lire les romances de Danielle Steel, mais aussi Franz Kafka, Manuel Puig ou encore James Baldwin. Il signe même l'une de ses lettres à Roy, « le prisonnier de Zenda », du nom du héros du roman d'Anthony Hope. « *Mon très cher Roy,* [...] *les autorités pénitentiaires disent que nous ne sommes autorisés à écrire que 500-600 mots dans une lettre, car les lettres longues prennent beaucoup de temps à être lues par le censeur. Il parlait à notre comité... Il a cité tes lettres comme exemple – et quand le comité nous a rapporté cela, j'étais embarrassé, mais entendre ton nom m'a fait rougir un peu. Alors, mon chéri, essaie d'écrire des lettres courtes, car à l'avenir ils ne me donneront plus tes lettres... Roy, s'il te plaît, ne sois pas offensé – mais essaie de comprendre...* (15 décembre 1985) »

Pendant ce temps, malgré cette mobilisation à l'extérieur du pays, la Gasa (Gay Association of South Africa, fondée en 1972) refuse de le soutenir, de confirmer son alibi et même de plaider pour son acquittement. Kevin Botha, président de l'association, va jusqu'à mettre en garde les organisations internationales pour cesser de le défendre. Dans ses lettres, le jeune militant avoue sa déception face à ces basses méthodes. Effet boomerang, l'Association internationale lesbienne et gay (Ilga) envisage de révoquer l'adhésion de la Gasa.

Finalement, le militant est acquitté en 1988 et libéré la même année. Mais, pour lui désormais, le combat est différent. En prison,

Simon Nkoli apprend qu'il a contracté le VIH. En révélant publiquement sa séropositivité, il change de rôle et devient une voix importante dans la lutte contre le sida. Un véritable fléau en Afrique du Sud qui touche encore aujourd'hui près d'un Sud-Africain sur quatre. Nkoli travaille sur de nombreuses campagnes pédagogiques.

Avec la militante Beverly Ditsie, il fonde l'organisation Gay and Lesbian Organisation of the Witwatersrand (Glow). Le 13 octobre 1990, année de la libération de Nelson Mandela, il lance, sous la pluie, la première marche des fiertés en Afrique du Sud, la première sur le continent africain aussi. Environ 800 personnes défilent. « *Je suis noir et je suis gay. Je ne peux pas séparer ces deux parties de moi en luttes secondaires ou primaires. En Afrique du Sud, je suis opprimé parce que je suis un homme noir et je suis opprimé parce que je suis un homme gay. Donc, lorsque je lutte pour ma liberté, je dois combattre les deux oppressions…* », déclare Nkoli. La même année, il crée le Township Aids Project pour apporter un soutien direct aux communautés noires, souvent marginalisées dans la lutte contre la maladie. Il participe aussi à des chorales et des groupes sportifs gays noirs. Sa réputation et sa notoriété sont si grandes qu'il est nommé au conseil d'administration de l'Ilga (Association internationale lesbienne et gay), en tant que représentant de la région africaine.

En 1994, il est l'un des premiers militants gays à rencontrer Nelson Mandela, désormais président d'une nation en quête de réconciliation. Nkoli devient plus politique. Sensible à son discours, « Madiba » veut surtout rompre avec une constitution héritée de la colonisation et faire de l'Afrique du Sud une nation arc-en-ciel. Figure de proue de la Coalition nationale pour l'égalité gay et lesbienne (NCGLE), Nkoli contribue à inscrire dans la Constitution que toute discrimination basée sur l'orientation sexuelle soit explicitement interdite – une première mondiale ! –, puis quatre ans plus tard, parvient à faire abroger des lois sur la sodomie. C'est l'une de ses victoires les plus fondamentales.

Tout le pays lui en est reconnaissant. Lors de ses funérailles en 1998, des commémorations sont célébrées à Johannesburg et au Cap. L'année suivante, la marche des fiertés de Jo'burg lui est dédiée : 20 000 homosexuels brandissent désormais le drapeau arc-en-ciel. Lors des funérailles de Nkoli, Mosiuoa Lekota, futur ministre sud-africain de la Défense et compagnon du procès de Delmas, déclare que le coming out du militant lui a permis de comprendre que les droits des personnes gays faisaient partie des droits humains, et que la société doit reconnaître l'humanité de tous ses membres.

Grâce à l'activisme sans relâche de Simon Nkoli, l'Afrique du Sud devient le premier pays d'Afrique, et le cinquième dans le monde, à adopter une loi acceptant le mariage pour tous. À ce jour, il s'agit toujours du seul pays africain à avoir légalisé ce type d'union. Une singularité d'autant plus frappante que certains États du continent soutiennent la propagande homophobe et votent des lois anti-LGBTQ+ depuis quelques années. L'Afrique du Sud n'en aura pas moins influencé quelques-uns de ses voisins comme l'Angola, le Botswana, le Lesotho, Madagascar, l'île Maurice, le Mozambique, la Namibie ou le Rwanda, qui ont tous dépénalisé l'homosexualité. Selon le juge de la Cour constitutionnelle d'Afrique du Sud, Edwin Cameron, « *le militantisme de Nkoli a transcendé les frontières et résonné dans de nombreuses autres régions du continent* ».

Véritable pionnier, Simon Nkoli continue d'inspirer des organisations comme OUT LGBT Well-being et The Triangle Project, œuvrant pour promouvoir éducation et sensibilisation. De nombreux militants africains, exilés ou réfugiés pour certains, l'ont pris comme modèle : Zanele Muholi en Afrique du Sud, Bandy Kiki, Brenda

Biya et Shakiro au Cameroun, Marylize Biubwa et Kevin Mwachiro au Kenya[14], Matthew Blaise, Uyaiedu Ikpe-Etim, Freddie Jacob, Richard Akuson ou encore Bisi Alimi au Nigeria, Alex Kofi Donkor au Ghana, le Dr Frank Mugisha, prix Robert-Fitzgerald-Kennedy des Droits de l'homme en Ouganda, l'un des pays les plus homophobes de la planète. Mugisha est un des grands leaders du continent et a été reçu par Joe Biden, Justin Trudeau et Barack Obama.

Nkoli aura encore inauguré les premiers Gay Games à New York, reçu le Stonewall Award à Londres, donné son nom un prix LGBTQ+ et à des rues de Johannesburg et Amsterdam. Avec douleur mais pas sans espoir, l'homme aura encouragé le continent africain à s'engager sur une voie plus égalitaire et plus juste. Son pays continue de lui rendre hommage, à travers des livres, des conférences, des documentaires, des chansons et un spectacle musical, *Nkoli : The Vogue-Opera*, créé à l'occasion des 25 ans de sa disparition.

14. Le Kenya a censuré le film *Rafiki* de Wanuri Kahiu, présenté au Festival de Cannes, pour avoir osé raconter la relation homosexuelle amoureuse entre deux femmes.

AUDREY TANG

NÉE EN 1981

Développeuse précoce, hackeuse, ministre, la prodige taïwanaise propage une vision post-moderne où les nouvelles technologies peuvent servir une vision plus transparente du pouvoir et une participation plus active des citoyens.

Non binaire, mais experte en code binaire. Audrey Tang (Tang Feng / 唐鳳) est une femme transgenre précoce et s'identifie comme « *post-genre* ». Pour la définir, « *n'importe quel pronom* » fait l'affaire. « *Je ne suis pas seulement non binaire. Je suis vraiment n'importe quoi, alors faites ce que vous voulez.* » Après tout, le langage informatique, intrinsèquement inclusif et neutre, ne connaît aucune discrimination. Comme l'auteur a le droit de faire ce qu'il veut, le féminin prévaudra.

Dès l'âge de 14 ans, Tang quitte le système éducatif classique pour suivre un enseignement plus proche de sa passion : Internet. Nous sommes en 1995 et le web ne fait qu'émerger. Autodidacte, anarchiste, taoïste, cette jeune Taïwanaise devient rapidement une spécialiste de la programmation informatique et de l'open source, un modèle de développement logiciel où le code est accessible, modifiable et distribuable librement par tous, favorisant le consensus et l'innovation. Une philosophie que la jeune femme fera sienne, à tous les postes qu'elle occupera. Audrey Tang veut un monde transparent et une approche collaborative et horizontale comme préambule à toute décision politique, technologique ou économique. Une adepte de la démocratie participative qui se définit comme « hacker » – un mot souvent traduit par « pirate », qui désigne « *au XVIIe siècle,* [...] *un ébéniste qui fabriquait ses propres outils* », comme elle l'a raconté lors d'une conférence.

Ainsi, Audrey Tang a aidé à traduire et adapter plusieurs logiciels libres pour différents pays, notamment en chinois traditionnel, ouvrant ainsi la voie au développement technologique en Chine, à Taïwan ou encore à Singapour. Elle a aussi signé plus de 100 projets en langage Perl, un langage de programmation connu pour sa flexibilité et son efficacité. Ce langage génère et manipule des fichiers texte, crée des scripts pour automatiser la gestion des serveurs, développe des applications web, traite des données, interagit avec des bases de données, et automatise des tâches comme l'envoi de courriels. Des fonctions aujourd'hui basiques. Tang conçoit des outils et des systèmes pour rendre plus accessibles ces programmes, pour tester et sécuriser les logiciels.

Certaines de ses innovations sont dépassées par des outils plus récents, comme son Système de gestion de versions décentralisé, qui permet à chaque utilisateur de posséder une copie complète d'un projet, facilitant ainsi le travail hors ligne et la collaboration sans dépendre d'un serveur central, offrant une meilleure sécurité des données, un historique des modifications et une fusion efficace des contributions. Mais elle a aussi mis en place d'autres outils informatiques de traitement de texte, les rendant plus flexibles et plus puissants.

En 2003, elle rejoint la start-up Socialtext, basée dans la Silicon Valley aux États-Unis, en tant que développeuse principale et architecte logicielle. Elle y développe des outils innovants de collaboration basés sur des wikis d'entreprise (sites web collaboratifs) au sein desquels plusieurs utilisateurs peuvent créer, modifier et organiser du contenu facilement, souvent sans nécessiter de compétences en programmation. Et ce bien avant Google doc.

Audrey Tang quitte la société en 2005, revient sur son île et commence sa transition. La « *fille phénix* », son surnom, déploie ses ailes en développant, améliorant et publiant des outils en accès ouvert. Toujours dans cette optique, pour des entreprises locales, elle améliore des infrastructures logicielles et importe des méthodes de développement agiles, nées quelques années plus tôt en Occident. Ce processus convient parfaitement à sa vision du monde : il privilégie les individus et les interactions, la collaboration avec les clients et l'adaptation au changement, plutôt que les technologies et les logiciels.

En 2008, Audrey met sur pause ce rôle de consultante en ingénierie logicielle. Ses projets personnels, notamment dans l'éducation, sont dorénavant sa priorité, même si, bénévolement, elle continue d'être active et de soutenir des projets de web ouvert, toujours fidèle à l'open source. « *Je n'ai rien fait pour empêcher les gens d'utiliser mon travail. Je n'allais pas perdre mon temps à les poursuivre en justice…*

Je ne tiens pas compte de l'intérêt de ces gens », explique-t-elle en conférence, ajoutant : « *Le savoir appartient au monde entier.* »

Tout naturellement, à partir de 2010, elle s'implique de plus en plus dans la transparence numérique et intègre le mouvement g0v.tw, initiative de hackers taïwanais pour rendre les données gouvernementales plus accessibles et compréhensibles. En 2014, elle apporte une aide logistique au Mouvement des tournesols, une mobilisation étudiante et pacifiste contre un accord commercial avec la Chine, qui, en ce « printemps taïwanais », réunit 500 000 personnes dans la rue et occupe le Parlement. Le mouvement revendique la défense de la démocratie, la transparence gouvernementale et la souveraineté du pays. Dans ses conférences, elle cite souvent Leonard Cohen : « *Il y a une fissure dans tout, et c'est comme ça que la lumière entre.* » Elle profite donc de la moindre fissure pour éclairer le monde différemment.

Ainsi, g0v.tw développe des plateformes comme vTaiwan, pour débattre et co-construire des lois, Budget.g0v.tw, pour visualiser les finances publiques, et Cofacts, pour lutter contre la désinformation. Iel a aussi lancé des outils utiles lors des élections, comme We Vote, pour comparer les programmes des candidats. De quoi être repérée par des politiciens.

En janvier 2016, Tsai Ing-wen est la première femme élue présidente de Taïwan. Une révolution politique qui s'accompagne d'un vote historique pour son parti au Parlement. Le Parti démocrate progressiste obtient la majorité absolue. Taïwan s'offre donc un pouvoir exécutif et législatif pro-démocratie et autonomiste pour la première fois de sa jeune histoire. À la demande du Premier ministre Lin Chuan, fraîchement nommé, Audrey Tang élabore des programmes d'éducation aux médias. Quelques mois après, il la nomme ministre sans portefeuille en charge du numérique. C'est la plus jeune ministre de l'histoire de Taïwan, à un poste qui n'a aucun précédent et se trouve directement rattaché au Premier ministre. Elle est responsable de missions transversales sur le numérique, l'open data et la participation citoyenne. Six ans plus tard, elle hérite d'un ministère à part entière : le Moda (Ministry of Digital Affairs) – là encore, une première à Taïwan. Toutes ses réunions sont enregistrées, transcrites et téléchargées sur un site en accès gratuit.

Durant ces années gouvernementales, elle institutionnalise vTaiwan, qui permet aux citoyens de créer des pétitions numériques. À partir de 5 000 signatures, celles-ci sont présentées au gouvernement pour être traitées, qu'elles concernent un accès au service des impôts pour des systèmes qui ne sont pas opérés par Windows ou des modifications de la réglementation sur le traitement du cancer. Tang met également en application un logiciel pour faciliter le libre-échange de ressources. Enfin, elle développe Join Platform, qui est utilisée par le gouvernement taïwanais pour inclure les citoyens dans la prise de décisions publiques, comme la régulation d'Uber ou d'Airbnb et la vente d'alcool en ligne. Près de la moitié des Taïwanais s'y sont connectés et aucun boycott n'est à déplorer. Cette gouvernance numérique positionne le pays (le premier en Asie à légaliser le mariage pour tous) aux avant-postes d'une démocratie interactive.

Ses compétences lui permettent également de réagir lorsque la pandémie de Covid-19 touche l'île de Taïwan en 2020. Ministre, elle collabore avec des développeurs du secteur privé pour, à partir des données ouvertes de l'Administration nationale de l'assurance maladie, créer une plateforme de suivi des stocks de masques en temps réel : Mask Map est une carte interactive qui donne instantanément aux citoyens la possibilité de voir où se procurer des masques médicaux dans toutes les pharmacies de l'État, incluant des mises à jour sur les stocks disponibles. Soulignons que l'île n'a enregistré que sept décès durant la pandémie. Des dizaines d'applications ont été déclinées et utilisées par une grande partie de la population. Rapidement mises en place, leur simplicité et leur efficacité ont inspiré plusieurs pays pour gérer la distribution de ressources essentielles dans divers domaines.

Lorsque le second mandat de Tsai Ing-wen s'achève en mai 2024, elle quitte ses fonctions. Le nouveau président, Lai Ching-te, la nomme ambassadrice itinérante pour mettre à profit son expertise en technologie numérique et en gouvernance ouverte. Elle promeut les initiatives taïwanaises en matière de démocratie numérique visant à défendre les valeurs de liberté numérique pour contrecarrer notamment les diktats des géants américains et chinois favorables à un Internet fermé et privatisé. Audrey Tang préfère encourager la coopération mondiale, qu'elle souhaite voir à l'œuvre aujourd'hui dans l'intelligence artificielle.

Car Audrey Tang, fantasque et sérieuse, timide et imperturbable, fait toujours le lien entre ses idéaux et ses expériences passées. Elle reste consultante pour Apple et Oxford University Press tout en continuant de protéger et défendre le « temple » du web libre. Avec elle, tout s'entremêle avec une étonnante fluidité, qu'elle organise des « hackhatons » civiques (des événements intensifs durant lesquels des développeurs, designers et innovateurs collaborent pour créer des solutions technologiques en un temps limité), ou qu'elle encourage et coordonne des « Civic hackings », ces rassemblements grâce auxquels des citoyens, développeurs et activistes conçoivent des solutions numériques améliorant la transparence gouvernementale, la participation citoyenne et le bien commun.

Tout comme Lynn Conway, elle a révolutionné les nouveaux usages technologiques pour les rendre plus accessibles. Mais Audrey Tang y ajoute un idéalisme démocratique, toujours prête à « rebooter » les logiciels du passé.

Sans doute, cela provient-il de son éducation. Sa famille s'installe en Europe, où elle côtoie des réfugiés politiques exilés après la répression des manifestations sur la place Tiananmen à Beijing. Elle a 12 ans lorsque ses parents reviennent à Taïwan. Sa mère, Lee Ya-ching, y co-fonde la première coopérative de consommateurs du pays et co-développe une école expérimentale, dont les enseignants sont non chinois ou recrutés parmi des autochtones d'origine austronésienne.

Tang évolue donc dans cet environnement singulier. Surdouée en lecture comme en mathématiques, elle code depuis l'âge de 8 ans. « *Quand j'ai enfin eu accès à un vrai ordinateur, la linguistique informatique et le langage de programmation sont devenus mes principaux centres d'intérêt, parce qu'il me semblait qu'ils jetaient un pont entre les mathématiques et la poésie* », explique-t-elle dans une tribune en ligne. À cette époque, Audrey ne rentre pas dans le moule de la société, son corps n'est pas en phase avec l'image dans laquelle elle se projette. « *J'ai coupé la réalité et j'ai vécu presque exclusivement sur le Net pendant de nombreuses années, car mon cerveau sait avec certitude que je suis une femme, mais les attentes sociales exigent le contraire* », confie-t-elle en 2017.

Il est vital selon Tang que des espaces publics libres existent, indépendamment des États et des entreprises. Son credo humaniste la pousse à se battre contre les diktats normatifs, la spoliation des outils par une élite et l'exclusion des citoyens de toutes décisions collectives. Au sein de son ministère, nul donneur d'ordre, nulle hiérarchie : « *Mon existence n'est pas de devenir ministre pour un certain groupe, ni de diffuser de la propagande gouvernementale. C'est de devenir un "canal" pour permettre à de plus grandes combinaisons d'intelligence et de force de se réunir.* » Et d'ajouter : « *L'idée, c'est de faire confiance aux citoyens sans attendre qu'ils nous fassent confiance en retour.* »

Née sous le signe du Coq de métal, elle se montre fidèle à ce signe astrologique qui symbolise la discipline, le perfectionnisme, la franchise, la détermination, l'ambition, la confiance en soi, la résistance et l'indépendance. Transfrontalière dans tous les domaines, elle rappelle : « *De l'espace, on voit des lumières, on voit les activités humaines, on voit la géographie, le climat, l'Arctique,* [...] *mais on ne voit pas les pays. Je pense que la mentalité du hacker est profondément marquée par cette vision topologique de la Terre comme des espaces connectés et non comme un lieu.* »

Thomas Jolly

NÉ EN 1982

Ce metteur en scène français propose une approche audacieuse et novatrice du théâtre, à travers des productions de grande envergure qui mêlent différentes disciplines artistiques. En fusionnant des récits classiques et des formes contemporaines, il a séduit la planète grâce à des cérémonies olympiques mémorables.

La Piccola Familia. La petite famille. C'est le nom de la compagnie, créée en 2006, par Thomas Jolly, metteur en scène prodige, acclamé à Avignon avec Shakespeare, plébiscité dans toute la francophonie avec *Starmania*, ovationné dans le monde entier grâce aux jeux Olympiques. « Jolly » parcours.

Prologue

Né à Rouen le 1er février 1982 d'une mère infirmière et d'un père imprimeur, Thomas Jolly essaie d'abord la danse classique. « *Pendant que les gars du quartier / Jouaient au football ou au hockey / Moi j'prenais des cours de ballet / C'est pour ça qu'j'avais pas d'amis.* » « La chanson de Ziggy » dans *Starmania* aurait pu s'intituler « La chanson de Jolly ». Il tente ensuite d'apprendre la musique avant de se lancer dans le spectacle à l'âge de 11 ans avec la compagnie Théâtre d'enfants. Les années collège n'ont rien d'une sitcom d'AB Productions. Trop différent, pas assez masculin, il subit le harcèlement homophobe, les moqueries et les violences récurrentes. Cela ne l'empêche pas d'assumer son homosexualité. Pour ce garçon pas comme les autres, qui carbure à la joie et aux jeux vidéo, le théâtre devient un espace sécurisant.

En 1999, tout en suivant des études théâtrales à l'université de Caen, il fonde une troupe étudiante. Il intègre ensuite la formation professionnelle de l'Atelier de création théâtrale en Basse-Normandie, puis l'École nationale supérieure du théâtre national de Bretagne, où il travaille sous la direction de Jean-François Sivadier, Claude Régy ou Stanislas Nordey.

« *Le théâtre est un outil qui permet de s'émanciper individuellement et en tant que collectivité.* »[15] Guidé par cette idée fixe, le jeune homme souhaite produire un art populaire dans la lignée de Jean Vilar, s'adressant à tous, sans renier la qualité ni les références pop ou antiques. Durant ses premières années, il met en scène Jean-Luc Lagarce et joue du Jean Genet. Il fonde sa troupe en Normandie et s'amuse avec Marivaux et Guitry, sans oublier Ravenhill et son

15. *Les Inrocks*, décembre 2024.

Piscine (pas d'eau), œuvre percutante sur l'envie, la jalousie et la cruauté dans le milieu artistique. « *Je me suis trouvé confronté dans mon travail à des plafonds de verre, des snobismes qui ont fait que je ne me sentais pas à ma place dans un domaine, le théâtre, dont j'ai longtemps cru qu'il était un endroit de bienveillance, d'accueil et de pensée partagée. J'ai ressenti une déconnexion entre ce qu'est mon art et le milieu dans lequel je l'exerçais. C'est comme si j'avais retrouvé dans mon milieu professionnel une même fin de non-recevoir que celle à laquelle j'avais été exposé toute mon enfance* », explique-t-il dans un entretien aux *Inrocks*.

Acte I : *Shakespeare in love*

« *Je suis jeune, il est vrai ; mais aux âmes bien nées, la valeur n'attend point le nombre des années* », clame Rodrigue dans *Le Cid*. Pour l'adolescent qui en joue un extrait en classe, la pièce de Corneille est une « révélation ». Il en fera une lecture libre et contemporaine une fois installé à Angers.

Mais, pour ses trente ans, Thomas Jolly s'attaque à un autre grand dramaturge en montant la trilogie *Henri VI* de William Shakespeare. Dix-huit heures de spectacle total. Qui ne sera d'ailleurs montré dans son intégralité que deux ans plus tard, en juillet 2014, à Avignon. Le voici consacré par le Molière du metteur en scène d'un spectacle de théâtre public.

Henri VI, extrêmement religieux, pacifiste et doux, est un souverain atypique. Fragile mentalement, désintéressé par les plaisirs de la chair, il subit le cours de cette histoire de pouvoir. Shakespeare n'hésitant pas à décrire les relations intenses ou affectueuses entre ses protagonistes masculins, certains lecteurs voient des sous-textes homoérotiques dans l'idéal chevaleresque incarné par le monarque. John Talbot, le duc de Suffolk, ou même l'ambigu Richard Plantagenêt, futur Richard III, sont porteurs d'un discours queer sur l'amitié passionnelle ou le rapport aux normes. L'épouse d'Henri VI, Marguerite d'Anjou, défie les genres, jusqu'à les transgresser, en s'affirmant comme une cheffe autoritaire commandant les armées.

Dans la plus pure tradition élisabéthaine, Jolly efface les repères historiques, mélange le burlesque et la tragédie. « *Bluffant, étourdissant, hypnotisant...* », lit-on dans *Le Monde*. Tels sont les premiers piliers de sa marque de fabrique : un univers dionysien, mêlant rituels religieux, processions et compétitions théâtrales.

Nommé artiste associé du Théâtre national de Bretagne, il enchaîne avec *Richard III*, toujours de Shakespeare, parfaite tragédie historique, retraçant l'ascension machiavélique et la chute du tyrannique duc de Gloucester. Cette fois-ci, Jolly « limite » sa fresque à cinq petites heures. Le public scande le nom de Richard comme on crie celui d'une pop star. La pièce, dont la dramatisation accentuée traduit l'avancée du mal et de l'obscurantisme, est distinguée par le Prix Beaumarchais-SACD de la mise en scène.

Acte II : L'anarchiste couronné

Artiste associé au Théâtre national de Strasbourg en 2016, Thomas Jolly présente deux créations – *Le Radeau de la Méduse* et *Le Ciel, la Nuit et la Pierre glorieuse* – lors du Festival d'Avignon. À Paris, toujours fasciné par les jeux de pouvoir, le désir et la décadence, il met en scène l'opéra *Eliogabalo* de Francesco Cavalli, du nom du jeune empereur romain Héliogabale, connu pour son extravagance et ses transgressions des normes sociales et sexuelles. Dans le même registre, il mettra en scène *Roméo et Juliette*. À l'Opéra-Comique, il s'attaque au *Fantasio* d'Offenbach, comédie autour d'un jeune rêveur mélancolique se faisant passer pour le bouffon du roi – une manière d'autoportrait ? Versatile, avec un fond d'ubiquité, il co-crée un spectacle musical (*Un jardin de silence*) dédié à la chanteuse Barbara.

Fan d'*Alien*, il transpose son goût pour les monstres dans la cour d'honneur du Palais des Papes d'Avignon, en ouvrant le festival de 2018 avec *Thyeste* de Sénèque. Difficile de faire plus noir que ce récit autour de deux frères de la famille des Atrides qui se trahissent et se vengent atrocement. Car c'est bien le bruit et la fureur que Jolly préfère : le rock, le punk, le spectaculaire font partie intégrante de sa vision.

En 2019, il est nommé directeur du Centre dramatique national Le Quai-d'Angers, où il jette l'ancre durant quatre ans. En prenant ses fonctions, il ignore encore que c'est une autre épopée qui l'attend. La pandémie de Covid-19, le confinement, les théâtres fermés, puis la guerre en Ukraine et l'explosion des coûts ne lui facilitent pas la tâche.

Il parvient malgré tout à répondre aux défis. Il initie une saison estivale, « Quai l'été », pour raviver la flamme après des mois sans culture. Durant ces années, il met en scène *La Nuit de madame Lucienne*, *Le Dragon*, et propose un marathon théâtral de 24 heures avec ses pièces shakespeariennes, *H6R3*.

Acte III : Ce soir on danse

Avant de mourir en 2018, France Gall accepte que l'opéra-rock *Starmania* soit remis au goût du jour. Le producteur de Mylène Farmer, Thierry Suc, propose le projet à Thomas Jolly. La pandémie retarde le lancement de cette version prévu en 2021.

L'enjeu est grand et la pression aussi. Ce mythe du musical français, avec ses tubes composés par Michel Berger et écrits par Luc Plamondon, a connu trois versions entre les années 1970 et 1990. Visionnaire, le livret n'a jamais été aussi actuel : crise écologique, retour du populisme autoritaire, fractures sociales, violences urbaines et terrorisme, diktat de l'image, influences sectaires, fluidité des genres, etc. Tout ce que Thomas Jolly aime et maîtrise depuis quinze ans.

Quand le spectacle est enfin montré au public à l'automne 2022, personne ne sait qu'il va tourner deux ans dans tout l'espace francophone et attirer 1 200 000 spectateurs au fil de 361 représentations. Un triomphe populaire pour une production ambitieuse. Jolly renoue avec l'A.D.N. du *Starmania* originel, avec ses aspects les plus sombres. Il joue d'effets stroboscopiques, épure le décor au moyen d'un design brutaliste, et ressuscite France Gall en hologramme. De quoi ravir les fans. C'est la touche de Thomas : ce mix de clins d'œil évidents et délectables et cette envie d'en mettre plein les yeux, sans jamais estomper les ressorts tragiques ou la complexité des personnages.

Avec *Starmania*, « *spectacle éblouissant et vénéneux* » comme le titre *Télérama*, il se fait connaître au-delà des théâtres publics et des cahiers critiques.

Un mois avant la première du spectacle, Thomas Jolly est choisi par le Comité d'organisation des jeux Olympiques de Paris 2024. Au départ, Emmanuel Macron veut une cérémonie d'ouverture « *jamais vue* », hors d'un stade. *L'Équipe* recueille alors le témoignage de plusieurs artistes dont celui de Jolly qui rêve d'« *embraser la Seine* ». Consultation, audition, et, à l'arrivée, le SMS de Tony Estanguet qui l'informe : « *Tu as été retenu à l'unanimité.* »

Acte IV : Hymnes aux amours

Qui d'autre que lui peut bien allier spectacle populaire et contraintes logistiques durant 3 h 30, sur six kilomètres ? Il faut aussi concevoir la cérémonie de clôture ainsi que deux manifestations similaires pour les jeux Paralympiques. La préparation collective des quatre événements se fait dans le plus grand secret. Et s'ils sont peu nombreux à parier sur le succès d'une telle entreprise, Thomas Jolly, déterminé et bienveillant comme son héroïne *Zelda*, se sent connecté avec les dieux, même si, pour mener sa tâche à bien, il doit démissionner du Quai-d'Angers.

La nature elle-même vient contrarier la démesure de cette mise en « seine ». Le déluge frappe la Ville Lumière le jour J. « *Je suis en état de choc, je crois. Il pleut, quoi !* », réagit le quadragénaire. Dans la capitale déjà bien « rincée » des précipitations record en 2024, l'arrivée de la pluie fait le buzz sur les réseaux sociaux. Jolly est obligé de réadapter le jour même un show conçu à la seconde près. « *Quand on a su qu'il allait pleuvoir, c'est deux ans de travail que j'ai vus défiler... Je ne savais pas ce que ça allait donner. Mais après, j'ai remercié si fort cette pluie parce qu'il y a eu tant de force !* », a-t-il expliqué la cérémonie terminée. Une *drama queen* – une vraie ! – optimiste et volontariste, ne tombe jamais.

Il aurait eu tort de se lamenter. Pas de complainte possible quand on sait qu'un milliard de téléspectateurs dans le monde dont 24,4 millions de Français (une audience historique) ont regardé la cérémonie.

Et qu'ont-ils vu ? Une ode à la diversité : un trouple bisexuel amoureux, un défilé de drags-queens « *lé-gen-daires* », un hommage aux femmes invisibilisées par l'Histoire, un show de la « friendly » Lady Gaga, avec boys « empanachés de plumes », une porteuse de flamme ouvertement lesbienne (la championne Amélie Mauresmo) au Louvre, des séquences de *voguing*, une bande-son mixée aux platines par la « queerissime » Barbara Butch pour montrer que « *ça balance pas mal à Paris* », l'héritage de la culture du travestissement, la disco de Cerrone en guise de cerise sur le gâteau arc-en-ciel… Sans oublier cette séquence dionysiaque aux pieds de la tour Eiffel, cette bacchanale confondue avec *La Cène* de Léonard de Vinci, qui, à coup sûr, aurait adoré cette variation sur le même « t'aime ». Le passage en choque quelques-uns là où Jolly a « *voulu faire une cérémonie qui répare, qui réconcilie* ».

« *Tout au long de la cérémonie, on a fait se rencontrer des singularités, des générations, des cultures, des genres, des sexualités, des origines, etc. Et ça a provoqué un sentiment d'unité. Donc il n'y a pas une seule façon d'être qui serait universelle mais chacun est porteur d'une culture, d'une singularité qui doivent non seulement être respectées, considérées, mais aussi exprimées* », précise Jolly dans *Têtu*[16].

C'est en effet la cérémonie la plus LGBTQ+ de l'histoire, « *unique en son genre* » comme le souligne le *Los Angeles Times*. Et pour l'ouverture des Paralympiques, sur la bien-nommée place de la Concorde, Jolly participe à changer notre regard sur le handicap grâce

16. Décembre 2024.

à un « ballet » énergique et élégant, qui fait encore la part belle aux minorités de genre avec Rahim C Redcar et Lucky Love en vedettes.

Sans contrefaçon, Thomas Jolly réalise des tableaux vivants et universalistes où il n'exclut personne tout en brisant les tabous. Cette inclusion n'est pas rien à une époque où le monde se réfugie dans une vision passéiste et où les individus rétrécissent leur champ de vision autour de communautés et d'identités. « *Le "grand nous"* [...] *s'inscrit dans une démarche de considération, de soin à l'autre, de représentation* », défend-il dans *Le Nouvel Obs*[17].

Épilogue

Lorsque le 14 février 2025, Thomas Jolly reçoit la Victoire de la musique du meilleur spectacle de l'année, il prononce un discours très engagé s'inquiétant du désintérêt politique pour la culture, et fait l'éloge de la création fédératrice et émancipatrice : « *C'est la victoire de l'unité sur la division, de la joie sur l'effroi, de l'accueil sur le repli. La victoire de notre aspiration à bien vivre ensemble, à se respecter, à se considérer. La victoire de l'altérité comme force, de nos diversités comme richesse, la victoire d'un récit commun, les uns tout contre les autres, et pas les uns contre les autres.* »

---

17. Novembre 2024.

INDEX DES NOMS PROPRES CITÉS DANS CET OUVRAGE

D

T

BIBLIOGRAPHIE ADDITIONNELLE

Les références listées ci-dessous viennent en complément des notes à caractère bibliographique attachées au texte de l'ouvrage.

Ouvrages

Mitteilungen der Magnus-Hirschfeld-Gesellschaft, n° 45, 2010.

Œuvres de Frédéric le Grand, Bibliothèque nationale de Trèves, 2010.

Gérard Araud, *Nous étions seuls, une histoire diplomatique de la France 1919-1939*, Taillandier, 2023.

Honoré de Balzac, *Les Ressources de Quinola*, Hachette Livre BNF, 2022.

J. Edgar Bauer, « Sappho und Sokrates : on Magnus Hirschfeld's reconceptualization of the human and the critical task of "Sexualaufklärung" *in Enlightment in the Greek and the European Tradition – Proceedings of the XXth International Symposium of Philosophy*

Olympia, 02-07 August, 2009, Olympic Center for Philosophy and Culture, 2012.

Charles Dickens, *Le Mystère d'Edwin Drood*, Robert Laffont, 1981.

Michael Groneberg, Christian Funke, *Combatting Homophobia : Experiences and Analyses Pertinent to Education*, LIT Verlag, 2011.

La Rata, *Give it to Me !*, Flammarion, 2024.

James Wilson, *Buldaggers, Pansies and Chocolate Babies*, University of Michigan Press, 2010.

Marguerite Yourcenar, *Mémoires d'Hadrien*, Plon, 1951.

Articles numériques

Christophe Bys, « “Comment payer la guerre” : la leçon d’économie oubliée de Keynes », theconversation.com
https://theconversation.com/comment-payer-la-guerre-la-lecon-deconomie-oubliee-de-keynes-138021

Kilan Duan, « Emperors and Their Boys : Homosexuality in the Court of China’s Western Han Dynasty », retrospectjournal.com
https://retrospectjournal.com/2024/11/03/emperors-and-their-boys-homosexuality-in-the-court-of-chinas-western-han-dynasty/

Patrick Mimouni, « Qu’est-ce que la littérature homosexuelle ? », laregledujeu.org
https://laregledujeu.org/2018/12/29/34694/qu-est-ce-que-la-litterature-homosexuelle-2/

Laure Murat, « La Tante, le Policier et l’Écrivain », cairn.info
https://shs.cairn.info/revue-histoire-des-sciences-humaines-2007-2-page-47?lang=fr

Sites Internet

The Gala Queer Archives, gala.co.za

Gladys Bentley, Queermusicheritage.com

Émissions

« Sappho sans doute », épisode du podcast « Poésie et ainsi de suite » diffusé via France culture, radiofrance.fr
https://www.radiofrance.fr/franceculture/podcasts/poesie-et-ainsi-de-suite/la-poesie-sapphique-1945683

LÉGENDES DES PORTRAITS

CRÉDITS ICONOGRAPHIQUES

© DR sauf p. 51, p. 203 © Bridgeman Images ; p. 116 © Getty images/Mirrorpix ; p. 219 © Classic Picture Library/Bridgeman Images ; p. 227 © Mondadori Portfolio/Angelo Cozzi/Bridgeman Images ; p. 243 © Louis Monier – All rights reserved 2025/Bridgeman Images ; p. 267 © Getty Images/Bloomberg ; p. 275 © Getty Images/Stéphane Cardinale/Corbis

Correction et relecture : Stéphane Deschamps
Couverture : Rémi Pépin
Intérieur : Laetitia Kalafat
Mise en page : Nord Compo (Villeneuve-d'Ascq)
Dépôt légal : juin 2025
ISBN : 979-1-0429-0077-9/001
Achevé d'imprimer en mai 2025 par CORLET
N° d'impression : 25040603
sur papier provenant de forêts gérées
de manière durable